江西省数字经济与产业创新发展研究

刘少金　朱子航　窦树珍　著

·北京·

图书在版编目（CIP）数据

江西省数字经济与产业创新发展研究 / 刘少金，朱子航，窦树珍著. —北京：科学技术文献出版社，2023.8
ISBN 978-7-5235-0394-2

Ⅰ.①江… Ⅱ.①刘… ②朱… ③窦… Ⅲ.①信息经济—经济发展—研究—江西 Ⅳ.① F492.3

中国国家版本馆 CIP 数据核字（2023）第 118634 号

江西省数字经济与产业创新发展研究

策划编辑：王梦珂　　责任编辑：王　培　　责任校对：张　微　　责任出版：张志平

出 版 者	科学技术文献出版社
地　　　址	北京市复兴路15号　　邮编　100038
编 务 部	（010）58882938，58882087（传真）
发 行 部	（010）58882868，58882870（传真）
邮 购 部	（010）58882873
官 方 网 址	www.stdp.com.cn
发 行 者	科学技术文献出版社发行　全国各地新华书店经销
印 刷 者	北京厚诚则铭印刷科技有限公司
版　　　次	2023年8月第1版　2023年8月第1次印刷
开　　　本	710×1000　1/16
字　　　数	262千
印　　　张	16
书　　　号	ISBN 978-7-5235-0394-2
定　　　价	58.00元

版权所有　违法必究

购买本社图书，凡字迹不清、缺页、倒页、脱页者，本社发行部负责调换

前　言

党的二十大报告指出，要加快发展数字经济，促进数字经济和实体经济深度融合，打造具有国际竞争力的数字产业集群。近年来，伴随着新一轮科技革命和产业变革突飞猛进，以及党和政府部门的系统谋划和推进，我国数字经济得到快速发展，动能得以加速释放，正从过去经济社会高质量发展的"催化剂"向"新引擎"方向转型升级，为全面构建中国式现代化产业体系注入数字支撑和活力。

当前，要积极谋划和推动数字经济的发展，推进数字中国建设，是新时代推动经济社会高质量发展的现实路径，也是江西省推动产业结构转型升级、转变发展方式的重要抓手，更是塑造未来竞争新优势的必然要求。2020年以来，江西省扎实推进数字经济"一号工程"建设，取得显著成效。特别是2022年，为抢抓数字经济发展战略机遇，中共江西省委、江西省人民政府印发《关于深入推进数字经济做优做强"一号发展工程"的意见》，努力成为全国数字经济发展新高地。全省各地各部门深入贯彻落实省委、省政府新的战略决策部署，结合实际制定出台了一系列政策措施，全方位推动数字经济持续快速发展。

本书立足上述背景，深刻理解和把握江西发展数字经济的重大战略意义，全面系统地梳理国内外数字经济发展态势，通过定量和定性分析方法剖析江西数字经济发展基础现状，厘清各要素在推进数字经济持续健康发展方面的必要性，从不同行业领域分析数字经济产业赛道布局发展情况，以期从宏观、中观、微观等多个层面全面把握江西数字经济发展态势，为党和政府宏观战略决策部署提供智力支撑。

在综合篇中，结合新形势、新任务、新要求，参考国内外数字经济评价指标体系,从数字基础、数字创新、数字经济产业、数字治理和数字发展活力5个维度,对全省数字经济创新发展情况进行综合评价研究,并对国内外数字经济创新发展趋势、江西发展前景进行展望。在专题篇中,结合国家发展战略与江西实际,分别从龙头企业、半导体芯片、印制电路板、智能终端、无人机、物联网、大数据及云计算、信创、元宇宙、数字产业集群等特色优势和社会热点领域开展全面、透彻、系统的研究和分析,提出符合江西实际的针对性政策建议。

本书希望在充分借鉴国内外相关研究成果基础上,结合江西实际,为党和政府谋划推动数字经济发展提供决策参考。本书由江西省科学院科技战略研究所刘少金、朱子航、窦树珍撰写。刘少金主要执笔第一、第三章和第五、第六、第八、第九、第十、第十一、第十二、第十三、第十四章,朱子航主要执笔第二、第四章和第七章,窦树珍参与执笔第六、第九章。此外,特别感谢刘可、王俊姝、刘玉玲、肖莲等在本书撰写过程中的辛勤付出。由于作者水平有限,本书还存在一些不足,敬请同行专家学者及政府部门领导不吝指正。特别值得一提的是,本书是在借鉴和吸收大量前人研究成果基础上完成的,在此对相关作者一并致以最诚挚的感谢。

目 录

综合篇 ……………………………………………………………… 1
 第一章 江西省数字经济创新发展指数 ………………………… 3
 第二章 区域数字经济创新发展 …………………………………… 18
 第三章 全球数字经济发展形势 …………………………………… 34
 第四章 "十四五"江西省数字经济发展展望 ………………… 48

专题篇 ……………………………………………………………… 55
 第五章 促进江西省电子信息龙头企业做大做强的对策研究 …… 57
 第六章 半导体芯片发展形势及江西省应对之策 ……………… 66
 第七章 印制电路板（PCB）产业发展态势及江西省对策研究 … 100
 第八章 江西省移动智能终端高质量发展路径研究 …………… 121
 第九章 江西省无人机产业高质量发展的思路与对策研究 …… 150
 第十章 江西省物联网产业统计分类与标准研究 ……………… 164
 第十一章 江西省大数据及云计算产业发展策略研究 ………… 192
 第十二章 加快江西省信创新兴赛道破局的策略研究 ………… 208
 第十三章 江西省"元宇宙"产业发展战略研究 ……………… 220
 第十四章 培育具有世界影响力的数字产业赛道的策略研究 … 233

 附录 指标体系说明 ……………………………………………… 239

综合篇

第一章
江西省数字经济创新发展指数

一、数字经济评价指标体系

（一）目的与意义

当今社会信息技术不断创新，其应用已广泛渗透到人类活动的各个领域。特别是数字经济产业技术与实体经济深度融合，推动生产方式变革、结构优化与效率提升，数字经济产业与技术已成为国家和地区经济社会高质量发展的强大引擎。党的二十大报告指出，加快发展数字经济，促进数字经济和实体经济深度融合，打造具有国际竞争力的数字产业集群。党中央、国务院高度重视数字经济发展，随着各种政策加持和不断努力，数字经济实现跨越式发展，具备一定的国际影响力和发展潜力，推动全社会生产和消费模式更新换代，引领我国经济社会高质量发展。

有鉴于此，各界专家学者相继研究、探讨数字经济及其发展，并重点关注数字经济的测算与评价。一方面，全面客观的数字经济测算和评价可以准确衡量相关产业的发展速度及水平，协助党政部门掌握数字经济产业技术与实体经济融合情况，摸清各行各业的新动态、新趋势；另一方面，基于统计监测和综合评估分析得出的结论可以为党政部门宏观部署及政策文件制定提供信息参考和决策支撑。然而由于数字经济涉及领域十分宽泛，监测统计指标难以全面界定，同时产业体系和传统经济区别较大，行业统计方式方法不能完全适用，导致数字经济基础数据获取困难。基于现有的支撑材料难以实现对数字经济的宏观发展态势的全面准确把握，不利于党政部门的总体部署和调控政策措施的及时、顺利出台。因此，加快数字经济发展综合评价步伐，提高数字经济发展的衡量水平，明确数字经济发展各要素内在关系，高效推动地区数字经济创新发展的任务艰难而紧迫。

当前，大力发展以物联网、云计算、VR、区块链、大数据等为代表的数字经济是构建现代产业体系和建设数字江西、智慧社会的迫切需求。《江西省国民经济和社会发展第十四个五年规划和二〇三五年远景目标纲要》提出，要深入实施数字经济"一号工程"，打造全国数字经济产业重要基地，提高经济质量效益和核心竞争力。在省委、省政府的坚强领导下，全省上下大力实施数字经济"一号工程"，扎实推动数字产业化、产业数字化，助力企业"上云用数赋智"，着力提升制造业数字化水平，数字经济蓬勃兴起。但同时也应看到，目前全省尚没有完全建立一套科学适用的数字经济发展综合评价指标体系，难以实现客观解读江西数字经济运行的趋势特征和变化规律及存在的瓶颈问题，这对省委、省政府的宏观决策部署、加快推动数字经济创新发展带来了一定的困难。

因此，本书在明确数字经济的内涵、概念和深入研究其理论体系的基础上，借鉴国内外先进地区的有益经验，通过构建江西数字经济创新发展综合评价指标体系，探讨衡量数字经济全面客观、科学适用的方法路径，力图准确评估全省数字经济创新发展水平、速度，揭示内在影响要素的相关性，指出存在的短板问题及薄弱环节，为江西数字经济的创新发展提供针对性意见建议。从现实意义上，有利于增强对江西全省及各地区数字经济创新发展的整体认识，使数字经济概念、评估具体化、数字化，同时找出发展过程中的突出困难，并提出解决方法，提高数字经济发展质量效益。从理论意义上，有利于丰富定量综合评价数字经济方法，进一步完善数字经济发展的全面客观评价体系和内容，为后续研究提供理论指导。

（二）国内外研究进展

现有关于数字经济概念、内涵等理论体系已逐步建立，但涉及综合评价的国内外研究文献不多，主要集中在评价指标体系、综合评价方法和综合评价研究 3 方面。

评价指标体系方面。自 2001 年起，世界经济论坛在其年度报告 *Global Information Technology Report* 中首次提出网络就绪指数（Networked Readiness Index，NRI），发展到现在已涵盖 53 个具体指标，并被世界各地采纳应用到数字经济相关统计中。随后，世界经济合作与发展组织、欧盟、埃森哲、国际电信联盟、麦肯锡、美国经济分析局等国际组织、政府部门和行业机构相继发布数字经济相关的衡量指标，评估世界各地区发展水平。国内数字经济评价研究受到政府机构、社会机构和专家学者的重点关注。如国家信息中心自 2010 年起每年发布《中国信息社会发展报告》，对信息社会作全面、客观评估。另外数字中国研究院、中国信息通信研究院、上海社会科学院、赛迪顾问数字经济产业研究中心、新华三集团、腾讯研究院等研究机构也先后发布数字经济相关发展指数，试图衡量中国乃至全球数字经济发展水平与速度。

综合评价方法方面。苏为华等系统阐述了分层评价、组合评价及动态评价等多种技术。王静通过构建信息经济集对分析评价矩阵，运用 Delphi 和 AHP 法联合确定指标权重。周骥利用 ANNs 法对数字经济指标权重进行了修正，克服了 AHP 法的主观特性。闫海综合运用熵值法和 TOPSIS 法构建了综合评价指标体系。张雪玲等通过灰色关联分析方法，构建了涵盖基础设施、企业数字化发展和通信技术产业等多个维度的中国数字经济发展评价指标体系。

综合评价研究方面。2011 年，Vincent Didiek 首次对数字经济作了简单定量描述性分析。同年，HB Zaman 等运用结构方程模型定量分析理论数字经济。俞立平结合 DEA 和 Malmquist 指数对信息经济进行了合理测算与评价。张伯超通过构建科学适用的指标体系，准确定量评价数字经济的发展条件。黄文金等结合数字经济发展特点构建了评价模型，对数字经济发展水平作了初步评估。结合地区数字经济发展趋势，研究者对浙江、江苏等省份进行了综合评价研究，力图描绘区域数字经济发展全景图。着眼江西，省发展改革委和省大数据中心、江西财经大学分别编制了《江西省数字经济发展白皮书（2020 年）》《江西省数字经济发展报告（2018—2019）》蓝皮书，旨在全面掌握全省数字经济发展情况。

此外，在实际操作层面，福建、浙江走在了全国前列。2017 年，福建省发展改革委组织福建省经济信息中心,联合福建师范大学经济学院等共同研究发布了全国第一个数字经济指数——福建省数字经济发展指数(简称 FJDEI 指数),并对全省进行了深度评估,先后发布了 2017—2019 年福建省数字经济发展指数评价报告。2018 年 12 月,浙江省数字经济发展领导小组办公室、浙江省经济和信息化厅和统计局联合制定并印发《浙江省数字经济发展综合评价办法(试行)》,从顶层高度推动全省数字经济综合评价工作,形成《2018 年浙江省数字经济发展综合评价报告》,为党政部门掌握发展态势精准施策提供信息参考和决策支撑。

综上所述,诸多学者为推动数字经济持续健康发展"把脉问诊"、建言献策,丰富了理论内涵和操作实践,经深入分析可以发现:

①现有研究文献绝大部分停留在理论分析,虽建立众多评价指标体系,但因于某些指标特定时期内难以获取或不够准确,不能全面客观反映数字经济发展情况,尤其是地区发展差异化、新发展格局逐步构建、科技创新竞争逐步白热化的今天,加快构建一套全面客观、科学适用的数字经济发展综合评价指标体系,准确衡量数字经济发展水平与速度的重大任务迫在眉睫。

②现有研究文献往往聚焦在数字经济的发展指数方面,评价指标缺乏创新要素的分析,也没有考量创新要素在整个评价指标体系中的作用和地位。因此在科技自立自强的大背景下,针对综合评价结果,构建数字经济发展水平影响因素相关性模型,开展数字经济发展水平影响因素相关性的实证研究,找出发展的关键影响因素,并针对存在的短板和薄弱环节提出可操作性强的对策建议,将为全面推动区域数字经济创新发展提供智力支撑。

(三)综合评价指标体系

2020 年以来,江西扎实推进数字经济"一号工程"建设,取得显著成效。2022 年,为深化落实江西省第十五次党代会精神,牢牢抓住数字经济发展时代机遇,省委、省政府印发《关于深入推进数字经济做优做强"一号发展工程"的意见》,旨在加快打造中部地区数字产业发展集聚区、产业数字化转型先行区、场景创新应用先导区、数字营商环境示范区,努力成为全国数字经济发展

第一章
江西省数字经济创新发展指数

新高地。全省各地市、各部门深入贯彻落实江西省委、省政府新的战略决策部署，结合实际制定出台一系列政策措施，全方位推动数字经济持续快速发展。为客观评价江西数字经济创新发展水平，本项目团队结合新形势、新任务、新要求，在全省探索编制江西省数字经济创新发展指数（简称 JXDEI 指数）。JXDEI 指数立足江西，综合参考国内外数字经济评价指标体系，通过选取一系列客观权威反映江西数字经济产业创新发展的指标，合成计算得出江西数字经济创新发展评价结果。

2021—2022 年 JXDEI 指数的指标体系注重延续性、系统性、客观性和前瞻性，经过与各地数字经济管理部门、统计部门和专家学者举行多场征求意见会后，吸收各方意见建议确定了指标评价体系。该指标评价体系包括 5 个一级指标（数字基础支撑力、数字创新应用能力、数字经济产业发展能力、数字化治理能力和数字经济发展活力），11 个二级指标，27 个三级指标。基于权威部门来源数据，采用阈值法进行无量纲同度量转化，从数字基础、数字创新、数字经济产业、数字治理和数字发展活力 5 个维度，对全省各个设区市数字经济创新发展情况进行了综合评价研究，分析了各地区数字经济创新发展现状和亮点，以期更客观权威反映江西数字经济创新发展水平，为推动各地数字经济创新发展提供信息参考、决策依据。

二、JXDEI 指数：以小见大、概览全貌

（一）数字经济创新驱动发展作用凸显

近年来，江西省委、省政府加快推动数字经济"一号工程"，大力推动数字经济全方位跨越式发展，着力打造全国数字经济产业基地，全省数字经济保持高速增长。2021 年，江西省数字经济增加值达 10 378 亿元，首次迈入万亿元大关，同比增长 19.5%，高于地区生产总值增速 10.7 个百分点。数字经济增加值占 GDP 比重达 35.0%，较 2020 年提升了 2.5 个百分点。产业结构加速优化，数字产业化占比快速提升，2021 年，数字产业化占数字经济总体规模比重达

12.6%，较2020年提升4.1个百分点。数字产业高速增长，成为经济增长新动能，产业数字化快速推进，促进经济全面转型升级，数字经济在江西全方位高质量发展战略中发挥着关键引领作用，与地区生产总值GDP息息相关，具有高度契合性（图1-1）。

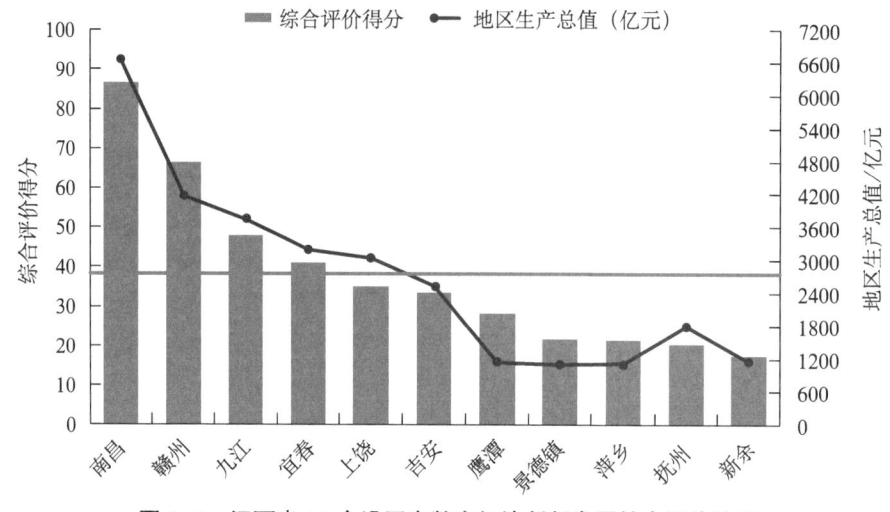

图1-1　江西省11个设区市数字经济创新发展综合评价结果

（二）南昌、赣州数字经济创新发展全省领先

在综合评价的5个一级指标中，南昌、赣州两地综合评价得分显著高于其他设区市，数字经济创新发展全面领先其他地市。南昌在数字基础支撑力、数字创新应用能力、数字经济产业发展能力和数字经济发展活力4方面位居第一，表现优秀，得分分别为89.75分、77.75分、87.28分、88.89分。赣州在数字化治理能力方面以76.76分位居第一，在数字基础支撑力、数字经济产业发展能力和数字经济发展活力方面得分排名第二，表现较好，得分分别为55.90分、55.57分和84.35分（图1-2）。

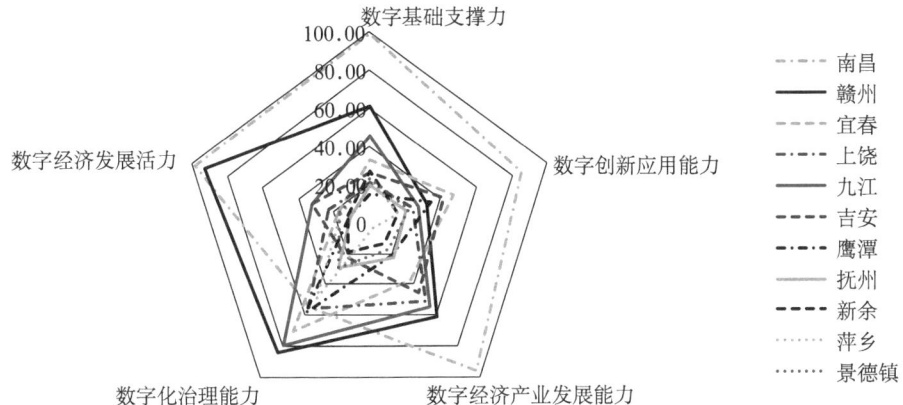

图1-2 江西省11个设区市数字经济创新发展五维度情况

（三）各地区三级梯队之间差距较为明显

根据综合评价结果，2021年全省各地区数字经济创新发展得分平均值为38.16分，可以据此划分为3个梯队。其中，南昌、赣州、九江、宜春综合得分超过平均分，位列第一梯队；上饶、吉安、鹰潭、景德镇位居第二梯队；萍乡、抚州和新余位列第三梯队。不同梯队之间差距较大，其中，第一、第二梯队之间最大分差达58.55分，第二、第三梯队之间最大分差达17.65分，表明全省区域数字经济创新发展的不平衡、不充分矛盾较为突出。

三、数字基础支撑力

数字基础支撑力反映了全省各地市数字基础设施建设水平、普及程度等内容，涵盖电信业务总量、移动电话普及率、互联网宽带覆盖率、每万人拥有5G基站数、地区算力发展指数5个三级指标。评价结果如图1-3所示。

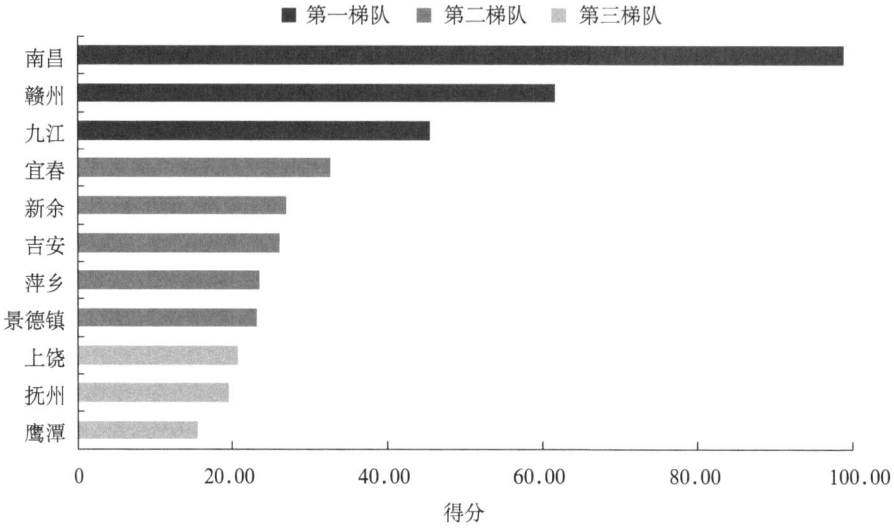

图1-3 江西省11个设区市数字基础支撑力评价结果

南昌、赣州、九江数字基础支撑力优势明显,位列第一梯队,得分分别为98.73分、61.49分和45.43分。具体来看,南昌数字经济产业起步早,数字基础设施建设支撑有力,电信业务总量、移动电话普及率、互联网宽带覆盖率及人均5G基站建设数量领跑全省,在传统和新型基础设施方面表现十分突出,均为全省最优,数字经济基础设施水平跻身全国"第一方阵"。赣州坚持把数字经济创新发展作为推进建设新时代革命老区高质量发展示范区的重要抓手,积极抢占数字经济发展高地,传统基础设施和新型基础设施得分均位居全省前列。九江坚持把数字济经济作为"一把手"工程,作为推动全市高质量跨越式发展的重要引爆点,2022年全市数字经济核心产业营业收入增幅达52.8%,连续稳居全省第一,网络零售额、企业深度上云、5G基站建设、重大项目建设进度等多项指标稳居全省前列。

宜春、新余、吉安、萍乡、景德镇数字基础支撑力位列第二梯队,分值较为接近,分别为32.73分、27.05分、26.13分、23.49分和23.27分。宜春人均5G基站数位居全省第二,新型基础设施得分在同梯队中位列首位;近年来,新余、吉安、萍乡、景德镇四地加快推进数字基础设施建设,传统基础设施和新型基础设施得分位于全省中游水平。

上饶、抚州、鹰潭数字基础设施得分较低，位列第三梯队。其中，上饶、抚州在二级指标上得分相近，鹰潭还需在传统基础设施和新型基础设施建设上齐头并进。

四、数字创新应用能力

数字创新应用能力主要考察数字创新投入、产出和应用3个方面，涉及数字创新要素、数字技术研发和数字融合应用3个二级指标，具体包括R&D研发投入强度、每万人口中R&D人员、数字优秀新产品、数字经济领域发明专利授权数、智能制造标杆企业数量、大数据示范企业和两化融合管理体系评定证书企业7个三级指标，评价结果如图1-4所示。

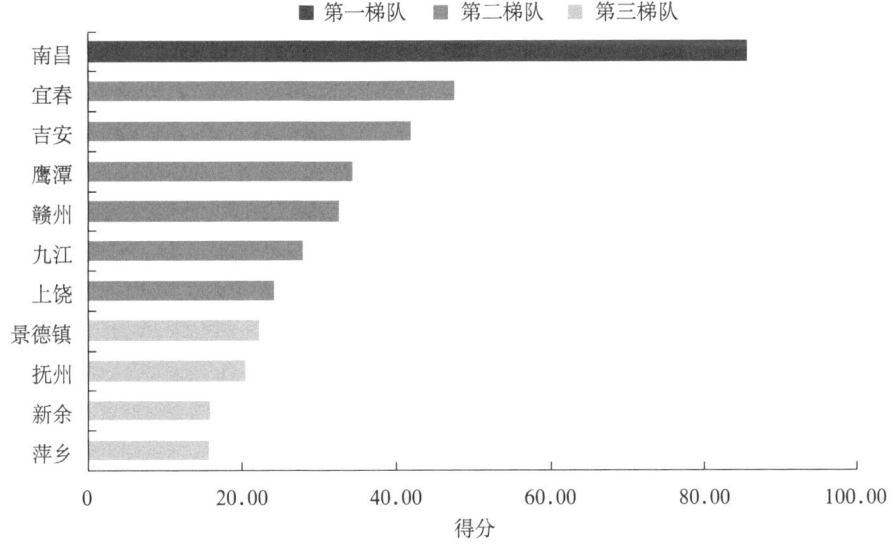

图1-4 江西省11个设区市数字创新应用能力评价结果

南昌数字创新应用能力位列全省第一梯队，得分为85.53分。南昌作为省会城市，近年来聚集了一大批省数字经济重点企业，覆盖虚拟现实、软件服务、数字文娱、人工智能、电子元器件、智能终端等领域。同时积极牵手北京大学、天津大学、北京航空航天大学、中国信息通信研究院等高校、科研院所和行业领军企业,加大数字技术研发力度,促进数字技术深度融合应用,培育新动能,引领新发展,数字优秀新产品和发明专利数量遥遥领先,数字创新应用的领先优势突出。

宜春、吉安、鹰潭、赣州、九江、上饶位居第二梯队。其中排名前三的宜春、吉安、鹰潭得分分别为47.41分、41.86分和34.38分,呈现阶梯式格局。近年来,宜春深入推进数字经济做优做强"一号发展工程",以两化融合管理体系贯标工作为基础,通过坚持"四化"同步,扎实推动全市工业化和信息化深度融合,在数字融合应用方面位居全省前列。吉安依托电子信息制造业优势,在夯实数字创新要素、推进数字技术研发和融合应用等领域成效显著。鹰潭以物联、智联为战略路径,重点发展模组、传感器、智能终端、5G关联产品等物联网产业,培育壮大了一批特色产业园区和龙头企业,数字创新要素得分位居全省第一。依托首批省级数字经济创新发展试验基地,赣州加快建设数字产业园和产业大数据中心,智能制造标杆企业拥有数量并列全省第一,同时数字经济领域发明专利授权数量位居全省前列。九江、上饶数字技术研发和融合应用方面排名靠前,但数字创新要素表现不佳。

景德镇、抚州、新余、萍乡位列全省第三梯队。景德镇数字创新要素方面位居同梯队第一,数字融合应用方面表现不如同梯队其他地市。抚州、新余、萍乡在数字技术研发和数字融合应用方面表现较好,其他方面还有待进一步加强。

五、数字经济产业发展能力

数字经济产业发展能力由数字产业化、产业数字化2个二级指标构成,主要从省级数字经济重点企业数量、数字产业化增加值、数字产业化增加值占GDP比重、地区工业互联网平台普及率、产业数字化增加值、产业数字化增加值占GDP比重等方面,综合考量各地区数字经济产业发展能力情况,评价结果如图1-5所示。

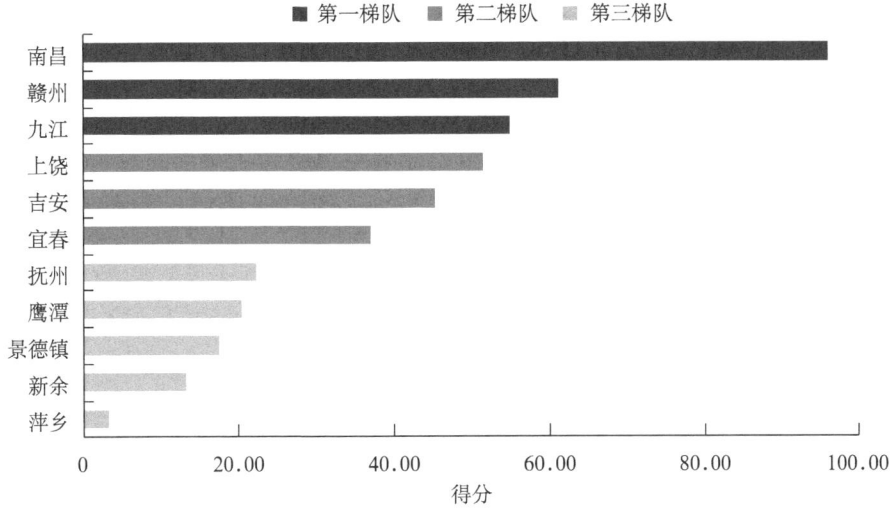

图1-5 江西省11个设区市数字经济产业发展能力评价结果

南昌、赣州、九江数字经济产业发展能力位列全省第一梯队，其中南昌分数最高，得分为96.00分，赣州、九江得分分别为61.13分、54.89分。从深层次来看，这些地区都有2个共同特征：一是年度地区生产总值位居全省前列，保持较高的经济活跃度；二是在数字产业化和产业数字化领域齐头并进，不断提升区域数字化发展程度，为数字经济高质量发展提供强力支撑。

上饶、吉安、宜春位居第二梯队，分值分别为51.52分、45.25分、36.92分。上饶、吉安在数字产业化领域起步较早，进展较快，全年增加值位居全省前三，特别是吉安在数字经济重点企业培育、数字产业化增加值占GDP比重方面分列全省第二、第一，足见市委市政府狠抓数字经济、深入推进"一号发展工程"的信心和决心，但在工业互联网平台培育和推进产业数字化方面成效略显不足，一度落后于同梯队其他两地市。近年来，宜春深入推进两化融合，在产业数字化方面取得突破性进展，但数字产业化方面落后于上饶、吉安、赣州、九江等兄弟地市。

抚州、鹰潭、景德镇、新余、萍乡位列全省第三梯队。抚州近年来在数字产业化、产业数字化方面取得积极进展，但数字经济重点企业挖掘、工业互联网平台培育等方面落后第二梯队较多。鹰潭大力发展以物联网为核心的数字经济核心产业,数字产业化方面高居同梯队第一,但在产业数字化方面后劲不足。景德镇、新余、萍乡同属四小地市,数字产业化、产业数字化体量差距不大,分值较为接近。究其原因,一方面存在自身规模的局限性,在承载项目、企业发展方面后劲稍显欠缺;另一方面,四小地市大都属于资源型城市,传统产业占据主导地位,数字化转型推进难度较大,内部发展不平衡、不充分矛盾突出。

六、数字化治理能力

数字化治理能力重点考察政府应用数字技术提升治理水平的能力及数字社会发展水平,涉及政务数据共享应用、政务服务在线办理率、居民规范化电子健康档案覆盖率、地区智慧作业覆盖率、高品质智慧社区建设试点社区数量等内容,评价结果如图1-6所示。

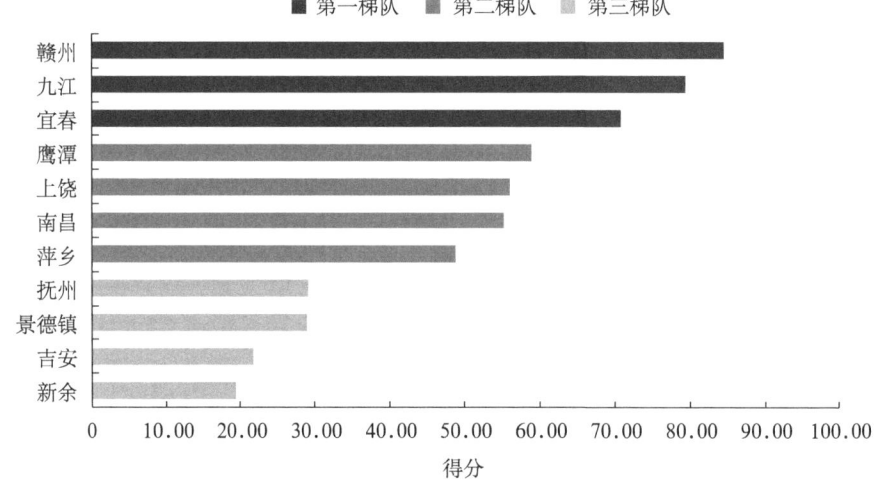

图1-6 江西省11个设区市数字化治理能力评价结果

赣州、九江、宜春数字化治理能力得分位列全省第一梯队,综合得分分别为84.43分、79.32分、70.68分,在数字政务、数字社会治理方面远超南昌。近年来,赣州大力推进数字经济"一号发展工程",推动政务服务线上应用创新,强化AI智能辅助审批能力,梳理事项业务流程,推动政务服务效能不断提升。

同时深化数字社会建设，在教育、医疗、社区建设等方面下大力度、下苦功夫，成效显著。九江以数字化转型为抓手，进一步夯实一体化数字基座，持续优化"赣服通""赣政通"平台服务能力，加快推动"智慧九江"项目建设应用，全方位提升全市数字政府建设水平，为发展数字经济、优化营商环境、深化"放管服"改革提供重要动能和强力支撑。宜春因地制宜，依托5G、物联网、云计算等信息化技术，通过数字赋能不断提升城市治理精细化智能化水平。随着"数字宜春"建设的不断深入，"推动数字化更好造福社会、造福人民"的美好愿景，正在变成惠及城市方方面面、人民日常体验的生动实践。

鹰潭、上饶、南昌、萍乡位居第二梯队，评价得分相差不大。鹰潭在数字政务、数字社会领域位居全省前列，上饶深化"跨省通办"，推进政务数据共享，政务服务事项全程在线办理率高居全省第一。自2020年以来，南昌依托"城市大脑"，在政务、交通、教育、医疗等多个重点领域取得显著成效。萍乡以"数字政府+营商环境、智慧城市+民生服务"为突破口，以新型智慧城市建设为载体，打破"数据壁垒"、优化流程再造，加快推进"数字萍乡"建设，在政务服务数字化方面取得系列进展。

抚州、景德镇、吉安、新余位列全省第三梯队，在数字政务、数字社会建设方面与前两个梯队相差较大，可能与当地党和政府的重视程度及战略决策部署有关。

七、数字经济发展活力

数字经济发展活力主要从市场活力、基础环境考察各地数字经济发展潜力，由数字经济重点项目数量、网络零售额、省级数字经济集聚区数量和营商环境竞争力指数4个三级指标构成。评价结果如图1-7所示。

南昌、赣州数字经济发展活力位列全省第一梯队，得分分别为97.78分、92.79分。其中，赣州在市场活力2个三级指标得分排名全省第一，具有突出优势，彰显其在省内巨大影响力。南昌在基础环境等三级指标得分同样高居全省第一，展现了省会城市发展数字经济的软实力。

吉安、九江、上饶、宜春、景德镇、萍乡位居第二梯队。其中，吉安、九江在基础环境方面优势突出，上饶、宜春、景德镇、萍乡在市场活力方面表现较好，各有特点。

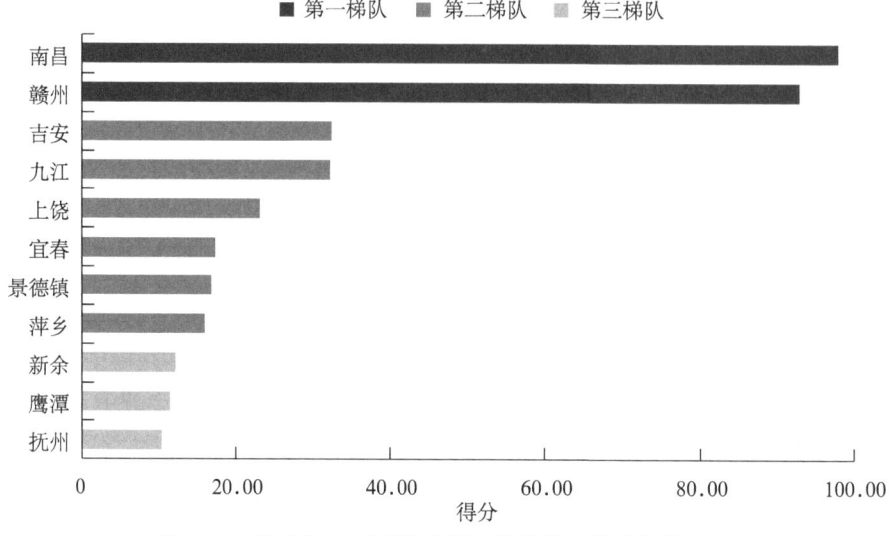

图1-7　江西省11个设区市数字经济发展活力评价结果

新余、鹰潭、抚州位列全省第三梯队，短板弱项较为明显。新余数字经济重点项目、营商环境竞争力指数排名全省最后一位，鹰潭在年度网络零售额方面处于末位。相比新余、鹰潭，抚州虽各项指标得分不高，但总体数据不突出，均处于全省较低的水平，导致总体效果和结果不佳。

参考文献

[1] 苏为华，陈骥.综合评价技术的扩展思路[J].统计研究，2006（2）：32-37.

[2] 王静.基于集对分析的智慧城市发展评价体系研究[D].广州：华南理工大学，2013.

[3] 周骥.智慧城市评价体系研究[D].武汉：华中科技大学，2013.

[4] 闫海.我国智慧城市建设水平评价研究[D].太原：太原科技大学，2013.

[5] 张雪玲，焦月霞.中国数字经济发展指数及其应用初探[J].浙江社会科学，2017（4）：32-40.

[6] VINCENT D W A, AGNES A C.Model for Digital Economy in Indonesia[J].

International Journal of Innovation in the Digital Economy, 2011（2）: 39-55.

[7] ZAMAN HB, NORSIAH A H, AHMAD A, et al.A Visual Measurement Model on Human Capital and ICT Dimensions of a Knowledge Society（KS）Framework for Malaysia towards an Innovative Digital Economy[J].Visual Informatics: Sustaining Research & Innovations-second International Visual Informatics Conference, 2011（7067）: 323-339.

[8] 俞立平.中国区域信息经济的技术进步与效率测度研究[J].科学学与科学技术管理, 2013, 34（1）: 78-84.

[9] 张伯超, 沈开艳."一带一路"沿线国家数字经济发展就绪度定量评估与特征分析[J].上海经济研究, 2018（1）: 94-103.

[10] 黄文金, 张海峰, 叶少莉.基于"有中心, 无边界"的数字经济评价模型的构建[J].中国工程咨询, 2018, 221（11）: 33-38.

[11] 姬小燕.浙江省数字经济发展综合评价研究[D].杭州: 杭州电子科技大学, 2020.

[12] 李鹏勇.数字经济发展水平综合评价研究——以江苏省为例[D].南京: 南京大学, 2020.

[13] 江西省发展改革委, 江西省大数据中心.江西省数字经济发展白皮书（2020年）[R/OL].[2023-07-08].http://jxic.jiangxi.gov.cn/attach/0/159c59204be540f0ad2c7e92bcb60207.pdf.

[14] 江西省发展改革委, 江西省大数据中心.江西省数字经济发展白皮书（2021年）[R/OL].[2023-07-08].http://jxic.jiangxi.gov.cn/attach/0/a6713762a0794d18a71a5b6a02723f60.pdf.

[15] 中国信息通信研究院, 江西省发展改革委, 江西省大数据中心.江西省数字经济发展白皮书（2022年）[R/OL].[2023-07-08].http://jxic.jiangxi.gov.cn/attach/0/08e8ede09f264da19cb79b0e2a0b1aae.pdf.

[16] 江西省数字经济研究课题组.江西省数字经济发展报告（2020—2021）[M].南昌: 江西人民出版社, 2021.

[17] 江西省数字经济研究课题组.江西省数字经济发展报告（2022）[M].南昌: 江西人民出版社, 2022.

第二章
区域数字经济创新发展

从评价结果可以看出，各地区深入推进数字经济发展"一号发展工程"，加快打造全省数字经济发展高地，在数字基础支撑力、数字创新应用能力、数字经济产业发展能力、数字化治理能力和数字经济发展活力五方面成效突出，有力推动了地区数字经济持续快速增长，其中各具特色的经验做法不断涌现。

一、南昌：多措并举打造全省数字经济创新引领区

2021年南昌数字经济创新发展指数为86.63，居全省首位，体现省会担当。2021年，南昌深入推进数字经济做优做强"一号发展工程"，全面推进数字产业化、产业数字化、数据价值化和治理数字化，"一核三基地"发展格局加快形成，数字基础设施水平跻身全国"第一方阵"。在"一核"方面，启动了全省数字经济创新引领核心区规划，高起点谋划、高标准定位核心区数字经济的主攻方向，在红谷滩区建设全省数字经济创新引领核心区。在"三基地"方面，南昌高新区加快建设全国移动智能终端示范基地和全省软件产业集聚区，规模以上企业软件业营业收入近80亿元；南昌经开区依托中国（南昌）数字经济港，规划建设5万个机柜，已为150家企业提供数据服务；小蓝经开区依托小蓝·泰豪VR产业基地，初步形成了以南昌小派为代表的VR硬件制造、以泰豪创意等为代表的VR内容创作、以中国联通VR/AR基地为代表的VR技术研发运用的产业发展格局。2021年，全市数字经济规模达到2749.5亿元，占GDP比重超40%。

第二章
区域数字经济创新发展

数字产业化方面,全市数字化发展统筹管理机制初步建立,数字经济发展政策环境逐步优化,先后出台了《南昌市政务信息资源共享管理实施细则》《南昌市政务信息化项目集约化建设管理办法》《南昌市数字经济发展三年行动计划(2020—2022年)》《南昌市"十四五"数字经济发展规划》等系列政策文件。南昌还积极牵手国内外领军企业和科研机构,加快数字产业化进程,培育新经济增长点,带动南昌数字产业纵向发展。特别是硅衬底黄光LED电光转换功率实现"全球领跑";南昌VR研究院突破超薄VR眼镜显示模组、360度全景影像模组等共性技术难题,达到了国际先进水平。

产业数字化方面,南昌抢抓数字经济窗口机遇期,以工业互联网平台为关键支撑,利用大数据、5G、区块链等新技术,对制造业进行全方位、全角度、全链条的改造,推动传统制造迈向"智能制造"。围绕发展工业互联网平台,持续推动制造企业"上云上平台"。2021年,全市规模以上工业企业关键工序数控化率达45%,数字化车间、智能工厂普及率达15%,全市上云企业已超9000户。

数字化治理方面,为积极应对新冠疫情的不利影响,抢抓流量经济新业态、新模式的风口,南昌以"赣服通"南昌分厅建设为牵引,积极探索移动在线政务服务新模式,持续深化放管服改革,实现了养老、公积金、就业创业、医疗卫生、教育缴费等政务服务"掌上查、掌上办"。数据显示,"赣服通"南昌分厅市本级共上线事项1910项,全程网办"一次不跑"事项87项。

人才培养方面,南昌积极落实"人才10条"政策,2020年、2021年连续举办高层次科技人才"洪城计划",紧盯"吸引10万名大学生和技能人才来昌留昌"工作目标举办"百场校招"等活动,以更大力度助力聚才留才,为充实南昌数字经济领域青年人才队伍提供保障。在此基础上,南昌加快构建8个科研与人才发展平台,形成以院士领衔、知名专家带队、中青年科学家为骨干的科技人才队伍,并成立了培训中心,建设了多层次专业技术和管理人才培训体系,联合培养了11位硕士研究生,且研究院通过短期实习项目,接收20多位来自驻昌高校的优秀在校生来研究院实践锻炼,促进潜在的数字经济人才留昌留院工作。

此外,南昌正加快5G、云计算、大数据、物联网、人工智能等数字基础设施建设。截至2021年12月底,南昌累计开通5G基站12 350个,全省占比22%;新开通5G基站3730个,均超额完成目标任务;累计开通4G基站28 127个,NB-IoT基站3189个;5G网络在全省率先实现主城区100%连续覆盖和乡级行政区100%全部开通。建成全市政务数据共享和开放一体化平台,实现20多亿条数据共享协同,支撑了"赣服通""赣政通""南昌城市大脑"等平台运行。通过连续举办世界VR产业大会,成功搭建VR产业创新发展平台,立足"一城两园多点",加快推动南昌形成VR引领的数字经济产业发展新格局。

面向"十四五"新形势、新征程,南昌加强战略前瞻,突出比较优势,优化区域产业布局,聚力实现各县区、园区错位发展、集聚发展、协调发展。力争到2025年,全市广口径数字经济增加值占GDP比重达到50%左右,核心产业增加值占GDP比重达10%。

二、赣州:抢抓先机打造数字经济创新发展标杆城市

2021年赣州数字经济创新发展指数为66.48,居全省第2位。近年来,为抢抓数字经济发展的"窗口期""战略机遇期",赣州持续做优做强数字经济七大产业及相关赛道,着力打造"数字赣州"品牌;围绕打造赣深数字经济走廊,加快建设全省数字经济发展关键增长极、粤港澳大湾区数字资源延伸承载地、革命老区数字经济创新发展先行区,助推全市数字经济高质量跨越式发展。2021年,赣州进入全国数字百强城市行列,排名第62位。

赣州深入实施数字基础设施升级工程,数字产业基础不断夯实。全市以数据中心、5G应用建设为核心,积极推进数据基础设施建设,不断增强数字产业发展的基础支撑能力。截至2022年6月,5G网络建设累计开通5G基站数11 195个,位列全省第二,实现市县中心城区、重点工业园区和5A级旅游景区全覆盖。同时,在全省率先完成"全光网"网络转型,光宽带覆盖全部城区和行政村,千兆光纤网络家庭覆盖率达106.3%,还率先在省内落地工业互联网标识解析综合二级节点和纺织服装行业二级节点。

赣州深入实施数字产业提质升级工程,数字产业化加速推进。赣州市数字经济产业园获批省级数字经济创新发展试验基地,落地江西首个信息安全产业

园，聚集航天科工等企业近100家，实现信创计算机"赣州造"，工业和信息化部评价赣州信创产业为"走在全国地级市第一方阵"。此外，赣州已建成全省唯一的区块链技术产业园，上线脐橙链应用，直接拉动上链果品平均每增收2.06元，被工业和信息化部评为"区块链十大经典案例"并写入白皮书；成功入选国家区块链创新应用综合性试点城市名单，信丰、龙南5G产业园入选全省首批5G产业基地，形成了从基础材料、配套器件、关联芯片到终端设备、平台应用的产业链条。

赣州深入实施智能制造升级工程，产业数字化融合水平不断提升。孚能科技、国泰特种化工被工业和信息化部列为"智能制造试点示范项目"；章贡高新区、赣州经开区被评为"江西省智能制造基地"，同兴达、澳克泰等33家企业的项目获评省级智能制造项目，好朋友科技、绿萌科技等13家企业的16种产品被列为省级首台套产品，获评项目数连续三年居全省第一；赢家时装、龙南骏亚、瀚蓝工业项目入选全省5G+工业互联网应用创新十大案例，为全省最多；全市已有10家企业获评省级"5G+工业互联网"示范企业，总数超过全省的1/5。

赣州深入实施数据汇集融通工程，数字化治理水平逐步攀升。建成了省市县三级一体化的政务数据交换平台，累计打通45个市直（驻市）单位140个业务系统，市级自建系统已实现全部打通，国、省级系统打通率达51%。便民利企工作扎实推进，"赣服通赣州分厅"3.0已上线运行，人均占比、访问量、用户数、事项数和县级事项数据排名均居全省前列，并积极推进与粤港澳大湾区电子证照互认。

面向新征程，赣州将牢牢把握新时代革命老区振兴发展、粤港澳大湾区产业转移、建设省域副中心城市等多元重叠战略机遇，切实将数字经济发展作为加快新动能培育的"一号工程"，全力打造"信创产业引领牌""北斗时空创新牌""区块链融合应用牌"，形成国内一流的数字产业"三大品牌"，为开创革命老区数字经济发展新局面、打造中部地区数字崛起新窗口提供有力支撑。

三、九江：努力建成全省数字经济创新发展高地

2021年九江数字经济创新发展指数为47.94，居全省第3位。近年来，九江把发展数字经济作为培育新动能"一号工程"，加快完善政策机制，制定出台数字经济三年行动计划和链长制工作方案，努力推动数字产业化、产业数字化，提升数字化治理水平，全市数字经济发展态势强劲。2021年，九江数字经济增加值达1427.1亿元，数字经济规模占GDP比重38.2%，均列全省第3位；数字产业化增加值达146.8亿元，列全省第5位；产业数字化增加值达1280.3亿元，列全省第3位，产业数字化规模占GDP比重34.3%，列全省第2位。网络零售额、算力总规模、智慧作业覆盖率等指标均位列全省前五。全市数字经济核心产业布局体系初步确立，构建了以鄱阳湖生态科技城为创新引领区，以九江经开区、共青城市瑞昌为核心产业先导区，以每县一个数字经济产业园为载体的"1+3+N"数字经济区域布局体系。

电子信息首位产业发展态势良好。九江以产业链链长制为抓手，着力推进电子信息产业翻番倍增。2021年全市电子信息产业实现营收991.4亿，同比增长28.8%，增速位居十大产业链之首。2022年一季度实现主营业务收入203.6亿元，同比增长45.9%，增速仍居首位，实现了"开门红"。电子电路、智能终端、智能电器和半导体照明4个细分产业链形成，巨石玻纤、德福科技、生益科技、明阳电路等重点企业快速发展。

数字技术与实体经济融合有力。九江充分发挥传统产业优势，促进数字技术与实体经济深度融合，为振兴发展培育新动能，助力经济高质量发展。全速推进工业互联网标识解析综合二级节点运营，截至2022年5月，已注册企业75家，标识注册达665.5万，标识解析量达81.6万，德福科技、兄弟药业、卡博特、国华神华、心连心化肥等大批龙头企业正在进行5G技术改造。

数字经济产业集聚度不断提升。为了打造以鄱阳湖生态科技城为核心增长极"数字小镇"，九江通过"政府服务引导、创新平台赋能、龙头企业牵引、生态伙伴跟进"的模式，聚集数字经济企业197家，落户运营华为创新中心、京东城市数字经济产业园、中国电信中部云计算大数据九江中心、中国科学院激光智能制造基地等60个数字经济项目。同时，九江打造以九江经开区电子

信息、智能制造为代表的"数智集聚区"。截至 2022 年 5 月已落户各类电子电器企业 200 余家，电子电器产业主营业务收入超 500 亿元，获批国家电子电器高新技术产业化基地；巨石玻纤、TCL 空调、艾美特电器、德福科技、明阳电路等一批骨干企业正在实施技改扩能、制造升级。

未来，九江将通过电子信息、工业互联网、人工智能赛道（即"1+2"产业赛道）和数字经济核心产业倍增工程、产业数字化提质工程、"数智新九江"建设工程、数据价值化培基工程等"四大工程"，着力将九江打造成为长江经济带数字产业化重要集聚区、产业数字化转型升级重点先行区、场景应用推广先导区、数字营商环境创新示范区和长江经济带数字经济发展新高地。

四、宜春：绘蓝图建设省内领先的数字经济发展强市

2021 年宜春数字经济创新发展指数为 41.00，居全省第 4 位。近年来，宜春从战略和全局的高度深刻认识数字经济发展的重大意义，主动识变、勇于求变、积极应变，全力抢抓数字经济发展新机遇，大力推进以大数据为引领的数字经济快速发展。陆续发布《"云上宜春"新型智慧城市顶层设计》《宜春市大数据产业发展规划（2018—2025 年）》《宜春市数字经济发展三年行动实施方案》《宜春市"十四五"数字经济发展规划》等文件，实施数字经济产业数字化、数字产业化等"八大行动"。此外，在数字经济赋能传统产业方面，持续推进传统产业的改造升级，加速物流、中医药、锂电、教育等重点产业的智慧化进程，宜阳新区数字经济产业集聚区、梅树智慧医药产业园、主城智慧教育产业园和高安智慧物流产业园等"一区三园"模式已基本形成，国家医疗健康大数据应用示范中心与产业园建设试点市、全省锂电新能源产业大数据中心等资质相继落地。

数字基础设施方面，自 2021 年以来，全市新建 5G 基站 2130 个，累计开通 5G 基站 5552 个，实现市县主城区、重点产业园区、人口密集商业区等重点区域 5G 网络连续覆盖，并逐步向乡镇村延伸。新建农村 5G 基站 62 个，逐步实现 5G 网络全覆盖。千兆光网建设不断提速，推动骨干网和城域网协同扩容，开展千兆光网提速改造，千兆光纤网络家庭覆盖数 133.99 万户，500 M 及

以上用户达 22.9 万户。推进信息进村入户工程，农产品电商运营中心实现市县全覆盖，新培育省级电商示范企业 10 家、电商基地 4 家。赣西云数据中心建设颇有成效，中心总建筑面积达 4.8 万平方米，规划 4000 个 8KW 高密度机柜，可提供区域性云存储和云计算能力，为宜春数字经济的发展提供坚实支撑。

数字治理方面，纵深推进"放管服"改革，实施"一网通办"，持续开展"一次不跑""一次办好"便民服务。不断加强政务信息系统集约化建设，建成统一数据共享交换平台、数据开放平台，人口、法人、电子证照等基础数据库投入使用，公共信用信息平台和信用网站等一批应用上线运行，特别是"赣服通"宜春分厅承接省级服务、接入本地服务、纳入县级服务，应用推广走在全省前列，在整合数据资源、强化数据治理、优化数据服务等方面取得了一定成效。截至 2022 年 4 月，"赣服通"宜春市县分厅接入服务 2339 项，数字化已深入到城市治理"神经末梢"。

此外，以宜阳新区大数据产业园为主体的数字产业集群发展势头强劲，园区在赣西云数据中心的引领下，落户数字经济企业 88 家，正舵者、通慧科技、胜道科技、十九度电商、58 科创、蓝海彤翔等行业龙头企业持续发力，2021 年实现营业收入 70.38 亿元，先后获得省级新型工业化产业基地、省级数字经济创新发展试验基地、省级创业孵化示范基地、省级众创空间等 13 项省级以上荣誉，并成功入选"江西省第一批数字经济集聚区"。

立足新发展阶段，宜春将大力完善数字经济基础设施，深挖数据价值，释放数据红利，加快推进产业数字化和数字产业化，提升数字化治理水平，构建数字经济生态体系，将宜春打造成赣湘鄂云计算生态中心、长江经济带产业数字化转型示范区和全国锂电数据价值挖掘先行区，使宜春成为"全省领先、辐射湘鄂、驰名国内"的数字经济强市。

五、上饶：打造中西部地区数字经济创新发展示范区

2021 年上饶数字经济创新发展指数为 35.14，居全省第 5 位。近年来，上饶紧扣"融入长三角、中部走前列"发展战略，围绕"建设区域性大数据中心、打造千亿级大数据产业矩阵"的目标，深入实施数字经济"一号工程"，数字

第二章
区域数字经济创新发展

经济加速崛起。2021年全市大数据及关联产业主营业务收入817亿元，同比增长61%；新增规模以上企业12家，总数达145家；在赛迪顾问数字经济产业研究院中心发布的《2021中国数字经济百强城市白皮书》中，上饶位列第87位。

数字经济的基础更加夯实。上饶国际互联网数据专用通道获批建成运营，填补了江西省无国际通信专用通道的空白；光伏行业工业互联网标识解析二级节点成功上线，并接入国家节点运营；成功入选国家首批"千兆城市"；新建开通5G基站4539个，累计开通7698个，居全省第三。

数字经济的实力更加彰显。上饶大力实行"平台招商""以商招商"，全年共签约项目177个，总投资额158亿元，同比增长45%，取得成效显著。数字游戏共集聚贪玩游戏、盛趣游戏、网易等企业70余家，全年板块营业收入98亿元；数字营销集聚巨网科技、傲星传媒、洋码头等企业40余家，全年板块营业收入106亿元；数字呼叫集聚滴滴出行、华庆科技、岐力信息等企业，上线总席位达5000个。

数字经济融合转型更加深入。上饶工业数字化取得突破，农业数字化走在前列，旅游业数字化全面启动。成功争创国家级智能制造试点示范项目2个，创建省级现代农业示范园36个，"上饶旅游"App在安卓应用市场顺利上线，入选全省文化和旅游信息化发展典型案例。

数字惠民应用更加丰富。上饶通过流程再造、业务打通、证照互认，实现材料零提交、业务零跑腿、办理零距离，"人生十件事"联办改革深得民心；"赣服通"上饶分厅不断完善，上线事项2149项，注册用户240.1万，累计访问3717万人次；成功列入国办浙闽赣皖四省边际城市政务服务"跨省通办"4个试点城市之一，首批101项政务服务事项实现"跨省通办"。

数字创新平台更加完善。上饶先后落地工信部工业互联网网络上饶实训基地、中国联通（上饶）工业互联网研究院、中国移动5G联合创新江西开放实验室等国家（省级）平台，数字技术集成创新能力不断增强；先后成功举办"全球饶商回归大会数字经济专场""2021华为开发者大会上饶分会暨鲲鹏应用创新大赛"等活动，并与江西师范大学合作共建数字产业学院，每年招生500人，填补了该市无硕士教学点的历史空白。

面向新征程，上饶将以数字产业化、产业数字化为核心，大力推动数字经济与实体经济深度融合，着力构建"一核一圈多点"的数字经济发展域，实现县（市、区）辐射带动、错位发展，市直部门深度参与、融合协同的数字经济新版图，推动全市数字经济重点区域、重点领域整体迈入高质量发展阶段。力争到 2025 年，加快建成数字产业发展重点集聚区、产业数字化转型示范区、数字化治理先导区和数字新基建高地，建成全面绿色转型示范市、全国知名大数据科创城、国家新型工业化大数据产业示范基地、全国数字创意产业示范基地、全国数字营销产业示范基地。

六、吉安：找准赛道打造数字经济发展新格局

2021 年吉安数字经济创新发展指数为 33.51，居全省第 6 位。近年来，吉安抢抓数字经济发展机遇，全面融入、主动拥抱数字经济，找准数字经济发展赛道和着力点，制定出台了数字经济发展三年行动计划，发布 5G 通信基础设施专项规划，成为全省第二个正式发布 5G 专项规划的设区市。吉安依托电子信息产业基础，在数字经济发展上取得了先发优势。数据显示，吉安规模以上数字经济核心产业营业收入达到 751.4 亿元，位居全省第三；获省认定招引数字经济"5020"项目 16 个，位居全省第一；网络零售额增速达到 47.4%，全省排位第三，其中，吉水县、永新县、万安县增速分列全省县（市、区）前 3 名。吉安数字经济不仅实现了自身的快速发展，也成为推动产业升级改造的重要引擎。

致力于主攻赛道做优做强。近年来，吉安坚持首位产业首要支持、首先发展，构建了"一带双核全域化"总体产业发展格局，加快推动智能终端、电子电路板、半导体照明、5G 制造等电子信息产业重点赛道发展，兴典科技等一批百亿级和"5020"项目开工建设；聚焦培育人工智能和区块链新兴产业，引进中国工程院院士王耀南团队共建机器人联合研发中心，引进永丰迈步、中润智能等机器人项目先后落地，推动青原区弘德智信、吉安砺芯半导体等一批机器人企业加速壮大。截至 2021 年底，吉安集聚近千家电子信息企业，其中规模以上企业 390 家，营业收入连续 7 年每年新增百亿元以上。2021 年营业收

入达1936.9亿元，同比增长19.5%，保持全省第一。

致力于数字转型提速升级。吉安持续开展"上云用数赋智"行动，推动重点企业加快推广人工智能应用，涌现了生益电子"5G+工业互联网"、立讯AGV智能物流系统等数字化转型典型代表，催生了吉水实达实"工业购"等新兴数字技术赋能实例，截至2022年6月，全市上云企业累计达到18 785家。全市电商企业达到8807家，涌现了舌尖王国等一批代表企业，形成了"1+13+N"全市物流公共信息网络平台，江西万佶物流获批全国十大重点物流平台，21家农业物联网基地（企业）获全省农业物联网示范基地（企业）。

致力于数字生态不断优化。吉安不断推进电子信息研究院、电子信息产业联盟、电子信息产品检验检测中心建设，着力建好用好数字经济和电子信息产业"三驾马车"。吉安电子信息产业联盟投入运营，首批"入盟"企业达109家，在业务拓展、生产服务等方面互补互促，打通产业内部循环。此外，吉安电子信息研究院加入省级电子信息产业链数字融合科技创新联合体；井冈山先锋数字经济产业园和江西软件职业技术大学新校区建设点燃井冈山数字经济"星星之火"；与井冈山大学、北京龙誉教育科技有限公司共建数字经济现代产业学院，与南昌航空大学共建数字经济研究院，共同开展数字经济人才培育和技术攻关、科技成果转移转化。

面向"十四五"新征程，吉安将做大做强数字经济，深化数字经济和实体经济融合发展，加快数字产业化、产业数字化，努力建设成为全省5G产业制造集聚区、全省产业数字化转型示范区、全省区块链应用先行区、全省数字化治理应用样板区。

七、鹰潭：打造中小城市数字经济创新发展示范区

2021年鹰潭数字经济创新发展指数为28.08，居全省第7位。近年来，鹰潭抢抓"03专项"、5G、城乡融合等数字经济发展机遇，出台了智慧新城规划（2017—2025年）、数字经济创新发展"二十条"、智联鹰潭建设等专项规划条例，从政策制度层面搭起支撑新时代鹰潭数字经济发展的"四梁八柱"，选定物联网为数字经济产业主赛道，进一步聚焦电子元器件、无人机和智慧农

业三个辅赛道,形成"1+3"的数字经济产业赛道发展格局。

精准定位物联网赛道,扎实推进数字产业化、产业数字化发展进程。自2017年以来,鹰潭成为国内首个部署商用物联网的城市和全国首批5G商用城市,实现NB-IoT低速、CAT-1中速、5G高速三张网同时覆盖。其中,全市建成5G基站2362个,每万人拥有5G基站数20.2个,位列江西省第一,主城区实现5G网络全覆盖,覆盖质量和密度处于全国领先水平。此外,在科技创新平台方面,鹰潭构建了"两园三区"物联网产业发展平台,中国信通院鹰潭物联网研究中心、北航鹰潭研究院等44个物联网创新平台在鹰潭落地生根,为技术创新、成果转化、检测认证、商业应用提供全链支撑。截至2021年,鹰潭物联网企业达423家,其中制造类企业超200家,2021年鹰潭物联网数字产业主营业务收入突破600亿元,占江西省物联网数字产业主营业务收入的50%,三年年均增长率达45%,远超全国水平,物联网数字产业已经成为鹰潭市发展的一张亮丽名片。

铜产业数智化转型不断提速。铜产业作为鹰潭的传统优势产业,与物联网相结合时,迸发出了转型升级的澎湃动力。截至2022年7月,鹰潭铜企业共建成智能车间63个,应用工业机器人、高档数控机床、自动化生产线等智能化装备1800余台,铜精深加工占比高速提升。鹰潭已经成为全国首个NB-IoT网络全域覆盖城市,并在巴塞罗那全球智慧城市大会上荣获全球智慧城市数字化转型奖和全球智慧城市中国区产业数字化转型奖。

面向"十四五"新征程,鹰潭将加快做大物联网产业,加速布局前沿新兴数字产业,积极培育数字经济新业态新模式,推动数字产业化、产业数字化、治理数字化、数据价值化协同发展,力争数字经济总体规模位居全国中小城市前列,打造成为中部乃至全国数字经济创新发展试验区。

八、景德镇:着力打造具有景德镇特色的数字国际瓷都

2021年景德镇数字经济创新发展指数为21.75,居全省第8位。景德镇以国家陶瓷文化传承创新试验区建设为契机,着力加快产业数字化、数字产业化进程,重点推进陶瓷、航空、精细化工和生物医药等优势产业创新融合,打造

具有景德镇特色的数字经济。

近年来，景德镇强化顶层设计，全面启动全市数字经济"十四五"规划及新基建三年行动计划编制工作，出台《关于加强移动通信基站基础设施建设的实施方案》《景德镇市5G通信基础设施专项规划（2019—2035）》《景德镇市5G基站设施"绿色超简"审批意见》等文件。2021年，景德镇加快推进全市5G基础设施建设，在实现市区深度覆盖的基础上，加速向有条件的县（区）镇延伸，全市累计完成5G站点建设开通1995个。

在陶瓷特色产业数字化转型方面，景德镇加快打造陶瓷"产业大脑"，建成陶瓷产业大数据中心，为产业科学决策提供支撑；建设产业公有链平台，探索区块链技术在陶瓷溯源、陶瓷防伪等领域的应用；建设工业互联网平台，探索以"5G+工业互联网"赋能陶瓷产业振兴。

数字应用方面，培育了一批两化融合示范企业，以两化融合体系贯标引领企业加快生产方式和服务模式变革，提升创新活力、发展潜力、转型动力。截至2022年3月全市已有8家企业完成两化融合管理体系贯标，16家企业被评为省级两化深度融合示范企业。高标准建设MR数字陶瓷产业园、陶瓷电商生态圈，与快手平台共同在景德镇落地建设全国第一家文化类的"快手创新发展中心"，积极探索"品牌+流量+用户+商业"的短视频融合发展新路径。此外，景德镇溪川德信教育科技有限公司中德（景德镇）工业4.0智能制造公共实训基地项目入选2020年制造业与互联网融合发展试点示范项目"中德智能制造合作方向"名单，成为当年全国8个、江西省唯一入选的项目。

面向"十四五"新征程，景德镇将加快新型基础设施建设、加快优势产业数字化转型、拓展数字技术融合应用，探索数字经济赋能实现景德镇特色化转型道路，打造具有景德镇特色的数字国际瓷都。

九、萍乡：锚定赛道打造最美数字化转型城市

2021年萍乡数字经济创新发展指数为21.4，居全省第9位。萍乡把数字经济作为推动高质量跨越式发展、构建新发展格局战略支点的重要抓手，以建设国家产业转型升级示范区为引领，大力实施工业强基倍增行动，推进数字技

术与制造业深度融合，加速新兴产业数字化赋能，加快传统产业数字化转型。目前，萍乡正按照"1+1"（"电子信息产业+区域优势产业"）的模式，全面推动产业数字化转型。

在顶层设计上，萍乡编制出台了《加快推进制造业与互联网融合发展的实施意见》《关于深化"互联网+先进制造业"发展工业互联网的实施意见》《萍乡市5G通信基础设施专项规划暨萍乡市通信专项规划（2020—2035）》《萍乡市"1+2+N"产业发展行动计划》《关于实施电子信息产业链链长制的工作方案》等政策文件，为萍乡市数字经济发展形成有力引导和科学布局。

在信息基础建设上，萍乡按照"先城市、后县城、先室外、后室内"的原则，持续加快5G建设进度，加快5G网络多层次覆盖。截至2022年11月底，全市新建成5G基站1207个，累计建成5G基站2650个，实现了主城区100%连续覆盖和乡级行政区100%全部开通。在保证网络覆盖率的前提下，进一步加强网络安全部署和网络结构优化力度，逐步打造精品宽带网，全市制造业园区全部具备千兆接入能力，保障重点园区、重要企业5G定制专网建设，满足企业数字化转型应用需求。

在数字产业化上，萍乡对数字经济核心产业中的电子信息产业进行首位培育，近3年来电子信息产业营业收入、利润总额等主要指标平均增幅超过40%；积极打造了周江电子信息产业园、安源数字经济产业园、湘东光电科技产业园、芦溪电子信息产业园、上栗赣湘电子信息产业园、莲花电子信息产业园等一批数字经济产业平台。其中，萍乡经开区数字经济小镇获批省级特色小（城）镇、上栗赣湘电子信息产业园成功获批省级第一批数字经济产业集聚区。

在产业数字化上，萍乡积极推进云计算、大数据等新一代信息技术与制造业深度融合，加快陶瓷（电瓷）、花炮、钢铁等传统产业数字化转型，跑出绿色高质量发展"加速度"。中材电瓷打造的"5G+MEC"项目成功入选工业和信息化部2021年工业互联网平台创新领航应用案例。截至2022年7月，全市有省级两化融合示范企业30家、省级两化融合示范园区2个、省级智能制造示范企业8家、省级智能制造标杆企业3家、省级智能制造产业基地1个。

未来，萍乡将持续推动数字经济发展迈上新台阶，加快打造数字产业发展集聚区、产业数字化转型先行区、场景创新应用先导区、数字营商环境示范区,努力打造全省数字经济发展新高地。

十、抚州:全力打造一流的数字经济创新发展区域

2021年抚州数字经济创新发展指数为20.35,居全省第10位。抚州把数字经济发展作为加快新动能培育的重要抓手,制定出台《抚州市数字经济发展三年行动计划(2020—2022年)》《加快推进5G发展的政策措施》《抚州市5G通信基础设施专项规划(2020—2030年)》,通过深入推进数字产品制造业发展,赋能智能制造升级,促进数字经济与实体经济深度融合,以构建产业生态圈、创新生态链为中心,着力打造数字经济产业聚集高地。

抚州充分发挥基础电信企业网络建设主力军作用,按照适度超前原则开展5G网络建设,在城市及重点乡镇进行支持用户千兆接入的10G PON光接入设备规模部署,开展薄弱区域的光分配网(ODN)改造升级,持续扩大千兆光网在城乡的覆盖范围。截至2023年2月,全市每万人拥有5G基站数18.8个,5G用户占比达41%,重点场所5G网络覆盖率达100%,全市已实现5G网络"乡乡通",基本实现5G网络"村村通"。

抚州大力推进大数据中心建设,努力建设中部大数据基础支撑高地,获批中部唯一的国家新型工业化产业示范基地(数据中心)。依托大数据产业的"磁吸"效应,抚州集聚了栢能、华硕、迈络斯、高斯宝、光宝科技等一批数字装备制造企业,以算力为核心的前端研发、中端制造、后端应用数字经济生态圈初步形成。此外,抚州落地或正在推进"5G+工业互联网"企业116家,使用智能制造设备达1792台(套),智能制造车间(生产线)136个,智能制造水平大幅提升。同时,抚州积极构建互联、智能、开放的"城市大脑",建成生态云平台、"我的抚州"App,推动城市治理体系和治理能力现代化。此外,中国科学院江西产业技术创新与育成中心抚州分中心、抚州中科院数据研究院、江西省教育大数据联合实验室等多个高水平、高层次研发机构落地抚州,推动了数字经济产业创新发展。

面向"十四五"新征程,抚州将深入推进数字产品制造业发展,赋能智能

制造升级，促进数字经济与实体经济深度融合，深入推进营商环境优化升级"一号改革工程"，以实在举措构筑"崇商重商安商暖商"的服务环境，全力打造全国数据要素价值实现示范区域和中部领先、全省一流的数字经济创新发展区域。

十一、新余：扬优成势打造中部地区数字经济发展标杆城市

2021年新余数字经济创新发展指数为17.49，居全省第11位。新余突出数字经济新动能培育"一号工程"地位，以数字产业化和产业数字化为主线，以数字应用为牵引，推动城市数字化建设，创建中部产业数字化转型示范区、全省数字经济创新引领区。2021年，新余数字经济核心产业主营业务收入达150亿元，同比增长15%，数字经济正乘势崛起。

新余充分发挥数字经济产业园和京东（新余）数字经济产业园引领作用，大力推进数字经济建设。截至2021年底，浪潮、华为、科大讯飞、美天科技等省内外及本地60家数字经济企业签约入驻新余数字产业园，数字产业集聚效应逐渐显现。京东（新余）数字经济产业园区已招商入园企业214家，2021年产业园网络零售额达39.08亿元，带动全市电商全年网络零售额实现74.34亿元，同比增长64.79%。在推进5G通信网络建设方面，全市建成5G基站1708个，2022年建设5G基站760个，总投资2.27亿元，数字信息基础设施与经济、社会、政府的衔接将更加紧密。

此外，新余先后出台《新余市加快推动5G通信基础设施建设若干政策措施》《新余市支持京东等龙头企业加快数字经济发展三十条措施》等扶持政策，支持推进产业数字化转型。新钢集团与华为公司开展数字化转型战略合作，全面推动建设"数智新钢"。赣锋锂业"基于5G专网+MEC边缘计算的智慧锂电工厂"项目列入2021年省科技厅"03专项"定向委托、省工信厅"5G+工业互联网"示范工厂。全省首个带钢慧"区块链+供应链平台"已上线运行。有序推进建设锂电、钢铁、光伏、麻纺、鞋履五大特色产业云平台，锂离子电池工业互联网标识解析二级节点项目建设即将完成建设。

新余还积极推动校企合作、产教融合，构建产学研联盟新体系，与南昌航

空大学、新余学院等合作成立数字经济研究院、大数据与智能制造研究院以及区块链与信息安全产业研究院,夯实数字经济发展技术基础。数字化治理取得较大突破,在政务大数据普惠金融、智慧交通等方面成绩尤为突出。

面向"十四五"新征程,新余将紧扣"四地目标",打造智慧幸福城市建设先导区、数字经济创新引领区、产业数字化转型示范区、数字营商环境优势区,努力成为中部地区数字经济发展的标杆城市。

第三章
全球数字经济发展形势

一、全球数字经济发展现状

(一)数字经济成为全球经济核心驱动力

世界百年未有之大变局加速演进,国际形势不稳定性不确定性明显增加,新冠疫情大流行影响广泛深远,经济全球化遭遇逆流,国际经济、科技、文化、安全、政治等格局都在发生着深刻复杂变化。在这一背景下,新一轮科技革命和产业变革为各国带来新的发展机遇,数字经济对经济发展的稳定器、加速器作用更加凸显。如图3-1所示,据中国信通院数据测算,2021年,全球47个国家数字经济规模为38.1万亿美元,同比名义增长15.6%,占GDP比重为45.0%,远高于同一时期经济增长速度,成为全球经济复苏的重要支撑、稳步发展的强大动力。

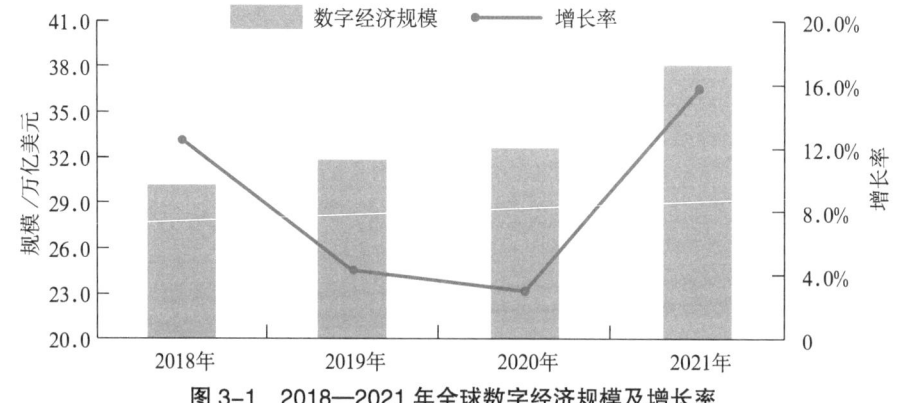

图3-1 2018—2021年全球数字经济规模及增长率

第三章
全球数字经济发展形势

融合化发展驱动数字经济结构演变。以工业互联网、智能制造、先进制造等为代表的产业数字化转型有力驱动全球产业数字化发展。当前，数字技术加速向传统产业渗透，产业数字化仍是数字经济发展的主引擎。2021年，全球47个主要经济体数字产业化规模为5.7万亿美元，占数字经济比重为15%，占GDP比重为6.8%，产业数字化规模为32.4万亿美元，占数字经济比重为85%，占GDP比重较上年提升1个百分点，约为38.2%。同时，全球一二三产业数字经济持续渗透。2021年全球47个经济体第三产业、第二产业、第一产业数字经济增加值占行业增加值比重分别为45.3%、24.3%和8.6%，分别较去年提升1.3个百分点、0.8个百分点和0.6个百分点。从全球看，数字技术在传统产业的应用率先在第三产业爆发、数字化效果最显著，在第二产业的应用效果有待持续释放，在第一产业的应用仍受到自然条件、土地资源等因素限制。

中、美、欧形成全球数字经济发展三极格局。整体看，中、美、欧分别在市场、技术、规则领域占据优势，全球数字经济发展的三极格局基本形成。如图3-2所示，在规模方面，美国数字经济蝉联世界第一，2021年达到15.3万亿美元，中国位居第二，规模为7.1万亿美元，约为美国的46%，德国位居第三，规模为2.9万亿美元，美国、中国、德国数字经济发展继续稳居全球第一梯队。中国数字经济实现跨越式发展，数字经济规模仅次于美国，拥有全球最大的数字市场，数据资源领先全球，数字产业创新活跃，积极建设数字中国。美国数字经济规模稳居全球第一，在数字企业全球竞争力、数字技术研发实力上遥遥领先。欧盟成为全球数字经济"第三极"，凭借其在数字治理上的领先，确立了与中美两强优势互补、不可或缺的第三极地位。此外，日本、英国、法国数字经济规模也都超过1万亿美元。从占比看，德国、英国、美国数字经济占GDP比重位列全球前3位，占比均超过65%。韩国、日本、爱尔兰、法国4国数字经济占GDP比重也超过47个国家的平均水平。新加坡、中国、芬兰、墨西哥4国数字经济占GDP比重为30%～45%。

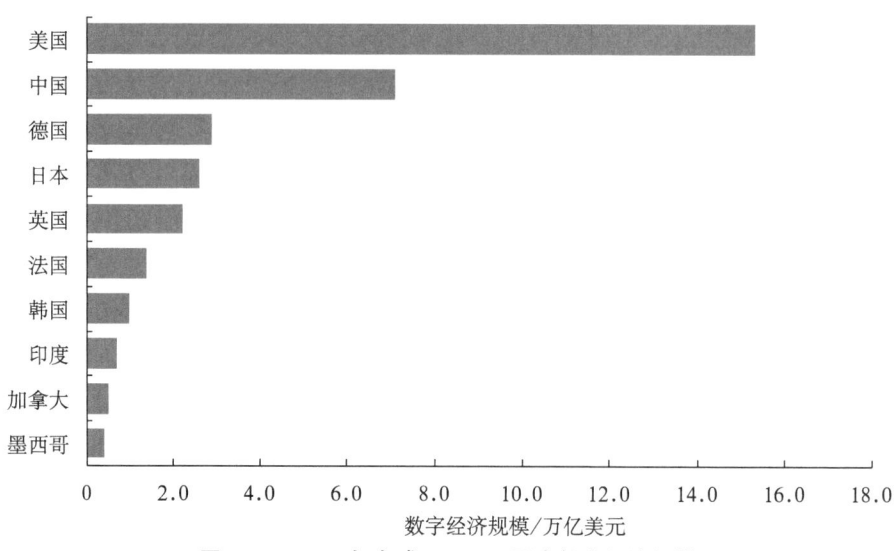

图 3-2　2021 年全球 TOP 10 国家数字经济规模

（二）我国数字经济结构不断优化完善

数字经济战略地位持续提升。党中央、国务院对发展数字经济形成系统部署，数字经济顶层战略规划体系渐趋完备，行业与地方形成落实相关战略部署的系统合力，我国数字经济发展已具备较强的政策制度优势。如图 3-3 所示，2021 年，我国数字经济发展取得新突破，数字经济规模达到 45.5 万亿元，同比名义增长 16.2%，高于同期 GDP 名义增速 3.4 个百分点，较"十三五"初期提升了 9.6 个百分点，占 GDP 比重达到 39.8%。新冠疫情成为数字经济发展的"试金石"，无论在新冠疫情防控的阻击战中，还是在疫情多点散发的常态化防控中，数字经济作为宏观经济的"加速器""稳定器"的作用越发凸显，也成为推动我国国民经济持续稳定增长的关键动力。

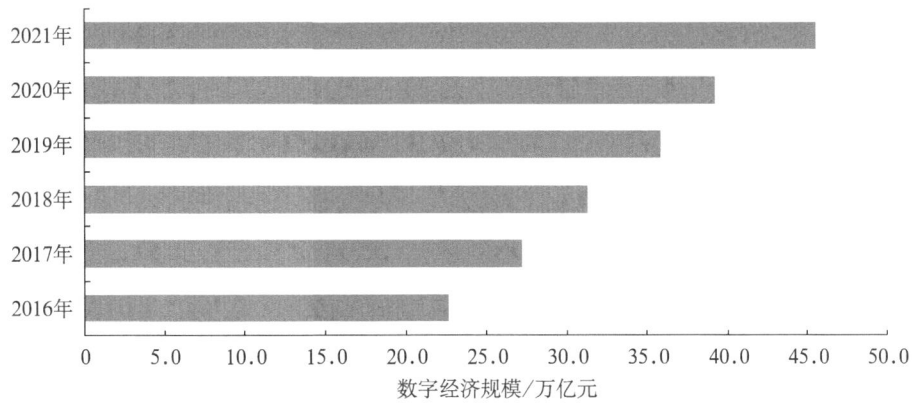

图 3-3 我国 2016—2021 年数字经济规模

产业数字化转型日益深化。数字经济结构逐渐优化,数字产业化占比下降,而产业数字化占比上升。如图 3-4 所示,2021 年,我国数字产业化经济规模为 8.4 万亿元,同比名义增长 11.9%,占数字经济比重为 18.3%,占 GDP 比重为 7.3%,数字产业化发展正由量的扩张向质的提升转变。2021 年,产业数字化经济规模达到 37.2 万亿元,同比名义增长 17.2%,占数字经济比重为 81.7%,占 GDP 比重为 32.5%,产业数字化转型持续向纵深加速发展。

区域数字经济发展取得长足进步。2021 年,各地加快推动"十四五"数字经济规划落地,制定适合本地区的发展目标与重点任务,打造数字经济发展新高地,数字经济发展"如火如荼"。总体来看,我国数字经济发展水平与经济规模密切相关,呈现从东到西递减趋势。规模上,2021 年 16 个省份数字经济规模突破 1 万亿元,分别为广东、江苏、山东、浙江、上海、北京、福建、湖北、四川、河南、河北、湖南、安徽、重庆、江西、辽宁,与 2020 年相比新增 3 个省份。从经济贡献看,北京、上海、天津等省市,数字经济已成为拉动地区经济发展的主导力量,数字经济 GDP 占比已超过 50%,此外,浙江、福建、广东、江苏、山东、重庆、湖北等省份数字经济占比也超过全国平均水平。

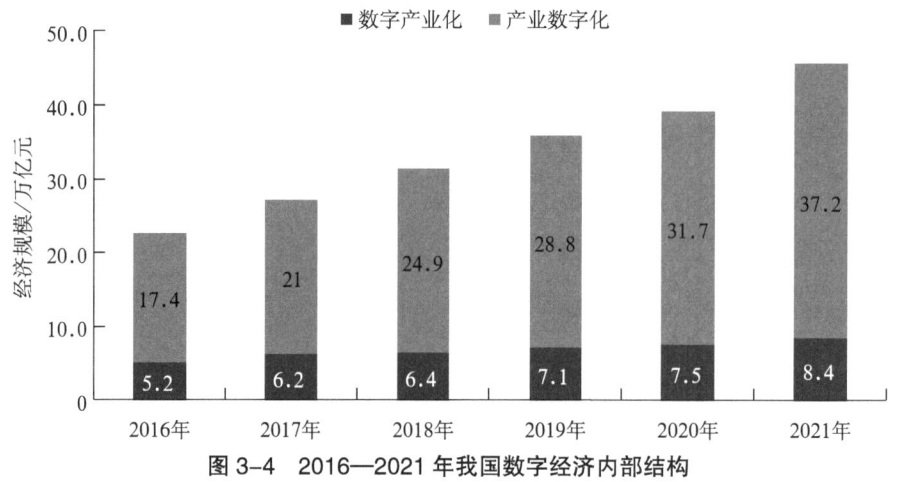

图 3-4 2016—2021 年我国数字经济内部结构

二、未来数字经济格局变化趋势

（一）数字经济顶层设计不断加强

数字经济已经成为世界各国竞争的主赛道。在疫情常态化背景下，经济下行叠加世界竞合关系加速演变，世界主要经济体纷纷出台中长期数字化发展战略，加快发展数字经济，构建数字驱动的经济体系，力争赢得未来发展和国际竞争的主动权。

1. 美国强化先进数字技术研发，打造核心竞争力

美国是世界上布局数字经济最早的国家之一。在现有数字经济发展优势的基础上，美国仍从关键领域布局、先进技术研发和依托数字化发展先进制造业等角度持续强化国家层面的数字经济战略。近年来，美国接连发布《先进制造业美国领导力战略》《"美国人工智能计划"：首份年度报告》《联邦数据战略与 2020 年行动计划》《促进美国在 5G 领域的国际领导地位法案》《美国量子网络战略构想》《5G 安全国家战略》《引领未来先进计算生态系统：战略计划》《临时国家安全战略指南》《2021 年战略竞争法案》《2021 年美国创新与竞争法案》《芯片和科学法案》（以下简称芯片法案）等政策，在芯片、人工智能、量子计算、半导体等关键科技研究领域支持关键领域技术研发；在电子行业创新发展方面，部署针对数字芯片科技的 ERI 计划和 JUMP 计划，以应对中国数字芯片行业崛起，抢占数字芯片科技的制高点；推进先进制造创新中心建设及数字化转型；推动太赫兹通信和传感融合研究中心等机构开展 6G 通信项目；加强与英国、希腊、日本、波兰等国开展战略合作，促进在人工智能、数字基础设施、云技能教育、量子信息科学与技术、5G 电信基础设施等领域的发展。

2. 德国推进制造业数字化转型，建设高端制造强国

德国数字经济发展与制造业基础息息相关，早在 2013 年提出的"工业 4.0"战略的基础条件之一就是数字化转型。2016 年，德国发布《数字战略 2025》，在国家战略层面明确德国制造业转型和构建未来数字社会的思路，提出了 10 个行动步骤：构建千兆光纤网络；开拓新的创业时代，支持初创企业发展；建立投资及创新领域监管框架；在基础设施领域推进智能互联以加速经济发展；加强数据安全，保障数据主权；促进中小企业、手工业和服务业商业模式数字化转型；帮助德国企业推行工业 4.0；注重科研创新，数字技术发展达到顶尖水平；实现数字化教育培训；成立联邦数字机构。

3. 我国加强各领域顶层设计，推动数字赋能高质量发展

我国将数字经济上升为国家战略高度，在发展战略方面发布《中华人民共和国国民经济和社会发展第十四个五年规划和 2035 年远景目标纲要》《"十四五"大数据产业发展规划》《"十四五"数字经济发展规划》《网络强国战略实施纲要》《数字经济发展战略纲要》《数字乡村发展战略纲要》等政策文件强化数字经济顶层设计；在政策实施落地方面，相关部委积极出台《新型数据中心发展三年行动计划（2021—2023 年）》《国务院关于积极推进"互联网+"行动的指导意见》《关于推进"上云用数赋智"行动培育新经济发展实施方案》《关于深化新一代信息技术与制造业融合发展的指导意见》等政策举措，推进我国数字经济进入发展快车道。

（二）数字基础设施建设步伐加快

1. 算力产业竞争日益激烈

作为数字经济的关键生产力要素，算力是挖掘数据要素价值、推动数字经济发展的核心支撑力和驱动力。算力资本可与传统资本形成互补效应和协同效应，一个国家或地区增加对算力相关的投资可以为其带来长期的经济增长。《2021—2022全球计算力指数评估报告》指出，当一个国家的计算力指数分别达到40分、60分时，计算力指数每提升1点，其对于GDP增长的推动力将分别增加1.5倍和3.0倍，对经济的拉动作用显著。因此，全球各国间的计算力竞争愈加白热化，特别是AI算力和边缘算力将成为快速增长的细分领域。

我国算力产业发展成为数字经济新引擎。2022年2月，国家发展改革委、中央网信办、工业和信息化部、国家能源局4部门批复在京津冀、长三角、粤港澳大湾区、成渝、内蒙古、贵州、甘肃、宁夏8地启动建设国家算力枢纽节点，规划10个国家数据中心集群，超级工程"东数西算"全面启动，拟通过构建数据中心、云计算、大数据一体化的新型算力网络体系，将东部算力需求有序引导到西部，优化数据中心建设布局，促进东西部协同联动。"东数西算"工程的实施更将为我国数据中心的产业布局、算力结构、技术创新、绿色低碳和算力赋能等方面带来深刻变革。

2. 新型数据中心建设加快

随着新一代信息技术快速发展，数据资源存储、计算和应用需求大幅提升，传统数据中心正加速与网络、云计算融合发展，加快向新型数据中心演进。新型数据中心是以支撑经济社会数字转型、智能升级、融合创新为导向，以5G、工业互联网、云计算、人工智能等应用需求为牵引，汇聚多元数据资源、运用绿色低碳技术、具备安全可靠能力、提供高效算力服务、赋能千行百业应用的新型基础设施，具有高技术、高算力、高能效、高安全的特征。工业和信息化部印发《新型数据中心发展三年行动计划（2021—2023年）》，明确我国将用3年时间，基本形成布局合理、技术先进、绿色低碳、算力规模与数字经济增长相适应的新型数据中心发展格局。在"东数西算"工程的引导下，储能技术、液冷技术、算力调度、智能运维等技术将加速应用于数据中心，推动数据中心向大型化、智能化、绿色化方向发展，数据中心服务能力、可靠性、安全性等能力均将同步提升。为应对"东数西算"工程实施更为严格技术的要求、不断扩大的市场规模和愈加精细化的管理要求，数据中心技术创新也将呈现全方位、体系化的特征，数据中心也将成为技术创新的制高点。

3. 人工智能基础设施布局

人工智能是新一轮科技革命和产业变革的关键驱动力，已经成为当前全球主要国家激烈竞争的关键产业领域。随着人工智能在智慧城市、智能制造、智能金融、自动驾驶等应用场景的逐渐落地，人工智能基础设施日益加快。2020年，韩国发布"人工智能半导体产业发展战略"计划，推动本国实现到2030年之前全球人工智能半导体市场占有率达到20%以上的目标。2021年，欧盟委员会发布《人工智能协调计划2021年修订版》，提出充分利用人工智能相关数据、开发其潜在价值，并推动人工智能关键计算等基础设施建设。

我国将人工智能基础设施作为"新基建"的重要部分，积极推动公共数据集、行业数据库、计算平台、AI芯片、算法学习框架、开放AI平台、网络基础设施等人工智能基础设施的重点布局。工业和信息化部先后批准上海（浦东新区）、深圳、济南、青岛、北京等8地创建国家人工智能创新应用先导区，支持各先导区结合特色加快核心算法、基础软硬件等技术研发、人工智能基础零部件开发，加快智能基础设施建设。北京、上海、广东、江苏等省市先后出台政策支持人工智能基础设施发展。未来，人工智能基础设施将构建具有基础能力平台（算力要素能力、数据要素能力和算法要素能力）、应用开放平台，以及赋能重点行业和领域智能化转型目标的专有服务设施的有机体系。

（三）数字产业竞争格局日益激烈

1. 数字技术创新驱动产业加快落地

数字技术的普遍应用和快速发展，催生新产业、新业态、新模式。近年来，5G、区块链、人工智能、物联网等系列数字底层共性技术取得重要进展，为数字经济产业落地提供硬科技支撑。2020年是全球5G技术落实场景化应用的重要年份，5G网络R16版本已经冻结，三大业务场景均获得相应技术支持。2022年6月，R17标准宣布冻结，意味着5G第2个演进版本标准正式完成，也标志着5G技术演进第一阶段圆满结束，预计未来毫米波、空天地一体化网络等将被写入标准，工业互联网、车联网等垂直场景需求也将得到进一步细化和满足。2020年区块链技术不断融合迭代、"脱虚向实"，在节点分布模式、共识机制、隐私半壶等方面取得系列突破，为加快落地形成产业链提供有力支撑。此外，随着区块链技术和相关要素融合趋势的加强，数据和资产、数据和信用的融合将成为新的方向，区块链的金融属性逐渐向产业属性转化，在"智能合约+平台"的基础上实现规模化、网络化落地。人工智能（AI）技术也正加快从"感知智能"向"认知智慧"演进，2020年OpenAI、清华大学和谷歌旗下DeepMind公司相继在预训练语言模型、类脑计算系统层次结构和人工智能系统方面实现了重要理论和技术突破，推动机器实现"理解、推理、决策、可理解"成为新研究热点和趋势。

2. 中美在数字经济市场竞争中占据主导地位

数字经济企业是引领全球数字经济发展的核心主体。2020年，全球数字经济企业价值排名前10中，美国企业占据7席，中国企业拥有3席。苹果公司以2.1万亿美元的市值成为全球价值最高的数字经济企业，其次是微软和亚马逊，Alphabet排名第4名，市值1.2万亿美元。据测算，上述4家上市企业，2020年共增加市值2.6万亿美元，总市值突破6.5万亿美元，占据世界500强企业总价值超1/10份额，已经成为引领全球数字技术迭代、推动数字经济规模增长的重要力量。

3. 各国加强监管应对数字平台垄断

数字平台在数字经济中扮演着核心角色，其作为海量、多元实时的数据集合体，借助算法操作实现基础数据的价值转换，平台、数据和算法的交叉产生跨市场的地位，以驱动数据市场竞争的新局面。在"平台－数据－算法"的三维竞争模型下，存在着某些大型数字平台"肆意妄为"的现象，平台经济领域垄断行为频发，包括数据垄断、屏蔽封杀、二选一等，严重阻碍了数字产业的创新发展。欧盟方面，2020年12月15日，欧盟委员会正式公布《数字市场法》，提出了"守门人"制度，对符合条件的企业规定在数字市场竞争中的特定义务。美国方面，2021年6月23日，美国众议院表决通过了《终止平台垄断法案》等5项互联网平台反垄断相关法案，旨在促进互联网行业竞争，并推动美国成为全球数字经济领域规则制定的领导者。

我国高度重视数字平台监管。2020年11月10日公布的《关于平台经济领域的反垄断指南（征求意见稿）》，表明我国与欧盟地区国家一定程度上形成了数字经济立法的全球共震。2020年12月召开的中共中央政治局会议和中央经济工作会议上首次明确提出"强化反垄断和防止资本无序扩张",标志着我国对于数字经济的监管态度从之前的包容审慎转向全面监管。2021年2月,国务院反垄断委员会制定发布《国务院反垄断委员会关于平台经济领域的反垄断指南》,充分彰显我国在治理数字经济发展方面的态度和决心。2021年8月30日,习近平总书记主持召开了中央全面深化改革委员会第二十一次会议,审议通过了《关于强化反垄断深入推进公平竞争政策实施的意见》,进一步对保护和促进市场公平竞争做出战略部署。至此,我国从法规设计、体制机制、监管执法等方面强化反垄断、深入推进公平竞争政策,有效维护了良性的市场竞争秩序。

(四)产业数字化快步进入深水区

1. 传统产业将全面数字化转型

疫情影响下,全球传统产业全面数字化转型步伐加快。美国发布《2021美国创新与竞争法案》,提出实施"美国制造计划",大力推进前沿数字技术在制造业中的创新应用。欧盟接连出台《欧盟2030工业展望报告》《欧洲新工业战略》《工业5.0:迈向持续、以人为本且富有韧性的欧洲工业》等文件,意图通过整合欧洲一体化制度架构,提升数字技术能力,打造完整高效的制造业产业链体系。日本发布《制造业白皮书2021》,以"场景驱动+项目"的模式推进制造业数字化转型战略实施,将工业互联作为打造社会5.0体系的关键,推动数字技术在价值链各个环节的深度应用。

我国数字经济发展仍将加快向三一二产逐次渗透,特别是目前数字化转型相对滞后的第一、第二产业的数字化转型步伐将加快。农业数字化转型突出智慧农业和满足农村数字经济发展需要的新型基础设施建设,并助推传统农业生产、运营、管理和流通体系全面走向数字化;制造业数字化转型突出开放共享型生态体系建设和数字化智能化协同升级,推进工业互联网、智能制造等发展,建设一个更加网络化、智能化的制造业体系。

2. 数字化应用场景持续丰富

当前产业数字化转型范围更加广阔、企业数字化转型需求更加系统化和复杂化，极大促进了数字化转型应用场景的发展。美国重视先进制造数字化转型探索，例如，GE 以工业数据为核心，通过 GE Proficy 软件整合 IT 行业最新的先进技术，将工厂设备数据与企业业务数据进行整合，进行数据挖掘、采集、分析、展示和优化，帮助企业应对生产领域各种难题；PTC 面向平台需求端，将 ThingWorx 工业物联网与 Vuforia 增强现实（AR）平台整合到智能工厂架构中，缓解制造业客户日益增长的宏观经济压力和成本压力，开拓新的工作方式。

《中华人民共和国国民经济和社会发展第十四个五年规划和 2035 年远景目标纲要》提出了数字经济重点产业和数字化应用场景的具体范围，即数字经济重点产业包括云计算、大数据、物联网、工业互联网、区块链、人工智能、虚拟现实和增强现实产业；数字化应用场景则以智能交通、智慧能源、智能制造、智慧农业及水利、智慧教育、智慧医疗、智慧文旅、智慧社会、智慧家居和智慧政务 10 个场景，标志着基于新技术而发展的数字经济产业将日益规模化，数字化应用场景也将向国民经济的各个领域快速延伸。

（五）数字化治理构建智能新社会

1. 社会数字治理体系稳步推进

社会治理的数字化转型明显改善了传统社会治理过程中信息不对称、治理速度迟缓、治理效率低下等问题，日益引领着社会治理体系从理念思路、体制机制和决策方式等方面的系统性变革。欧盟先后发布《数字化单一市场战略》《欧洲数据战略》等发展战略，持续推进欧盟统一数字市场建设，意图建立在世界范围内有影响力欧盟数字规则、标准和价值观，引领数字时代治理规则。

党的十九大报告提出，"打造共建共治共享的社会治理格局""提高社会治理的智能化水平"。《中华人民共和国国民经济和社会发展第十四个五年规划和 2035 年远景目标纲要》提出，要"以数字化转型整体驱动治理方式变革"。2021 年，中央网络安全和信息化委员会印发《"十四五"国家信息化规划》，提出稳步推进数字社会建设，基本形成党建引领、服务导向、资源整合、信息支撑、法治保障的数字社会治理格局。并从立体化智能化社会治安防控体系、一体化智慧化公共安全体系、平战结合的应急信息化体系、基层社会治理创新、新型智慧城市发展5方面部署重点任务以构建共建共治共享的数字社会治理体系，为未来我国社会数字治理体系勾画了发展蓝图。

2. 政府数字化进入数字政府新阶段

数字技术向经济社会各领域的深度渗透催生了与之相适应的数字政务服务模式的迫切需要。政府数字化转型已从电子政府、网络政府阶段发展到数字政府阶段。美国建设的重点是开放数据驱动，服务创新，通过政府开放数据网站，让政务数据和社会数据融合在一起，真正实现数据流动驱动价值挖掘。英国的建设重点是倡导数字政府及平台，包括构建统一的一站式政府服务平台。

我国数字政府在目前完善的"互联网＋政务服务"一体化在线政务服务平台基础上，将逐渐进入技术体系、管理模式、服务模式的智能创新阶段。在"十四五"期间，数字政府的资源整合度将会得到进一步提升。政府主动适应数字化时代背景，对施政理念、方式、流程、手段、工具等进行全局性、系统性、根本性的重塑，通过"三融五跨"实现流程再造，提升政府治理体系和治理能力现代化。在治理的协同度方面也会得到进一步的提升，将会强化跨政府部门业务整体协同。数字政府通过智能工具、数据共享，推进职能转变，其对服务、治理、决策、创新影响深远，包括公共服务、社会治理、新业态培育及监管。数字政府的本质是通过数据和业务高度融合，打造协同型组织，其更加强调多元参与度，构建政企民共治的现代政府治理体系。现在，勇于创新、主动担责的社会机构越来越多，通过社会平台参与，挖掘出公共数据的资源价值，其本质是通过公共服务与社会治理深度融合，提升数字领导力。

（六）数据要素价值有望充分激发

1. 数据要素市场化配置加速

数据是继土地、劳动力、资本、技术之外的第5大生产要素，已经成为各国重点布局的战略性资源。2019年，美国白宫发布《联邦数据战略与2020年行动计划》，明确将数据作为战略资源开发的核心目标，并从数据共享、数据资源保护及其有效使用3个层面明确数据战略的发展目标。2020年，欧盟委员会发布《欧洲数据战略》，通过确立跨部门治理框架、加强数据基础设施投资建设、提升个体数据权利和技能、打造公共数据空间等措施,提升对非个人数据的分析利用能力,力求把欧洲打造成全球最具吸引力、最安全和最具活力的数据敏捷经济体。英国也于2020年发布《国家数据战略》,提出实现数据基础、创建数据技能、保持数据可用性、建立负责任数据4方面举措以释放经济中的数据价值、建立促进增长和可依赖的数据机制、转变政府对数据的使用、确保数据基础架构的安全性和弹性及倡导国际数据流通。

2022年我国发布首个数字经济规划《"十四五"数字经济发展规划》,强调加快培育数据要素市场、激活数据要素价值潜能,标志着我国数字要素市场化改革将进入实质性推进阶段。首先,全国数据要素市场建设布局持续强化,北京、上海获批成立大数据交易所,广东、江苏等地率先探索数据要素市场化配置,深圳、上海、贵州等地出台数据条例,贵阳、武汉、吉林等地陆续建立29家数据交易机构。其次,数据资源确权、交易流通、跨境传输和安全等基础制度和标准规范加快建立,数据产权交易和行业自律机制健全。互联网企业、电信运营商、工业企业等数据开放提速,数据供给体量和质量提升。最后,数据要素价值体系健全,数据资产评估、登记结算、交易撮合、争议仲裁等市场运营体系得到发展,数据交易服务商队伍壮大。

2. 数据安全防护体系加快建立

数据安全事件频发推动全球范围内对数据安全和个人信息保护的重视提高,全球网络安全部署升级,并带动网络安全产业发展进入快车道。2018年欧盟出台《通用数据保护条例(GDPR)》,被誉为目前世界上最全面的数据隐私法。该条例的出台同时实现了对个人数据保护和保障个人数据在欧盟范围内自由流通的两个诉求,为全球隐私保护合作治理提供了有效的现代化工具箱。2020年,GDPR每天平均报告331次数据违规。

2021年是我国数据安全的政策元年,9月我国正式出台第一部《数据安全法》,11月《网络数据安全管理条例》和《个人信息保护法》落地施行,数据安全大规模合规建设即将正式启动。从国家层面来看,未来各监管部门将加大对数据安全的监管,其中包括国家数据分类分级保护制度的建立;各地区、各部门也将按照国家数据分类分级要求,对本地区、本部门及相关行业、领域的数据进行分类分级管理;从企业层面来看,数据安全将从过去少部分机构的风险控制需求转向全面的合规建设需求，政企用户在数据分级、数据治理，以及数据全流程管理、数据防护体系的建设成为了网络安全预算和支出的重点。

参考文献

[1] 中国信息通信研究院.全球数字经济白皮书——疫情冲击下的复苏新曙光[R/OL]. [2023–07–03]. http://www.caict.ac.cn/kxyj/qwfb/bps/202108/P020210913403798893557.pdf.

[2] 中国信息通信研究院.全球数字经济白皮书（2022年）[R/OL]. [2023–07–03]. http://www.caict.ac.cn/kxyj/qwfb/bps/202212/P020221207397428021671.pdf.

[3] 中国信息通信研究院.中国数字经济发展报告（2022年）[R/OL]. [2023–07–03]. http://www.caict.ac.cn/kxyj/qwfb/bps/202207/P020220729609949023295.pdf.

[4] 联合国贸易和发展会议组织.2021年数字经济报告(数据跨境流动和发展：数据为谁而流动？)[R/OL].[2023–07–08].https://www.doc88.com/p-11973980752291.html.

[5] 中国电子信息产业发展研究.2022中国数字经济发展研究报告[R/OL].[2023–07–03].https://www.xdyanbao.com/doc/n7ugn09wyv?bd_vid=8266995598103217490.

[6] 王振，惠志斌，徐丽梅，赵付春，王滢波.数字经济蓝皮书：全球数字经济竞争力发展报告（2021）[M].北京：社会科学文献出版社，2022.

[7] 黄鹏，陈靓.数字经济全球化下的世界经济运行机制与规则构建：基于要素流动理论的视角[J].世界经济研究，2021，325（3）：3-13+134.

[8] 张占斌，付霞.习近平关于数字经济重要论述的形成逻辑、核心要义与价值意蕴[J].理论探索，2022，258（6）：5-12.

第四章
"十四五"江西省数字经济发展展望

2021年江西数字经济总量突破万亿元,达到10 378亿元,同比增长19.5%,增速位列全国第三,占GDP比重达到35%,较2020年提升2.5个百分点,数字经济成为江西经济高质量发展新引擎。2016—2021年,江西省数字经济规模增加了1.6倍,年均增长率为20.7%。"十四五"时期,江西省将进入数字经济全面拓展期、数字转型加速期、治理体系完善关键期,应抢抓机遇、乘势而上,不断推动数字经济做优做强做大,成为全省培育壮大发展新动能、推动高质量跨越式发展的主引擎。

一、数字发展基础不断夯实

(一)新型基础设施建设稳步推进

江西省新型基础设施稳扎稳打,逐步推进。截至2022年5月底,累计建成5G基站4.9万个,开通5G基站6.1万个,实现11个设区市主城区连续覆盖和全部县城核心区覆盖,乡镇级行政区5G网络覆盖率达到99.38%,泛物联网连接数超过2000万个,在中部率先建成全省光网。7个工业互联网标识解析二级节点累计标识解析量超4亿次。南昌启动建设国家级互联网骨干直联点,上饶、九江开通国际互联网数据专用通道,南昌、九江、上饶入选全国首批"千兆城市"。2021年全省5个移动物联网项目入选工业和信息化部应用优秀案例,占全国总数的近1/8,位居全国第二。"十四五"期间,江西将统筹推进数字新型基础设施重大专项,高效布局建设智能基础设施,开展企业外网建设,深化"5G+工业互联网",建设运营标识解析二级节点和递归节点。同时,推动数据中心从存储型向计算型升级,推动数据中心与多元算力协同发展,加快构建"云、边、超、智"多元协同数网融合的算力体系。

(二)融合基础设施进一步夯实

新一代信息技术与经济社会各领域加速融合。制造业方面,我省"两化"融合发展持续深入,智能制造"万千百十"工程目标提前实现。农业方面,"123+N"智慧农业总体架构基本形成,建成"农产品质量安全追溯平台""赣农宝电商平台"和"农业物联网平台"等一批数字化应用系统。服务业方面,交通、能源、水利、文化和旅游、教育、医疗等领域加快智能化发展,昌九智慧公路试点、电力物联网鹰潭示范区、"虚拟现实(VR)基础教育"示范校和5G急救车等一批试点示范项目落地,基本完成5A级以上景区智能化建设。

二、数字技术创新优化升级

(一)数字技术攻关持续深入

江西省通过制定《政务数据共享技术规范》《电子证照共享服务系统对接技术规范》《移动政务服务应用技术接入技术规范》等17项数据共享标准规范,强化技术统筹,为系统互通和数据共享创造了技术条件,推动了数字技术在重点行业的转换应用。数字创新平台持续聚集,南昌航空科创城、中国(南昌)中医药科创城、南昌VR科创城、赣州稀金科创城、上饶大数据科创城、鹰潭智慧科创城等创新载体建设成效显著。"十四五"期间,江西省将争创更多产业创新中心、制造业创新中心、工程研究中心、企业技术中心等国家级创新平台,与中国科学院、中国信息通信研究院、华为、阿里巴巴等大院大所、名校名企共建一批新型研发机构;此外,江西省将布局瞄准智能传感器、新型半导体、高密度电路板、光电材料、电控系统、高精密数控机床、工业设备数据采集和相关协议合法兼容、农业智能装备等领域,大力实施数字技术领域科研攻关项目,力争在数字技术上取得新进展和新突破。

（二）数字人才培育量质双升

江西省内南昌大学、江西师范大学、江西财经大学等近百所高校陆续开设数字经济相关专业，并成立数字经济相关的专业学院。南昌大学成立人工智能工业研究院、江西财经大学成立虚拟现实产业学院、江西师范大学成立数字产业学院，数字人才培养规模和质量得到有效提升。2021年，借力"才聚江西 智荟赣鄱"等系列引才活动，全年共引进2543名数字经济领域高层次和急需紧缺人才来赣创新创业。

"十四五"时期，江西省将继续加大力度招引数字经济领域"高精尖稀缺人才"，培养数字领域企业家、创投家及"数字工程师"。同时，江西省将制定实施数字经济领域人才专项政策，深入实施院士后备人选支持计划、省"双千计划"、省高层次和急需紧缺海外人才引进计划等各级各类人才计划，加快引进海内外战略型人才、科技领军人才、创新团队；实施企业家数字素养提升工程，培育新时代"数字赣商"，培养数字经济领域企业家、创投家；实施新时代"赣鄱工匠"工程和技工教育强基工程，支持省属高校、技工学校、龙头企业等合作共建数字经济产教融合联盟和人才培育基地，培养两万名以上"数字工程师"。

三、数字经济产业快速增长

（一）数字产业赛道进位赶超

江西省初步形成以电子信息制造业为基础，以VR产业、物联网等产业为新增长点的数字产业发展格局。2021年江西省电子信息产业规模已突破6000亿元、达到6688亿元，居全国第7位、中部第1位。VR产业规模从2018年的42亿元猛增到2021年的604亿元，4年增长了14倍。物联网产业也发展迅猛，2021年营业收入达到1500亿元，是2018年的近3倍。云计算、大数据、区块链、人工智能、信创等产业发展可圈可点。

"十四五"时期，江西省将大力实施数字经济"一号工程"，深入实施"03

专项"行动，促进VR、5G等产业联动融合发展，培育大数据、云计算、人工智能、区块链、北斗等产业，努力打造南昌世界级VR中心，加快建设"物联江西""智联江西"，着力建设全国重要的电子信息制造集聚区；加紧布局产业赛道，深入研究数字产业细分赛道，聚焦专业芯片、电子材料、电子元器件、半导体照明、智能终端、信创、软件和信息技术服务等基础赛道，VR、"元宇宙"及数字孪生、信息安全和数据服务、物联网、智能网联汽车、无人机等新兴赛道及工业互联网、智慧农业、数字健康、数字文创、智慧家居、智慧能源、数字降碳等融合赛道，建立创新引领、特色鲜明、优势突出的数字产业体系，形成一批在国内外具有较强竞争力的产业链，培育、打造一批千亿级、市场占有率全国排名前列的产业赛道，部分优势赛道形成全球领先优势。

（二）数字融合赋能增智

江西省两化融合指标不断提高。2021年全省两化融合综合发展指数达50.0，生产设备数字化率、关键工序数控化率等关键指标大幅提升，截至2021年底，全省生产设备数字化率达到45.2%、关键工序数控化率达到48.7%，分别较2018年提升了17.6个百分点和20.4个百分点，通过两化融合管理体系贯标达标企业259家，通过两化融合管理体系贯标570家。两化融合发展重心由"深化局部应用"转向"突破全面集成"，跻身全国中上水平。通过实施智能制造"万千百十"工程，建成数字化车间786个，部署智能装备超过19 129余台（套）。截至2021年底，全省企业开展服务型制造比例28.4%，开展个性化定制比例11.3%，网络化协同比例38.9%。根据国家智能制造评估评价公共服务平台测算，全省智能制造能力成熟度指标值达到2.47，高出全国平均水平0.4，位列全国第八。

"十四五"时期，江西省将以制造业的数字化、网络化更加深入为目标，加快推动两化融合发展指数、生产设备数字化率、装备数控化率力争达到并超过全国平均水平，工业互联网平台应用普及率进一步提升；积极推进农业、能源、交通运输、水利、物流、环保、市政等领域基础设施和相关设备智能化改造，加快工业互联网标识解析节点建设，加快工业设备网络化改造；重点发展协同便捷的智慧交通设施,支持智慧公路、港口、机场等建设;推动智慧电网、智慧管网、智能充电桩等建设,加快建设泛在电力物联网、能源大数据中心,构建多能协同的能源数字管理平台、多元融合高弹性能源互联网。

四、数字治理水平不断提升

(一)数字政府建设蹄疾步稳

江西省数字化治理成效显著。全面实现"一网通办、一网统管",基本建成了省市两级政务云,其中,省级政务云已承载99个省直单位共410个信息系统;"赣服通"完成从1.0版至4.0版的迭代更新,"掌上办"事项数量和电子证照种类居全国前列,成为全国移动政务服务典型应用平台;"赣政通"上线运行,为省市县乡四级公务人员提供移动协同办公服务,实现"赣服通"受理、"赣政通"办理的"前店后厂"的政务服务完整闭环。

"十四五"时期,江西省将加快推进政府数字化转型,建设高效协同数字政府,拓展提升"赣服通""赣政通"功能,迭代升级"赣服通",深化"赣服通"前端受理、"赣政通"后端办理政务服务新模式,健全全省统一、线上线下融合的政务服务体系,加强"赣政通"政府办公总平台功能建设和深度推广应用。

(二)智慧社会建设亮点突出

江西省智慧社会治理能力、便民服务能力不断提升,智慧城市、智慧社区、智慧社保、智慧医疗、智慧教育、智慧交通、智慧消防、智慧公共安全及应急等业态发展不断迈上新台阶。新型智慧城市加速建设,南昌"城市大脑"打通53个市直部门、11个省直部门,实现20多亿条数据共享协同。井冈山市等5个县(市、区)入选国家数字乡村试点。"智慧社区"生态不断完善,截至2021年9月,全省已建成智能安防小区4109个,已建成小区基本实现"0发案"。"智慧医疗"基本建成,大力推进"03专项"在医疗卫生健康领域试点示范应用,在南昌大学第一附属医院、江西省人民医院、江西省儿童医院、江西省肿瘤医院打造一批基于新一代宽带无线移动通信网的智慧化应用。"智慧教育"公共服务平台"赣教云"应用覆盖率持续提升,"赣教云教学通2.0"已覆盖全省1.8万中小学18万个班级,成为全省中小学教师的常态化应用。截至2021年底,全省线上教学资源达12 528节,较2020年增加1.5倍。"多层次综合运输票务平台(江西省道路客运联网售票系统)"建成,接入99家二级以上客运站和部分三级客运站。"智赣119"工程建设接入泛物联网连接数达到101万个,实现了火灾精准防控、灭火调度高效指挥,"智慧应急"示范省获国家批准建设。"一部手机游江西""云游江西"等"智慧旅游"平台上线运行。

"十四五"时期,江西省将继续完善数字社会治理体系,开展省级智慧社区示范工程,建设"社区云",创新社区治理模式,建设数字化社区便民服务中心,推进社区治理共建共治共享,打造智慧社区样板;各地有序推进新型智慧城市建设,推进跨区域治理一体化能力建设,推进城市基础设施数字化升级改造,打造一批全国领先、特色鲜明的新型智慧城市群;继续推进国家、省级数字乡村试点县和数字乡村小镇建设试点建设。推广农村人居环境整治"万村码上通"5G+长效管护平台应用,全面推进农村人居环境数字化管护试点。

专题篇

第五章
促进江西省电子信息龙头企业做大做强的对策研究

近年来,江西省委、省政府高度重视、高位推动电子信息高质量跨越式发展,同时作为江西省"2+6+N"产业中两个万亿产业之一,省政府分管领导亲自担任产业链链长,营造了浓厚的发展氛围。为加快打造电子信息万亿版图,本章认真分析了做大做强江西省电子信息龙头企业的"堵点""卡点",针对电子信息龙头企业少而不强,缺乏引领带动效应的现状,提出了针对性建议。

一、做大做强龙头企业的紧迫性和必要性

《中华人民共和国国民经济和社会发展第十四个五年规划和2035年远景目标纲要》提出,要实施领航企业培育工程,培育一批具有生态主导力和核心竞争力的龙头企业。江西省第十五次党代会提出实施"领航企业"培育计划,扶持龙头企业、骨干企业做大做强。当前,一些兄弟省(区、市)纷纷实施创新驱动发展战略,湖北省启动科技领军企业培育计划,打造湖北科技企业创新标杆;河南省实施制造业头雁企业培育行动,打造一批万亿元级产业集群;广东省深入实施大型骨干企业培育计划、高新技术企业树标提质计划、"专精特新"中小企业专项培育工程、农业龙头企业培育工程,加快打造一批集群领军企业、创新型企业、"隐形冠军"企业,发展势头强劲、形势逼人。电子信息产业作为新一代信息技术引领下的工业革命产物,是当前数字经济的核心,其中龙头企业的牵引性、融合带动性对数字经济崛起、提高行业科技创新能力、保障产业链供应链安全稳定、促进高质量发展等方面具有重大而深远的影响。

可以说,做大做强龙头企业正当其时,是打造电子信息"万亿航母"的战略选择,更是现实选择。

(一)做大做强龙头企业,是加快数字产业化发展、推动江西省数字经济崛起的重要保障

近年来,我国深入实施数字经济发展战略,新一代数字技术创新活跃、快速扩散,加速与经济社会各行业各领域深入融合,有力支撑了现代化经济体系的构建和经济社会的高质量发展。当前,全国各省市以数字产业化、产业数字化为主线,加快推进数字经济发展,取得显著成效,尤其东部沿海地区。从数字产业化占GDP比重来看,2020年北京、江苏、广东占比超过15%,而超过半数以上省市不足5%,江西为2.8%。数字产业化作为数字经济产业发展的先导力量,决定了产业数字化转型过程中技术、产品、服务的供给能力和水平。数字经济的根基在信息技术产业,龙头企业已经成为构建现代产业体系的重要引领者,其规模、创新实力、管理水平关系到产业集聚、科技创新及行业健康发展的实现,代表着区域产业发展的最高水平,需集中优势资源培优壮大龙头企业,树立行业创新标杆、高质量发展标杆,为江西数字产业化发展、数字经济崛起做出更大贡献。

(二)做大做强龙头企业,是提高区域科技创新能力的关键一招

习近平总书记在庆祝中国共产党成立100周年大会上的重要讲话中指出:"新的征程上,我们必须坚持党的基本理论、基本路线、基本方略,统筹推进'五位一体'总体布局、协调推进'四个全面'战略布局,全面深化改革开放,立足新发展阶段,完整、准确、全面贯彻新发展理念,构建新发展格局,推动高质量发展,推进科技自立自强,保证人民当家作主,坚持依法治国,坚持社会主义核心价值体系,坚持在发展中保障和改善民生,坚持人与自然和谐共生,协同推进人民富裕、国家强盛、中国美丽[①]。"科技领军型龙头企业是国家战

[①] 习近平总书记在庆祝中国共产党成立100周年大会上的重要讲话。

第五章
促进江西省电子信息龙头企业做大做强的对策研究

略科技力量的重要组成部分,是创新型企业中的佼佼者,在产业技术创新中处于领导地位,代表着该领域中最高的技术创新能力及国际竞争力水平,是发挥企业创新主导作用的骨干力量。提高区域科技创新能力,需要着重推动龙头企业牵头整合集聚创新资源,构建跨领域、大协作、高强度的创新基地,打造科技领军型龙头企业,提升产业共性关键技术研发、科技成果转化及产业化商业化、科技资源共享服务能力,打通从科技强到企业强、产业强、经济强的通道,加速提高全省产业基础能力,为推进高水平科技自立自强发挥更大作用。

(三)做大做强龙头企业,是促进江西省高质量发展的重要抓手

发展是第一要务,人才是第一资源,创新是第一动力。当前,江西省处于爬坡过坎、转型升级的关键期,正加快从主要依靠要素拉动向创新驱动、从总量扩大向量质双升、从产业链供应链创新链价值链中低端向中高端转变。打造行业科技领军型龙头企业,将为江西省集聚科技人才、提升创新能力、加快发展升级开辟一条新路径,打开一片新空间。具体而言,一方面,科技领军型龙头企业经济效益好,辐射带动作用凸显。据统计,2020年山东省科技领军企业共实现主营业务收入近6000亿元,实现利税总额1029亿元,占山东省高企的比重分别达19.1%、32.3%,平均利税率达到17.4%,已成为山东省经济高质量发展的中坚力量。其中,浪潮电子信息产业股份有限公司、海尔智家股份有限公司等24家企业利税总额在10亿元以上。另一方面,做大做强科技领军型龙头企业,是稳定产业链供应链的"压舱石"。对于企业而言,通过产业链上下游企业聚集,可以实现与供应商、市场高效衔接,能够获得较低物流成本的竞争优势,提升整条产业链在空间上的凝聚力。对于地方而言,龙头企业为核心的产业链招商模式可以快速带动相关产业产值发展。

二、做大做强龙头企业的基础优势

"十四五"时期,受全球新冠疫情持续影响和数字化进程加快推进,全球电子信息消费品有望迎来新一轮增长机遇期,是我省做大、做强、做优电子信

息产业和应用体系的关键阶段。龙头企业作为产业集群的核心节点，抓住龙头就能稳定产业链供应链，更能引领带动中小企业不断创新发展，实现高质量跨越。结合具体调研情况，推动龙头企业做大做强具有以下基础和优势：

（一）既有氛围，也有规模

近年来，在江西省委、江西省人民政府的高度重视下，电子信息作为江西省"2+6+N"产业高质量跨越式发展中的两个万亿产业之一予以高位推动，发展能级和层次不断提升。此外，省政府分管领导亲自担任电子信息产业链链长，从省级层面调度协调产业发展中的困难和问题，成效显著，营造了浓厚的发展氛围，推动电子信息产业规模跨上新台阶。据工业和信息化部统计数据，2020年江西省电子信息制造完成营业收入5253.5亿元，同比增长17.4%，位居全国第8位，中部地区第1位，实现利润总额272.5亿元，同比增长19.8%。

（二）既有集群，也有头雁

2021年，全省已形成15个电子信息产业集群，2020年完成营业收入3961.67亿元，占全省产业规模比重达75.41%，比上一年提升了8.71%；其中，南昌、吉安两地入选国家新型工业化（电子信息）产业示范基地。与此同时，一批重点企业正加快发展、逐步壮大，截至2020年底，全省电子信息规模以上企业达1160户，比上年增加143户，涌现出立讯智造、欧菲光电、华勤电子、合力泰4家营业收入超过100亿元的头雁企业，龙旗、欧迈斯、美晨、联创电子、红板、摩比通讯等40余家营业收入超过20亿元的骨干企业，其中合力泰成功入选2020年中国电子信息百强企业。

（三）既有创新，更有市场

近年来，全省深入实施创新驱动战略，在诸多细分领域取得突破性进展。技术创新方面，江西硅衬底LED原创技术拥有发明专利130多项，是当今世界LED第三大技术路线，其中硅衬底黄光LED电光转换率达到27.9%，处于国际领先水平；产品创新方面，由本地企业联合成立的江西省硅衬底半导体照明制造创新中心自主研发的硅衬底LED牛仔系列路灯经国家电光源机构检测，整灯光效已经达到197.8 lm/W，属于世界已知最高水平。同时，行业地位也在加速提升，全省触控屏出货量占全国40%以上，未列入实体清单前欧菲光触摸屏年出货量国内领先，指纹模组年出货量全球领先，摄像头模组出货量全球领先；联创电子的运动相机镜头年出货量超过全球70%。各产业领域的市场应用需求，将为江西省发展电子信息产业发挥较为强劲的牵引和拉动作用。

三、做大做强龙头企业存在的瓶颈问题

江西省电子信息产业已经处于快速发展阶段，做大做强龙头企业具备一定的基础和优势，也仍存在一些不足，面临一些挑战，主要表现在：

（一）总体认识有待提升

目前省内一些地方和部门，一方面对电子信息发展现状特点，尤其是新一代信息技术的内涵、发展模式、应用路径等方面的知识储备不足，对其蓬勃发展和裂变态势缺乏认知；另一方面，不少开发区缺乏对自身差异化产业定位的科学系统研究，未掌握全省（市）及周边区域产业情况实际，为了完成年度考核任务，存在"鱼虾蟹一网捞"的招商引资现象，因而无法匹配产业链的合理分工，不利于区域内的产业协作与集聚发展，同时，也进一步加剧了同质化竞争态势。由于共识与合力不足，江西省电子信息产业内部主要矛盾突出。

（二）产业处于价值链中低端

全省电子信息产业中低端主要体现在两个方面：一是产品技术含量偏低，以全省产业规模最大的吉安市为例，产品集中于LED中小功率封装、中低端PCB板材、电子连接器等，缺乏控制芯片、背光源、高端PCB板等高技术含量产品。二是产品附加值偏低，立讯智造、合力泰等超过100亿元的头雁企业毛利率分别约19%、15%，而红板等超20亿龙头企业低至9%，远低于电子信

息行业整体毛利率（20%）。另外，江西省百亿、十亿级企业多为产业链上游零部件供应商，一定程度上被下游终端厂商挤压了大部分利润，造成整体附加值偏低。

（三）行业创新能力不足

从企业看，江西省以民营中小企业为主，"低小散"特点明显，大多数企业研发水平较低，与高校院所创新层次存在较大差距，协同创新的成果转化很容易变成"陈果"转化，因此，一些制造企业逐渐形成"研不如买""买不如租"等观念。从行业整体看，全省专业高校、科研院所、重点实验室数量相对较少，高能级创新平台较为缺乏，产业能级不够，企业遭遇行业关键技术"卡脖子"、科技人才引育留"老大难"及省内科技创新供给不足等"三重困惑"。虽企业研发投入不断加大，创新能力也在稳步提升，但仍面临产业高端资源"争夺战"、关键赛道"卡位战"等抢占先机的挑战。

四、对策建议

火车跑得快，全靠车头带。工业经济亦如此。重庆笔记本电脑产业，在惠普、宏碁、华硕等品牌商、整机厂的引领下，一大批配套企业随着跟进，形成3000亿元产业集群，成为重庆响亮的"新名片"。广东省佛山市顺德区北滘镇家电产业，以中国500强企业美的为依托，聚集几百家配套供应商，全球布局建设研发、制造基地，培育了3000亿元产业集群。江西省打造万亿电子信息产业，当务之急是要把做大做强龙头企业作为产业核心发展战略，快速推动全省上下整合放大政策优势、资源优势、环境优势、市场优势，以更宽的视野、更大的力度和更实的举措，让电子信息"龙头"舞起来，打造万亿版图中最亮的一块。

（一）加大统筹协调力度

做大做强龙头企业，事关产业发展前途，需做好顶层设计，加大统筹协调。

第五章
促进江西省电子信息龙头企业做大做强的对策研究

建议在全省电子信息产业链链长制基础上，建立"十百千亿"龙头企业省市县联动和部门协同机制，在人才引进及用地、用能、科研设施等基本建设方面给予倾斜支持。同时依托《江西省人民政府办公厅关于培育壮大制造业领航企业的实施意见》（赣府厅发〔2020〕40号），分类研究制定《江西省电子信息领航企业培育行动方案》，启动培育计划，编制电子信息领航企业评价管理办法，建立领航企业培育库，打造江西高质量发展标杆、科技创新标杆。

（二）加大龙头企业培育力度

针对江西省电子信息龙头不多不强，缺乏引领带动效应的现状，需系统谋划，精准定位，推动构建全省龙头企业发展梯队，做大做优做强一批具有国内外影响力的龙头企业。

一是做强一批具有国际影响力的头部龙头企业。围绕智能终端、数字视听、LED照明等特色优势行业，引导一批经济规模大、市场竞争力强的大型龙头企业采取兼并重组、股份合作、资产转让等方式，组建大型企业集团，培育一批头部企业，在引领全球技术产品方向、支持中小企业创新发展中发挥关键作用。引导龙头企业统筹优势资源，紧跟国际前沿，加大研发投入力度，加快突破行业关键共性技术瓶颈，争创国家级创新平台，培育全产业链优势，增强国际市场竞争力。

二是做优一批引领行业发展的"链主"龙头企业。结合"智联江西"和世界VR产业基地的战略目标，瞄准满足消费者多样需求、增长潜力大的特色细分领域，如移动物联网、虚拟现实等，引导一批产业链条长、行业影响力大的龙头企业，顺应产业发展规律，发挥"链主"型龙头企业引领行业集聚发展、带动产业转型升级的作用，立足当地特色，整合行业资源，制定行业标准，打造具有区域特色、适应新型消费的产业集群。支持"链主"龙头企业整合创新链、优化供应链、提升价值链、畅通资金链，加快数字化、平台化转型，提高行业全产业链组织化水平、供应链现代化水平。

三是做大一批具有自主创新能力的科技领军型龙头企业。围绕打造国家战略科技力量，在制约国家信息安全、电子消费品有效供给和行业发展的"卡脖子"技术或短板领域，引导一批集成创新实力强、行业带动能力强、市场开拓力强的科技领军型龙头企业，加大技术创新研发投入，主导或参与国家级制造业创新中心、产业创新中心、技术创新中心等重大创新平台建设，组建创新联合体，开展协同技术攻关，"揭榜挂帅"国家重大创新专项，突破一批前沿引领技术和"卡脖子"关键核心技术；加强产学研用合作，引领重大创新成果转移转化，带动提升创新链整体能效，成为打造中部创新高地的主力军。

（三）深化体制机制创新

针对总体认识待提升、产业价值链低端化、科技创新能力不足等突出问题，需在招商引资模式、创新中心建设等方面重点发力。

一是改革完善现有招商引资体制，培育全产业链优势。借鉴山东威海市掀起的招商"威海模式"，加强全省各地市招商顶层设计，做好系统化深入研究，找准定位和差距，树立链式招商思维。学习"合肥模式"大力承接长三角和大湾区产业转移。一方面，结合实际和资源要素禀赋，编制好产业规划、技术路线图、招商路线图等，围绕终端产品谋划布局全产业链条。另一方面，以专业团队、专业园区、专业服务构成的"组合效应"书写各地市招商的"个性策"，包括成立"招商服务处"、配套专业定制化产业园和全面优化营商服务等。

二是开展体制机制探索，建立省市信息技术创新中心。建议省市政府联合国内顶尖高校院所组建信息技术创新中心，免费向省内中小科技型企业开放算力、算法、数据和应用场景。只有将一大批中小企业培育起来成为"龙身"和"龙尾"，龙头企业才真正成为产业集群的龙头。此外以信息技术创新中心为平台，积极发挥政府规划引导作用，将高校院所、企业两股力量形成合力，建设高水平新型研发机构，打造面向大中小企业的技术创新基地。一方面，借鉴深圳等地的先进经验，重点围绕人才激励、科研管理、科技成果产权制度等领域开展政策探索和创新，研究出台专项政策，形成培育和发展源头的导向；另一方面，通过"揭榜挂帅"等重大科技计划项目，引导新型研发机构面向产业关键共性问题，面向重大战略发展需求开展技术攻关，提高创新的导向性。

（四）加强典型宣传推介

围绕龙头企业创新发展、绿色发展、三产联动机制建设、促进经济高质量发展、带动行业转型升级等方面，充分挖掘典型模式和成功做法，组织开展系列宣传报道，形成全社会关注万亿产业、支持龙头企业发展的良好氛围。利用线上渠道和新媒体资源，创新宣传推介手段，开展系列宣传推介活动。依托省内行业协会和科技高端智库，扎实做好龙头（领航）企业评选，加强宣传推介，充分发挥其在推动经济高质量发展中的示范引领作用。

参考文献

[1] 孙晨雪，张歆冉，谢雨濛.湖南省农业龙头企业竞争力评价[J].山西农经，2021，309（21）：11-12+15.

[2] 陈辉.让"链主"更强 产业能级更高[N].河南日报，2021-11-29（004）.

[3] 金珞欣，金焕民.中国龙头企业的新命题，从高峰到高原[J].销售与市场（管理版），2021，711（8）：56-61.

[4] 夏元.重庆轨道装备产业怎样从零做到了百亿级？[N].重庆日报，2021-11-25（7）.

[5] 叶振宇，庄宗武.产业链龙头企业与本地制造业企业成长：动力还是阻力[J].中国工业经济，2022，412（7）：141-158.

[6] 刘晓青，刘阳.江西电子信息产业发展现状及对策研究[J].中国国情国力，2021，340（5）：68-70.

[7] 胡学英，蔡干杰.江西电子信息产业链供应链优化升级研究[J].工信财经科技，2021，1（1）：109-121.

[8] 杨大鹏.数字产业化的模式与路径研究：以浙江为例[J].中共杭州市委党校学报，2019，121（5）：76-82.

[9] 赛迪顾问新锐评论.园区经济研究——打造产业IP：破解开发区产业同质化发展难题的关键一招[R/OL].[2023-07-03].http://https://xueqiucom/7842369805/203363735.

[10] 金珞欣，金焕民."苹果现象"背后，中外龙头企业的战略博弈[J].销售与市场（管理版），2021，717（11）：58-64.

第六章
半导体芯片发展形势及江西省应对之策

近年来,中国国家创新能力不断提升,美国将中国视为战略竞争对手,以加征关税和出口管制为主要手段,颠覆科技合作秩序,全面封锁我国"高科技"进出口,破坏产业链"国际外循环"。其中最具影响力、最具代表性的案例是对中兴、华为进行严格的出口管制,扼杀"高科技"来源,打压其在芯片设计、研发和制造方面的优势地位。本章系统梳理了美国对我国芯片制裁的缘由、目的及政策举措,从企业发展、产业链上下游、国家安全稳定和江西省芯片产业等角度评估制裁引发的不利影响,最后提出国家和江西省应采取的对策。

一、我国半导体芯片崛起的时代背景

芯片是高科技产业的核心,高科技产业是中国制造的核心。2015年,国务院印发《中国制造2025》,提出以信息技术与制造技术深度融合的数字化网络化智能化制造为主线,加快我国产业升级速度,提升我国在全球价值链的分工地位,这必然会影响西方国家的经济利益。在《中国制造2025》实施的第一年,特朗普当选美国总统,采取对华技术封锁,贸易霸凌政策。2019年,中美贸易摩擦达到小高潮。2020年,美国进一步勒紧套索,禁止华为通过含有美国技术的设备和软件制造芯片,妄图打击我国芯片产业的发展。此后,美国重点围绕半导体制造相关内容对我国进行一系列制裁,如在14nm以下半导体设备、芯片设计自动化(EDA)等领域进行围追堵截,同时一步步打"补丁",不断拉长"黑名单"。中国芯片技术不但没有在美国的打压下停滞不前,反而崛起迅速,这也成为美国对华芯片制裁的根本原因。另外,在全球数字化转型的推动下，各行各业对芯片的需求激增，同时新冠疫情带来的芯片供应危机，这些都为美国对华芯片的加速制裁提供了借口。

（一）中国芯片技术崛起迅速，撼动美国领先地位

一个新兴大国必然会挑战守成大国的地位，而守成大国也必然会采取措施进行遏制和打压，两者的冲突在所难免，这就是所谓"修昔底德陷阱"。进入21世纪以来，中美两国实力差距逐渐缩小。经济方面，2021年，中国、美国的GDP分别为17.82万亿美元、23.32万亿美元，中国占美国GDP的比重从2000年的12%上升至76%，中美GDP差距也由2000年的近9万亿美元缩小到5万亿美元左右，中美两国的差距在快速的拉近；科技投入方面，2021年，中国、美国的科研经费分别占GDP比重为2.4%和2.6%，虽然美国的科研经费投入高于中国，但中国在科研投入的年增长率超过了美国。

在未来科技争夺中，芯片科技是重要的切入点。1948年，晶体管诞生于美国贝尔电话实验室，近75年间，美国一直牢牢占据芯片产业链的上游，成为其全球霸权的一根重要支柱。这离不开美国芯片产业明显的竞争优势，即技术创新和商业模式创新。但是随着时间的推移和科技的进步，这种技术壁垒正逐渐降低。一方面，芯片制程的物理和工程越来越逼近摩尔定律的尽头，晶体管尺寸的微缩越来越难，如图6-1所示，随着芯片制程工艺的不断缩小，晶圆产能设备投资呈指数式增长，因此从制程进步中获得芯片性能提升的难度越来越大，成本越来越高。另一方面，当前中国半导体正在飞速发展。在英国品牌评估机构发布的2022年"全球半导体品牌价值20强"榜单中，虽然美国依然独占鳌头，但不可忽视的是，中国战胜了欧洲各国及日韩等国，跃居全球第二，这反映了当前全球半导体产业的竞争格局正发生改变。

在此背景下，2017—2018年，美国相继发布《国家安全战略报告》《国防战略报告》《核态势评估报告》等重磅报告，将中国定位为"战略竞争对手""敌手"。这表明美国对华战略出现了重大调整，防范和遏制成为基本面。为此，美国政府对中国行使制裁打压、关税壁垒、重组产业链等逆市场化、反全球化的举措，并不断地加码制裁，企图遏制中国产业和技术追赶，把中国一直

压在中低端位置上,以维持芯片霸权地位。美国内部战略更迭及对华战术过程如图 6-2 所示。

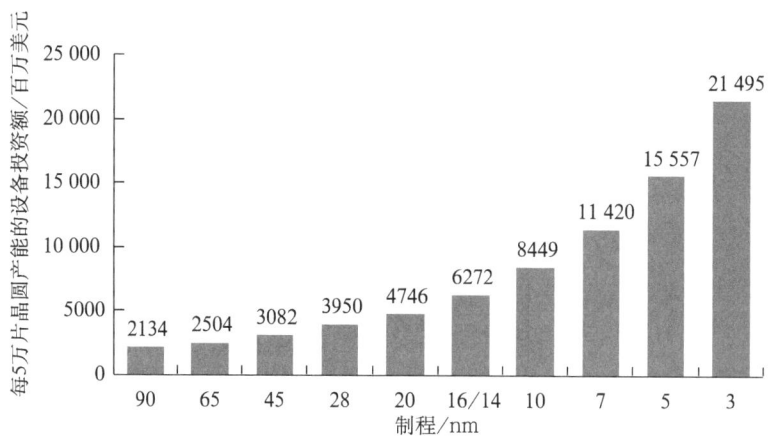

图 6-1　不同制程晶圆每 5 万片产能设备投资额走势

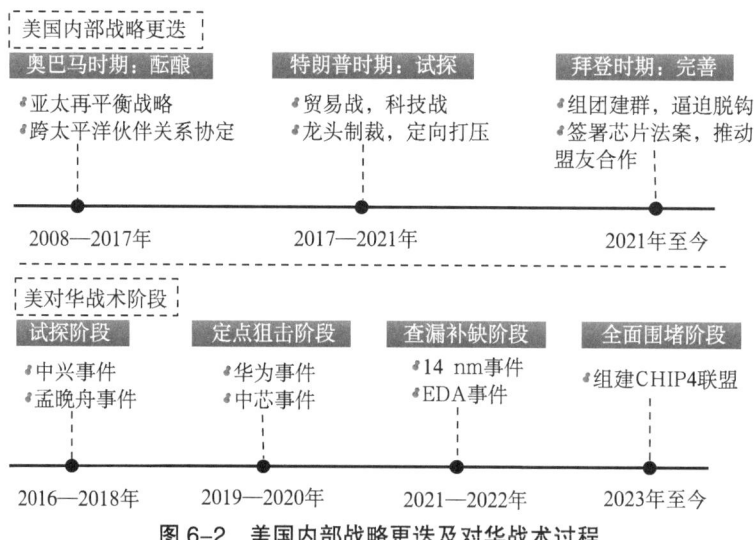

图 6-2　美国内部战略更迭及对华战术过程

(二)经济数字化发展,全球芯片供需矛盾突出

第四次工业革命的前奏已然吹响,这场以物联网为基石,以智能制造为主

导,旨在提升制造业数字化智能化水平的革命,正对传统产业的运行方式产生深远影响。与前三次工业革命相比,第四次工业革命凭借信息系统和数字技术的指数级扩展,更加具有颠覆性变革的特征。在第四次工业革命背景下,数字化基础设施和数字化产业生态所构成的"新基建"将成为社会生产方式变革的重要条件。而数字化转型正是建立在芯片之上的,芯片的需求不再局限于一个或两个特定的场景应用,而是关乎经济向数字化和自动化的全局性、结构性转变。

从规模上看,2021年全球47个国家数字经济增加值规模达到38.1万亿美元,同比名义增长15.6%,占GDP比重为45.0%。随着全球经济迅速走向数字化,半导体产业对GDP的增长具有巨大的推动作用。作为数字时代的底层支撑,越来越多的国家和地区愈加重视芯片半导体产业。芯片产业在国际竞争的背景下已经超越了经济问题或者市场问题,而上升为战略问题,在国际上越来越具有政治色彩。

从生产方式上看,工业领域的所有机械产品正日益向数字化转变,同时各个垂直领域都愈发依赖数字化,以芯片为核心元器件的移动互联网、物联网、超级计算机等新技术的广泛运用对原先的生产结构造成了颠覆性影响,成了支撑国家数字化进程的关键。新产业和新发展派生出大量对芯片的需求。

从生活方式上看,基于芯片的数字技术和产品的应用成为生活的必需,远程办公、智能家居、虚拟现实等工作生活娱乐方式也在数字时代不断普及,由此导致全球芯片需求不断攀升。

总之,全球经济数字化发展,中高端产品以芯片为核心,原有生产结构很难满足市场需求,导致供需矛盾突出。

(三)新冠疫情肆虐,全球芯片供应链被打断

如果说数字化进程的加速导致了芯片需求的持续增长,那么新冠疫情的肆虐则直接造成了芯片短期供给不畅。半导体的发展是生态化的,在复杂和高度依存的全球价值链中,各国半导体企业早已深度融合,任何一个环节出现问题,都会对全球供应链产生影响。新冠疫情自2020年初暴发,反复冲击着全球半

导体产业，不仅导致全球晶圆厂开工不足，产品运输受阻，还刺激了消费电子市场需求上涨，导致生产周期无法保证，供应链不稳定。对全球芯片供应链的扰乱具体分析如下：其一，新冠疫情肆虐3年来，疫情反复导致芯片工厂面临停工，产能受到严重冲击。全球芯片消费市场遍及世界，主要产能却聚集在亚洲地区。东南亚多国的疫情暴发导致多家大厂不同程度的停工减产，全球半导体供应链某些节点无法正常持续运行，直接降低了芯片供给水平。素有"半导体重镇"之称的马来西亚，是全球半导体封装测试的主要中心之一，设厂半导体公司超过50家。2020年3月马来西亚因疫情封国后，导致部分半导体企业进入停工、停产状态。越南是三星等主要手机品牌的重要生产基地之一。2021年初，越南遭遇第三波疫情，企业生产经营受到严重冲击。其二，新冠疫情导致全球物流链断裂，产品货运的出口严重受阻。部分国家关闭航线及港口管理不善造成拥堵进一步加剧了市场上芯片供应的短缺，芯片供需结构进一步失衡。印度是全球第二大手机制造基地，在全球半导体产业链的作用举足轻重。2020年5月，由于印度疫情持续蔓延，富士康在印度的工厂出现大规模感染，印度不得不封锁全国，禁止电子产品等非必要商品的运输。整体来看，2021年末缓和后，2022年春节后又开始遭遇新一波疫情影响，2月份全球芯片交付时间环比增加了3天，达到26.2周，买家平均要等半年以上。其三，新冠疫情也催化了数字技术和产品在社会经济生活中的应用，居家办公的形式引发笔记本电脑、手机等消费电子的需求增长，一定程度上加剧了供应市场的矛盾。

二、美国对我国半导体芯片制裁的措施分析

（一）制裁目的

美国对华技术封锁打压的关键原因是维护国家安全，这在美国政府官方文件中得到了佐证。2017年1月，美国总统科学技术咨询委员会发布《确保美国半导体的领导地位》报告，明确提出中国的芯片产业已经对美国的相关企业和国家安全造成了严重威胁。从美国政府官方的行为与表述中不难发现，芯片供应链不再是一个单纯的经济议题，已然成为一个安全议题。从目的来看，美

第六章
半导体芯片发展形势及江西省应对之策

国之所以在投资、贸易和技术等领域打压中国芯片行业发展,在很多时候甚至损害了美国的经济利益,并非完全出于经济目标考量,更多是为了维护国家安全。从手段来看,无论是对投资并购进行严格的安全审查,或是将重点企业列入"实体清单",还是限制科研交流与技术合作,都需要财政部、商务部、国土安全部、国防部、司法部等部门的密切配合,在手段上远远超过了传统的经济制裁方式。

因此,这场没有硝烟的科技战可以看作是安全焦虑在美国政府持续蔓延和泛化的典型体现。美国选择对我国芯片行业极限施压,其目的不单是遏制中国芯片产业和技术的发展,封锁中国经济的追赶,更是想要通过扼住中国芯片的命脉,妨碍我国传统产业升级,阻挠战略新兴产业发展和未来产业培育,进而威胁到中国总体安全。而中国则为了安全和发展想要努力减少对美国的技术依赖,并渴望在新兴技术领域占据领先地位。

1. 科技安全

2019年1月21日,习近平总书记在省部级主要领导干部坚持底线思维着力防范化解重大风险专题研讨班开班式上的讲话指出,科技领域安全是国家安全的重要组成部分[①]。从安全的角度讲,高新科技是维护国家安全的能力,是抵御科技霸权的工具,是竞争乃至斗争的关键内容。

随着新一轮全球高科技竞争的全面开启,以华为为代表的中国公司在国际技术舞台上的出色表现,让美国感到自己的科技地位正在受到全面挑战。其次,中国政府对高科技产品研发的支持,令美国政府压力倍增。于是,美国政府将以往与中国在技术上的相互依赖视为对美国安全的重大威胁。美国认为技术已经成为国家间竞争的关键领域,需要得到严密保护,要与国家战略更紧密地结合在一起,以阻断中国"引进、消化、吸收、再创新"通道。在特朗普任职美国总统的4年里,遏制中国的技术发展成为美国政府的首要任务,其于2020年5月决定阻止华为使用美国的技术设计或生产半导体芯片,这一事件标志着将两国联系在一起的技术供应链出现重大断裂,也被公认为两国科技脱钩的起

---

① 2019年1月21日,习近平总书记在省部级主要领导干部坚持底线思维着力防范化解重大风险专题研讨班开班式上的讲话。

点。美国多次限制中国企业对美投资并购、对中国高技术企业（中兴、华为等）实施禁令、制裁，阻碍中国芯片产业与世界先端技术的接触，削弱了中国获取科技资源和国际技术合作方面的能力，其全方位压制中国技术追赶的战略意图显而易见。

2. 产业安全

芯片是通过高度专业化的全球供应链生产的产品。截止到 2022 年，美国在销售、利润和创新方面都处于全球领先地位，世界上最大的 15 家半导体企业中有 8 家为美国企业，2020 年占全球销售额的 48%，全球总销售额为 1930 亿美元，远远超过其他任何国家。但同时，美国半导体公司并非在每个领域都处于领先地位，他们长期把芯片生产端外包到亚洲，而本土更专注于设计，这种模式可达到市场效率最优的目的，但最终会使自身的芯片产业生态的完整性受损。美国深感国内芯片产业"空心化"带来的压力及急需采取行动的迫切性，其芯片制裁的核心目的之一便是重塑全球半导体产业链，提升美国本土的芯片生产制造能力与尖端前沿半导体的研发能力，保持美国在半导体领域的绝对优势地位，实现对半导体产业链的全面控制，以保护美国半导体供应链的安全。

为此，美国密集出台多个政策，其中有相当部分是针对我国芯片产业的原材料、设计、生产、流通、供应等环节进行多方位打压及封锁，严重威胁我国芯片产业安全。但从另外一个角度看，美国对华在芯片领域的打压非但没有让自己变得更"安全"，反而倒逼中国加强对国内供应链安全的关注，中国各界正在努力提升关键领域的自主创新能力，"坚决打赢关键核心技术攻坚战"。

3. 代工安全

半导体行业根据生产设计及制造能力分为不同的公司种类，分别是 Fabless、IDM 和 Foundry。Fabless 指仅从事芯片设计与销售，不从事生产的公司，即"无厂化企业"。目前大多数的芯片公司基本都是 Fabless。IDM 指既能自行设计，也能自行生产的芯片厂商，如三星和英特尔。Foundry 指自行完成芯片制造，但是没有设计能力的厂商，就是我们所熟知的代工厂。他们专注芯片制造，发展相关的工艺和制程，所以 Foundry 厂商其实就是 Fabless 厂商的代工方。

美国曾经是芯片制造最发达的国家，但现在美国本土芯片制造的实力已

第六章
半导体芯片发展形势及江西省应对之策

经大不如前。从产能来看，1990年，美国的芯片产能占全球比例37%；到了2020年比例仅为12%，下跌2/3。而中国大陆在1990年比例为0，但2020年时已超越美国，达到16%。预测到2030年，美国的份额将降至10%，中国大陆的份额将提升至24%，将是美国的2倍多。从技术来看，目前美国只有一家格罗方德挤进全球十大芯片代工企业，而且其制程量产进度也落后于三星、台积电和英特尔，并处于被中芯国际追平的险境（图6-3）。这也深深触发了美国对于芯片代工的安全焦虑，近期美国总统签署的"芯片法案"，其核心在于帮助美国重新获得在半导体制造领域的领先地位。

美国霸权的基础是晶圆厂，挟三大设备商以令全球晶圆厂，限制中国依靠美国设备建造先进工艺。短期内，在产能安全上将给中国造成很大影响：一是产能供应不安全，二是产能扩张将滞后。面对全球晶圆厂代工产能的紧张，中国庞大的Fabless行业并没有强力的产能后备军。这也让中国深刻认识到，只有自己有了顶尖的制造能力才能不惧施压。

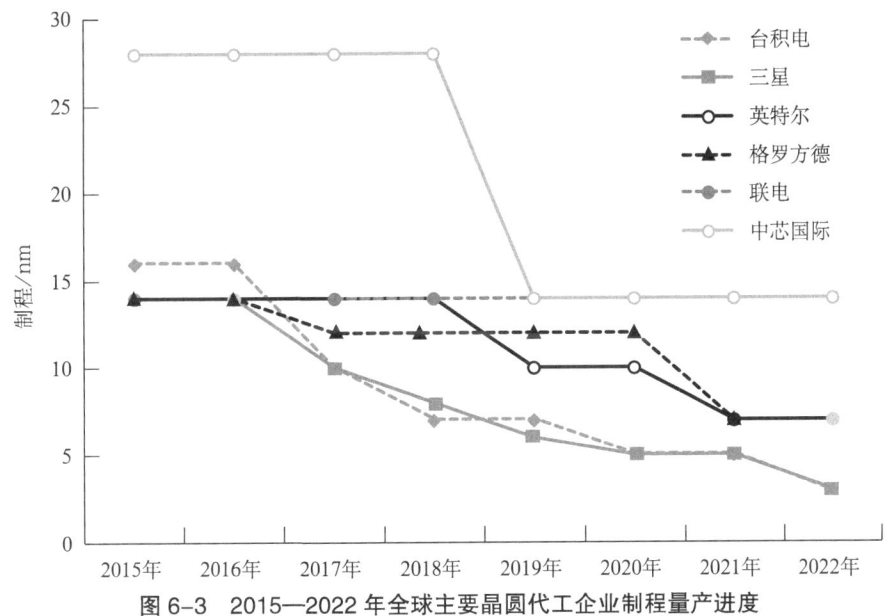

图6-3 2015—2022年全球主要晶圆代工企业制程量产进度

（二）主要举措

美国对中国芯片发展的限制，从逻辑芯片拓宽到存储芯片，由研发环节延展至生产环节。同时，相应的管控力度也逐步加强，审查程序的落实更加严格，管控制度体系也将更加完善。美国制裁我国高新技术的主要措施是加征关税和出口管制，通过把控"进"与"出"两个关口，达到对国家安全管制的目的。此外，也会配合限制销售、投资等其他不正当竞争手段进行施压，如2022年11月25日，美国联邦通信委员会发表声明，以"对美国国家安全构成不可接受的风险"的名义宣布禁止华为、中兴通讯等5家中国公司在美国销售设备，蓄意破坏我国高新技术产业发展。无论是从短期来看还是长期来看这些举措对我国芯片产业的发展都会产生较大影响。

1. 加征关税清单

崇尚单边遏制主义的美国前总统特朗普，在大选期间就多次宣称要大幅提高关税来解决中美巨额贸易逆差问题。特朗普政府上任后的首要的任务就是发动贸易战全力打压中国经济，努力维护美国的霸主地位。2018年3月起，先后4次对中国出美商品加征关税，直接导致美对华平均关税从2017年的3.1%上升至2019年的24.3%，两年时间内增长7.8倍。

从金额分布来看，所涉及的4批商品总价整体呈现上升趋势：第一批涉及商品总价值约340亿美元，被加征的关税于2018年7月生效；第二批涉及商品总价值约160亿美元，于2018年8月生效；第三批涉及商品总价值约2000亿美元，于2018年9月生效；第四批涉及商品总价值约3000亿美元，其中部分商品（A清单）在2019年9月时被率先正式加征关税、涉及商品总价值约1200亿美元，而剩余价值约1800亿美元的商品（B清单）加征的关税原定于2019年12月15日生效，直至2019年12月13日，美国宣布与中国达成第一阶段协议，并取消了B清单加征关税的计划（表6-1）。

第六章
半导体芯片发展形势及江西省应对之策

表 6-1 特朗普政府对华发起的四轮关税情况

轮次	加征清单		税率	实施时间	到期时间
第一轮	500 亿美元"重要工业技术"商品	340 亿美元	25%	2018 年 7 月 6 日	2022 年 7 月 6 日
第二轮		160 亿美元	25%	2018 年 8 月 23 日	2022 年 8 月 23 日
第三轮	2000 亿美元		10%	2018 年 9 月 24 日	2022 年 9 月 24 日
			25%	2019 年 5 月 10 日	
第四轮	3000 亿美元	A 清单	15%	2019 年 9 月 1 日	2023 年 9 月 1 日
			7.5%	2020 年 2 月 14 日	
		B 清单（已取消）	—		

资料来源：中国商务部、新华社、USTR、国海证券研究所。

从商品种类分布来看，第一轮和第二轮加征关税商品清单集中在中国的高端制造业。其中，第一轮清单主要为机电、光电等 9 大类产品；紧随其后的清单第二轮主要新增了集成电路、光纤光缆、电动汽车及零组件、仪器仪表等领域的加税项；第三轮和第四轮加征关税商品清单中增加了所涉商品种类，进一步扩大至家具、服装、钢铁制品等，但电机、机械设备及其零件仍占主要位置。由此来看，美国此轮贸易战打击《中国制造 2025》的意图昭然若揭。

2. 出口管制清单

纵观美国对华实施的多轮芯片制裁举措，出口管制是最惯用的伎俩。美国出口管制制度下有 4 个主要清单，即实体清单、被拒绝清单、军事最终用户清单和未经核实清单。频频被提及的"实体清单"可以理解为美国出口管制的"黑名单"，被列入其中的实体需要获得美国商务部颁发的许可证，才能购买美国技术和产品。

2015 年，美国商务部下令禁止英特尔与英伟达向中国 4 家国家超级计算机中心出售高端芯片；2016 年将中兴及其 3 家关联公司列入"实体清单"；2018 年禁止美国公司向中兴直接或间接出售零部件、商品、软件和技术。2019 年 5 月，将华为及 68 家附属关联公司，还有包括电子科技大学、国防科技大学、湖南大学国家超级计算长沙中心在内的6所高校也纳入"实体清单"中。随后,美国不断扩容"实体清单",并且进一步加强出口管制,以限制中国从外国供应商获取任何美国技术的能力。近年来,美国针对中国芯片发展实施的主要出口管制措施见表6-2。

表6-2 美国对华芯片发展实施的主要出口管制措施

年份	部门	主要举措
2015	美国商务部	以违反美国国家安全利益为由,将4家中国知名超算研究机构列入"实体名单"。同时,禁止英特尔与英伟达向中国4家国家超级计算机中心出售高端芯片
2018	美国商务部	对中兴实施为期7年的技术禁售令,禁止美国公司向中兴直接及间接出售零部件、商品、软件和技术
2019	美国商务部	将华为及68家附属关联公司、6所高校纳入"实体清单"
2019	美国商务部	以对美国的国家安全或外交政策利益构成风险为由,将中科曙光、天津海光、成都海光集成电路、成都海光微电子技术、无锡江南计算技术研究所列入美国"实体清单"
2019	美国商务部	以国家安全和外交利益为由,将44家中国企业(8个实体和36个附属机构)列入出口管制"实体清单"。美国正式开始对中国进行技术封锁
2019	美国商务部	将8家中国科技企业在内的28家中国实体纳入出口管制"实体清单"。这8家科技企业分别是旷视科技、科大讯飞、海康威视、大华股份、商汤科技、依图科技、美亚柏科及颐信科技
2020	美国商务部	将源自美国半导体设计或半导体设备所制造的芯片纳入出口管制。此项措施将管制范围扩大到了使用美国技术的非美注册公司,如台积电、三星等
2020	美国商务部	将中芯国际及其部分附属企业加入到了"实体名单"中
2021	美国总统拜登	以应对中国军工企业威胁为由将包括华为公司、中芯国际、中国航天科技集团有限公司等59家中企列入投资"黑名单",禁止美国人与名单所列公司进行投资交易

续表

年份	部门	主要举措
2022	美国总统拜登	签署总规模约 2800 亿美元的《芯片与科学法案》，包括针对芯片行业的 527 亿美元拨款和 240 亿美元税收抵免，以加强美国芯片产业的研发和生产能力；还有"护栏条款"——禁止获得补贴的企业 10 年内在中国大陆扩大生产和投资比 28 nm 更先进的芯片
2022	美国商务部	将 4 类芯片和航空发动机相关物项列入出口管制清单。其中包括主要用于集成电路或印制电路板的设计、分析、优化和验证环节的 ECAD 软件，以及被普遍关注的第四代半导体材料氧化镓和金刚石
2022	美国商务部	以国家安全为由发布最新管控措施——《英国商务部对中华人民共和国（PRC）关于先进计算和半导体实施新的出口管制制造》，对高端储存芯片和先进半导体设备的规格进行了严格出口限制，将 31 家中国企业纳入未经核实名单，限制美国人员及与其相关人员对于中国芯片工艺的支持

可见，美国的出口管制范围越来越大，力度越来越强，同时也越来越精细化。从最初的高端超算芯片成品，到影响中国芯片制造产业的半导体设备、技术。

（三）涉及行业企业

1. 芯片设计开发企业

芯片设计，是指利用软件设计，将集成电路在一个微小空间内进行封装。这一阶段主要涉及两类企业，包括芯片设计软件制造商和逻辑芯片设计供应商，美国均占据绝对优势（图 6-4）。前者就是被称为"芯片之母"的 EDA，美国领军企业有楷登电子（Cadence）、新思科技（Synopsys），市场占有率高达 74%，反观中国在该领域并无领军企业，市场占有率仅为 3%。后者即我们俗称的芯片大厂，美国有英伟达、英特尔、高通、AMD 等领军企业，市场占有率为 67%，中国有以海思、韦尔半导体为代表的领军企业，市场占有率为 5%。

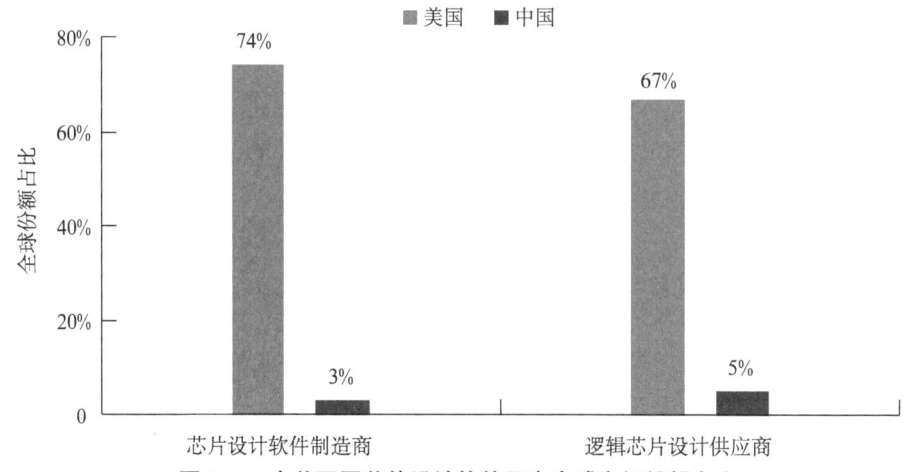

图 6-4 中美两国芯片设计软件厂商全球市场份额占比

美国每轮封杀的第一手段就是限制英伟达、高通、AMD 等公司的先进工艺芯片出口，美国的彻底封锁也意味着市场出现了彻底的空白，这为国内芯片设计开发企业提升芯片的良率、性能等创造了足够的空间，争取了更多的时间。近年来，国内芯片设计初创企业如雨后春笋般涌现，芯片行业创业成为热潮。据中国半导体行业协会统计，2021 年我国设计业企业数量达到 2810 家，比去年增长 592 家，同比增长了 26.7%。

2. 晶圆代工企业

晶圆制造是半导体产业最关键、市场份额最大的核心环节，属于技术、资本、人才密集型行业，且代工技术迭代快，马太效应明显，具有较高的进入壁垒。晶圆代工是典型的寡头垄断型行业，全球晶圆代工厂的竞争格局高度集中，2021 年全球十大晶圆代工厂市场份额占比及营业收入见表 6-3。

表 6-3 2021 年全球十大晶圆代工厂市场份额占比及营业收入

公司	所属国家/地区	2021 年市场份额占比	2021 年营业收入/亿美元
台积电	中国台湾	51.60%	568.32
三星	韩国	17.10%	187.96
联电	中国台湾	6.90%	76.26

续表

公司	所属国家/地区	2021年市场份额占比	2021年营业收入/亿美元
格罗方德	美国	6.00%	65.85
中芯国际	中国大陆	4.90%	54.43
力积电	中国台湾	1.80%	19.91
华虹半导体	中国大陆	1.50%	16.47
世界先进	中国台湾	1.40%	15.74
高塔半导体	以色列	1.40%	15.08
晶盒集成	中国大陆	0.80%	8.52

从市场格局来看，2021年全球市场排名前十的晶圆代工市场份额占比达93.4%，排名前五的市场份额占比达86.5%，台积电以51.6%的市场占有率处于绝对领先的地位，三星和联电分列第二、第三，大陆厂商中芯国际暂列第五。

台积电2021年总营业收入为568.32亿美元，同比增长18.5%，而在2020年，这项业绩指标的增速为25.2%。在美国超威半导体公司之前，华为一直稳坐台积电第二大客户位置。2019年，华为给台积电贡献营业收入约341亿元，占比为14%；2020年，华为贡献的营业收入约合人民币374亿元，占总营业收入的比重为12%。但随着美国制裁的加码，台积电不再出货华为，连带影响台积电中国大陆的市场营业收入下滑。对台积电而言，用得起7nm以下先进制程的客户越来越少，如果没有美国制裁，华为无疑是台积电最先进制程的用户之一，这对于台积电摊薄研发成本等方面非常重要。但事与愿违，尽管台积电为全球第一大晶圆代工厂，也深受美国对华芯片制裁的影响。

除了台积电，芯片制裁对于许多国外代工企业来说也是一把沉重的枷锁。作为全球最大半导体市场，中国大陆晶圆代工行业市场持续保持较高速增长趋势，在大陆建厂一方面可以抢占市场，另一方面也可以实现利润最大化。根据IC Insights的统计，2016—2021年，中国大陆晶圆代工市场规模从327亿元增长至668亿元，年均增长率为15%，高于全球行业增长率，2022年市场规模达到1035.8亿元，远高于预测的771亿元。SEMI数据显示，2017—2020年全球投产的半导体晶圆厂为62座，其中有26座设在中国大陆，占全球总数的42%。而美国的芯片制裁会使得三星、英特尔等代工企业后续在大陆的投资受阻。这些厂商都已经在中国大陆设厂多年，如果接受美国"芯片法案"的补助，那么在中国建造或扩大先进制程晶圆厂将会被限制。例如，三星在西安投资的先进工艺的闪存工厂会受到直接影响，甚至会导致整个项目的停摆。总之，这些措施扰乱了半导体行业跨国企业的全球业务布局，增加了企业生产经营的成本和风险。

中国大陆晶圆代工行业起步较晚，但在国家政策的支持下，随着国内经济的发展和科学技术水平的提高，以及终端应用市场规模的扩大，国内芯片设计公司对晶圆代工服务的需求日益提升，中国大陆晶圆代工行业实现了快速的发展。但由于国产化率不高，芯片制造仍是薄弱环节。以长江存储、华力集成、华虹无锡晶圆厂的招投标数据为例，长江存储在设备国产化方面最为积极，但国产化占比仅为17.9%。为了限制中国获取晶圆代工产能特别是先进工艺，美国限制AMAT、LAM、KLA出口先进的制造设备。中芯国际等国内晶圆厂虽然在工艺上已经取得突破，但尖端生产设备同样依赖进口。受限于尖端代工技术差距，同时中芯国际被美国列入"实体名单"，国内尖端晶圆代工差距中短期内增长有限。如果未来美国像此前对华为海思芯片一样对待其他科技公司，则意味着我国将无法生产出自己的高端芯片，确实会对很多产业造成影响。

美国对华的一系列芯片制裁体现了在国内形成自主可控的半导体产业链的重要性，作为半导体产业链中最关键的一环，未来芯片代工领域马太效应会愈加明显。长期来看，中美关系持续偏紧背景下，突破技术封锁同时提升全球晶圆代工竞争力仍是国内产业升级的关键因素。

3.其他制造业企业

美国对中国的制裁是战略性、长期性、持续性的。在芯片制裁之下，汽车、消费电子产品、LED、可再生能源等其他制造业也会深受其害。汽车制造业首当其冲。随着汽车电子化功能提升，对芯片的数量和技术需求持续增加。在数量方面，传统汽车的半导体芯片用量为100~200片/辆，新能源汽车半导体芯片用量高达500~600片/辆，而智能汽车则需要1000~2000片/辆。在技术方面，根据我国汽车产业发展规划，到2025年，高度自动驾驶汽车实现限定区域和特定场景商业化应用,到2035年,高度自动驾驶汽车实现规模化应用。实现高度自动驾驶,对芯片的算力要求将大幅提升,芯片制程也将达到5~7 nm。在美国新一轮制裁下,先进制程芯片的制造、高性能芯片和存储芯片备受打击,走出困境还需要一段时间。

此外,全球消费电子制造业也受到强烈的冲击。在PC端,14 nm及以下先进制程主要涉及产品有CPU、GPU及存储芯片。在手机移动端,包括SoC芯片、5G基带芯片、控制器、存储器等多种芯片,均涉及先进制造工艺。对于国内手机、PC等终端产品来说,电子元器件都来自全球化采购,几种核心芯片也一直依靠进口,层层加码的芯片制裁或许会倒逼国产化进程,让国产芯片有机会出现在消费电子的产品线上。

这种不利影响也波及LED显示屏制造行业。美国为了达到控制半导体产业的目的,设置许多障碍。前期受美国打压华为事件的影响,华为加大备货,导致晶圆供求紧张,最终直接影响到LED显示屏行业IC供应。根据TrendForce数据,该商品的价格上涨了10%之多,摧毁了许多公司的库存,进而损害了他们的LED供应链。对于国内来说,目前驱动IC行业以外资及台资企业为主,内资企业市场规模占比相对较少。由此可以看出我国LED显示屏的驱动IC芯片国产率相对不足,上游供应被人扼住了"咽喉"。在美国加紧对我国企业337调查的进程之际,严加控制芯片及技术的出口,对于LED显示屏行业来说,成本迅速上涨,还可能导致芯片供应的紧缺,因此加速LED显示驱动芯片国产化十分必要。

另外,可再生能源系统也受到严重的冲击,特别是依赖半导体和传感器来运行的太阳能和涡轮机。全球供应链的限制对该行业造成了伤害,甚至像Enphase Energy这样的能源解决方案制造商也遭受份额损失。

三、美国对我国半导体芯片制裁的影响分析

为遏制中国的崛起,美国对第二次世界大战后建立的多边国际经济秩序由建构转向解构,频频运用单边法律武器,借助于经济制裁封锁中国经济。出口管制法规成为美国控制全球军事、科技及经济资源的核心工具之一。2016年

以来,中兴、华为等我国领军企业先后被美国列入"实体清单"、最终军事用户清单,遭遇芯片断供、业务阻断、巨额罚款等多重压迫。此后,人工智能、军工、通信等行业企业又屡屡在美国出口管制的"实体清单"、未经核实清单、最终军事用户清单上榜,而被制裁数量最多的"实体清单"已由2016年的146家发展至2022年10月7日的483家,毫无疑问这是对中国的"系统性打压"。美国对华制裁非常精准,从过去逼中国"去美国化",扩大到逼全世界作出"去中国化"或者"去美国化"的"二唯一"选择。作为当前对中资企业影响最大的一项法律制度,出口管制清单对企业发展、产业链上下游、国家安全稳定等形成了诸多负面影响,不可否认,一系列深刻认识和反向促进作用也在潜移默化中诞生。

(一)对企业发展的影响

自2016年中美经贸关系陷于紧张趋势后,美国商务部工业与安全局强化了出口管制清单对中资企业的适用。美国政府以出口管制为由,频频借实体清单、未经核实清单、最终军事用户清单等对中资企业发难,对其全球采购、代工制造、市场拓展、人才流动等造成严重的负面影响。

1. 成品芯片供应紧张

2020年开始,全球新冠疫情蔓延,个别国家对他国企业进行无理的制裁和打压,对全球半导体供应链造成了严重冲击。"囤芯"的风潮最早始于2019年华为遭到制裁,进而引发其他消费电子企业的恐慌,所以各大终端企业开始不断囤货,引发了示范连带效应,叠加疫情等综合因素影响,进一步加剧了芯片的产能紧张。据Gartner统计数据显示,2019—2021年,全球芯片采购支出总计分别为4746.31亿美元、4498.38亿美元、5834.77亿美元。其中,华为的采购金额分别为21.18亿美元、19.09亿美元、15.38亿美元;联想的采购金额为17.67亿美元、18.56亿美元、25.28亿美元;步步高的采购金额为13.87亿美元、13.39亿美元、23.35亿美元;小米的采购金额为6.92亿美元、8.79亿美元、17.25亿美元;鸿海精密为5.57亿美元、5.73亿美元、8.86亿美元(图6-5)。不难看出,除华为因制裁导致芯片采购支出逐年降低外,其余的中国企业芯片采购支出均在逐年上涨,步步高、小米两家公司的采购金额更是在2021年直接翻了近一倍。因此,以台积电为代表的头部芯片制造厂商,在2019—2021年,对产能扩张保持着较为谨慎的态度,加之以年为单位计算的芯片产线建设周期,都在一定程度上进一步加剧了这三年市场的供需失衡。

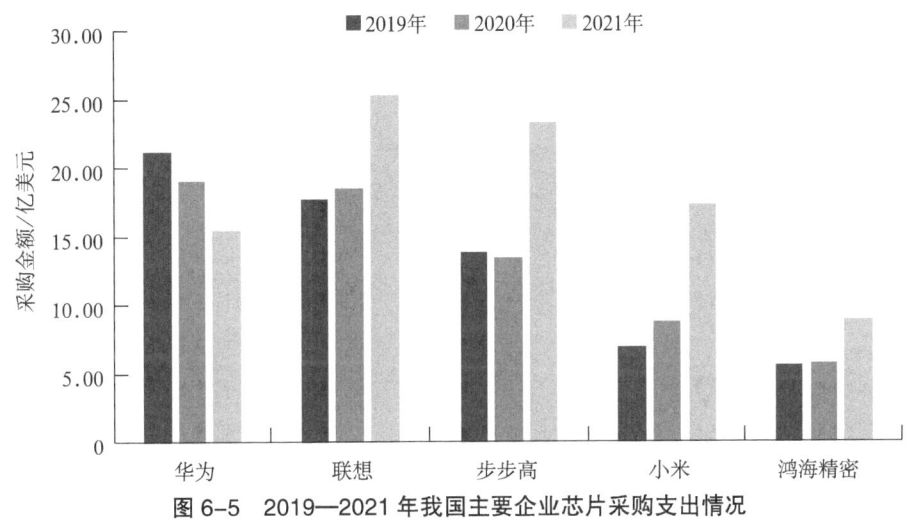

图6-5 2019—2021年我国主要企业芯片采购支出情况

2. 晶圆代工反向繁荣

在"芯片荒"影响之下,美国重重制裁反向刺激了我国晶圆代工市场的繁荣,为进一步发展成熟制程、突破先进制程提供了有力支撑。一方面,终端企业寻求海外代工受限,被迫转向国内晶圆厂商。受美国制裁,全球领先的芯片代工商台积电断供华为等国内企业,进而造成来自大陆的订单占台积电营业收入比重越来越低,2020年Q2大陆贡献营业收入占21%,但2021年Q1就断崖式下降至6%,2022年Q1才恢复稳定至11%左右。另一方面,半导体产业转移大背景下,即使景气度下行,中国大陆依旧逆势扩产,逐步成为全球晶圆扩产中心。为应对欧美制裁和缓解供需两端矛盾,政府鼓励和扶持晶圆代工制造,近年来涌现出越来越多的半导体企业,晶圆代工厂更是得到前所未有的重视。据SEMI数据显示,2021年底中国大陆的全球晶圆产能占比仅为16%,2021—2022年全球新增晶圆厂29座,而中国大陆新增9座,数量占比达到30%以上。

同时，据集微网统计，2021年底中国大陆12寸晶圆产能提升空间为46.8万片/月，2022年12寸晶圆产能提升空间为52.3万片/月，新增产能空间持续增加。另外，2022年后中国大陆预计每年新增约5座晶圆厂，未来5年预计将新增25座晶圆厂投入量产，涵盖逻辑、DRAM、MEMS等产线，预计2026年底12寸晶圆厂总月产能将超过276.3万片。虽然后摩尔时代全球出现了芯片制程工艺放缓、最新成品存在成熟度欠缺的情况，但我国晶圆代工市场却呈现反向繁荣态势。

3. 终端业务陷入萎靡

近年来，美国挥舞国家力量对终端企业的精准制裁影响最大，其中以中兴、华为为甚。2017年3月，美国政府以违背相关出口禁令为由，展开系列针对中兴通讯的制裁，包括制止美国企业向中兴公司出售芯片等零部件产品（期限为7年）、11.92亿美元罚款（两笔）及解雇管理层和相关董事成员。经历过各种制裁和"卡脖子"之后，中兴通讯业务萎靡不振，陷入"休克"，2018年全年净利润 –69.84亿元，同比降低252.89%，时至今日尚未完全走出制裁的阴影。深入分析可知中兴"休克"的根源在于集成电路产业薄弱。事实上，中兴并非没有芯片设计部门，其下属企业中兴微电子是国内营业收入仅次于华为海思和紫光展锐的芯片设计单位。不过，由于芯片的种类太多，产业链太长，任何一家公司都无法做到包打一切，中兴微电子只能满足每年使用芯片金额的10%左右，其余的基本需要进口。芯片长期断供严重阻碍了中兴的产能扩充，也对其上游供应商产生负面影响。

同样，美国始于2019年的制裁，重创华为的各项业务。首先在芯片设计方面，美国政府2019年、2020年展开的4轮制裁，在上游掐断华为获得EDA、IP的机会美国厂商或源自美国技术的厂商都纷纷中止与华为合作，进一步限制华为自主研发高端芯片，随后，华为海思及海外终端业务陷入停滞。其次，在芯片中游制造环节，一方面，阻击华为委托台积电、三星等晶圆厂进行芯片制造生产的机会；另一方面，也阻止其他Fabless或IDM向华为提供芯片。虽然后续美国商务部批准Fabless、高通、AMD和英特尔向华为供应芯片，也批准台积电可接受华为的代工生产订单，但仅限于28 nm及以上的成熟工艺结点。由于限制了华为的5G高端芯片供应链，华为手机出货量骤降，移动智能终端业务逐步萎缩。据 Canalys 数据统计，2019 年华为全年出货量排名第二，2020 年排名第三，2021 年则未进入前五，归类为"其他"。另据咨询机构 Omdia 数据，华为在 2021 年全年全货量排名第九，出货量 3500 万台，同比下降超过 80%。由此可见，美国先后四轮制裁精准阻击了华为的优势芯片领域，通过限制芯片产业链及软件的供应来拖慢我国领军企业的发展速度。

4. 专业人才流动被禁

人才是第一资源，创新是第一动力。2022 年 10 月 7 日，美国商务部工业与安全局宣布了一系列在《出口管理条例》（EAR）下针对中国的出口管制新规，面向先进芯片及芯片制造设备领域，并对未经核实清单管制措施进行更新，额外增加"美国人"在华提供的特定"支持"活动的限制——"美国人"未经许可不得在中国境内从事"支持"开发和生产特定先进半导体相关工作。其中，对"美国人"的相关限制包括物项运输、转移、协助和提供服务，主要集中于以下两个层面：①先进计算芯片相关的制造、其衍生的技术和软件（ECCN 3B090 及与其相关的软件 3D001 和技术 3E001 物项）；②三种特定先进半导体相关的物项（16/14 nm 或以下的逻辑芯片、半间距为 18 nm 或更小的 DRAM、128 层或更多层的 NAND）。

此外，限制新规还对"美国人"概念和特征进行详细描述，主要包括以下 3 方面：①美国公民或具有美国永久居留权的人，以及根据美国法下受保护的难民。其中，持有美国绿卡的非美籍永久居民也属于"美国人"的范围（在华工作也包括在内）；②任何根据美国及美国境内管辖地法律设立的法人（包括在外国的分支机构）；③在美国境内的任何人（包括在美国研发中心的持工作签证外籍工作人员）。据悉，符合此类标准的"美国人"——美籍华人，大都是国产半导体龙头企业的创始人、法人代表，且创办企业的营业收入、纳税等都在中国（表 6-4）。

表 6-4 部分受到美国新规制裁的"美国人"名单

证券名称	董事长	国籍	总经理	国籍
博通集成	Zhang Pengfei	美国	Zhang Pengfei	美国
斯达半导	沈华	美国	沈华	美国

续表

证券名称	董事长	国籍	总经理	国籍
澜起科技	杨崇和	美国	Stephen Kuong-Io Tai	美国
中微公司	尹志尧	美国	尹志尧	美国
炬芯科技	Zhou Zhenyü	美国	Zhou Zhenyü	美国
拓荆科技	吕光泉	美国	田晓明	美国
盛美上海	HUI WANG	美国	王坚	中国
晶晨股份	John Zhong	美国	John Zhong	美国
希获微	陶海	美国	Nam David Ingyun	美国
概伦电子	Liu Zhihong	美国	杨廉峰	中国
思特威	徐辰	美国	徐辰	美国
创耀科技	谭耀龙	美国	谭耀龙	美国
恒烁股份	Lü Xiangdong	美国	Lü Xiangdong	美国
芯原股份	戴伟民	美国	戴伟民	美国
思瑞浦	周之栩	美国	吴建刚	中国
恒玄科技	Zhang Liang	美国	赵国光	中国

受到美国新规制裁的"美国人"名单突破了 EAR 原有规则下以物项管控为基础的传统监管逻辑，只要"美国人"参与相关受限行为，即使涉及物项不受管辖，行为也将受管制。和 2018 年制裁中芯国际相比，该项制裁首当其冲的是已雇佣美籍员工的大陆企业，美籍员工往往是企业的核心员工，有大量海外团队的企业一般又是精英企业。此外，美国已出台吸引半导体国际人才的特殊签证的绿色通道，中国人才是美国的重要招引目标，我国面临人才反向流失的危险，这是一些半导体龙头企业面临的最大问题。

（二）对产业上下游的影响

芯片产业链主要包括三大环节：IC 设计、晶圆制造及加工、封装及测试。

第六章
半导体芯片发展形势及江西省应对之策

IC设计属于工业设计的皇冠，受到其上游的半导体IP及EDA产业限制，国内从事的企业不多，但制裁仍将带来短期的严重影响。晶圆制造也就是芯片制造，是芯片产业链的中游，也是我国主要被"卡脖子"的环节，涉及企业和产品较多。而加工、封装及测试环节门槛较低，国内工艺设备比较成熟，但是产业上下游紧密相连、环环相扣，上中游受限直接导致下游产品输出不足，严重影响其他产业配套，迫使企业加快国产化替代或跨界转型步伐。

1. 产业链上游设计开发进程受挫

我国国产EDA工业软件尚未完全实现国产化替代，美国制裁导致EDA软件断供将对国内大多数芯片设计公司带来短期严重影响。美国在芯片行业依然是领先者，尤其是在芯片设计上，位于产业链的最顶端。EDA是芯片设计领域的核心软件工具，是芯片产业的基石。当前全球EDA市场呈现三足鼎立格局。美国Synopsys、Cadence与明道国际（Mentor Graphics）及德国Siemens EDA软件合计占据全球及中国市场70%以上的市场份额，拥有集成电路设计全流程的绝对优势，形成完善的生态体系、较高的行业壁垒及较强的用户黏性。根据SEMI国际半导体产业协会数据，全球EDA市场规模从2012年的65.36亿美元提升到2020年的114.67亿美元。目前我国EDA工业软件在国际属于第二梯队，国产龙头企业覆盖率目前达40%，在特定领域实现全流程，局部技术上领先，而国际三大巨头已实现全产业链覆盖，差距明显。国际最先进工艺已经达到2 nm，而国内EDA厂商仅有部分产品支持较先进的工艺制程，例如华大九天仅有电路仿真工具等可支持5 nm，而大部分仅支持28 nm制程。

IP解决方案被限制使用，阻碍了国产芯片设计开发进程。伴随芯片复杂度不断攀升，为加快产品上市时间，以IP复用、软硬件协同设计和超深亚微米/纳米级设计作为技术支撑的SoC已经成为当今超大规模集成电路的主流方向。根据IBS预测，2027年全球半导体IP市场规模将达到101亿美元，其中处理器IP将继续占据最大市场份额。随着AIOT、汽车ADAS等技术的不断发展，处理器IP将继续维持稳定增长。据IBS统计，接口IP份额近年来快速提升，从2015年的16.5%提升至2019年的22.1%，2019年接口IP市场规模为8.7亿美元，是2009年市场规模的近4倍。从IP提供商角度看，ARM、Synopsys、Candence近年稳定占据市场前三，龙头地位稳固。在美国对芯片的系列制裁下，我国IP市场受到严重打击,只能寄希望于芯原股份等国产IP龙头。

2. 产业链中游受到毁灭性打击

21世纪以来,随着全球产业化的兴起,美国将芯片的制造业开始向海外转移,美国只负责芯片设计,而芯片生产则外包给中国台湾与韩国厂商来完成批量生产。在当今的产业链中游芯片制造业上,台积电与三星这两家公司借助全球化的红利,吃下了几乎全部的芯片市场。据统计,目前全球80%的芯片在东亚制造,美国的产量为15%,欧洲占据了5%;而在高端芯片领域里,则完全是台积电和三星两家公司形成了垄断,台积电占比70%,三星为30%。在高端芯片制造设备领域里,荷兰的光刻机巨头ASML占据主导地区,其他4家中,除了来自日本的东京电子,其余3家则都来自美国,分别是应用材料、拉姆研究与KLA。而这些设备工厂提供的设备,覆盖了芯片生产的几十道流程,以至于台积电、三星都在大量使用这些公司的设备。因此,高端芯片产业链中游主导权基本被美国牢牢把控。

我国高端芯片常年依赖于进口,美国一系列精准制裁导致了如今中国在芯片制造领域被"卡脖子"。据天凤证券研究报告显示,中国芯片代工企业和本土设计公司在产值方面已出现严重的不匹配。芯片制造产业"两头在外"现象严重,本土芯片制造代工厂难以满足国内设计公司的高性能需求,与海外巨头有2~3代技术差距,多为海外设计公司做代工,其中领军企业中芯国际只能量产14 nm级别,而台积电已向3 nm、2 nm、1 nm进军。国内设计企业发展迅速,不得不依靠海外代工厂的技术制造高性能芯片。而美国的芯片制裁直接阻隔了国内高端芯片的海外代工,造成生产和设计不匹配和错位,严重影响了我国自主高端芯片产业化进程。

3. 产业链下游跨界转型步伐加快

从芯片产业链看,上中游被限制,直接导致下游产品输出不足,供给端与需求端结构性矛盾逐步放大。据全球芯片协会统计,我国每年进口的芯片占全球芯片进口的80%,是世界进口芯片第一的国家,而美国半导体出口所占的市场份额为全球的50%,是世界出口芯片第一的国家。美国出台芯片制裁措施后,虽然国内半导体企业哀号一片,但也导致了美国半导体企业销量直线下滑,大量货物囤积仓库无法变现,进而导致全国经济日益萧条。据波士顿咨询公司估计，如果美国完全禁止半导体企业向中国客户销售产品，美国半导体企业将丧失18%的全球市场份额和37%的收入，预计亏损过万亿元，且行业也将减少1.5万~4万个高技能工作岗位。

从下游应用看，芯片制裁将倒逼企业加快转型升级步伐，实现内涵式发展。一方面，从芯片设计环节到制造和设备环节，随着美国对中国围堵的进一步加剧，国内厂商逐渐抛弃了完全依赖进口的幻想，开始自力更生。以IC设计看，过去3~4年的密集替代，大部分门槛较低的领域已经实现国产替代，逐步进入攻坚领域，但在美方一轮又一轮的制裁下，开发高算力芯片和应用高算力芯片的企业将面临更大的挑战和考验。另一方面，受限于国产替代产品的不足，如华为等行业头部企业，已经着手开展生态体系"去美化"的攻坚行动。除了通过工艺革新绕过芯片这一"拦路虎"，华为同时在智能穿戴、智慧屏、TWS耳机及消费者云服务等领域"多点开花"，在消费者业务上寻找更多增长点。而HarmonyOS（鸿蒙）、畅连通话、智慧屏K歌等则是华为在创新应用场景上的探索。截至2022年9月，华为先后组建了智慧公路军团、海关和港口军团、智能光伏军团、数据中心能源军团及煤矿军团等18个军团，从自身业务体制改革出发，依托自主研发的鸿蒙操作系统和多年的技术及产品储备，加快推动新一代信息技术与实体经济深度融合，重塑传统行业结构体系，实现创新驱动高质量发展。

（三）对国家安全稳定的影响

1. 制约国家经济、国防安全领域新技术开发

近年来，受美国贸易、科技等脱钩政策影响摩擦不断，科技自主、国产替代、信创等成为热门趋势。从全球视角来看，一个国家的科技实力越强，越能在世界产业链中处于高端位置。推动科技安全，要将核心技术掌握在自己手中，真正掌握竞争和发展的主动权。这也是根本上保障国家的经济安全、国防安全和其他安全的立足点。从半导体国产化率上看，我国半导体设备的国产化率有所提高，但核心设备及晶圆制造材料国产化率仍有待提升。据中国电子专用设备工业协会、国际半导体产业协会（SEMI）数据显示，2021年国产半导体设备销售额达到2016年的6.72倍，国内半导体市场的国产化率从13.3%上升至20.2%。因此，该领域是国家重点关注的存在"卡脖子"风险的领域，另外，电子行业芯片供应链和芯片自身安全等，都是未来可能威胁国家安全的重要风险。

在以美方主导的中美科技摩擦大背景下，美国对华"科技制裁"逐渐趋严。半导体产业从全球化高度分工状态走向"脱钩"，中国希望自主可控，而美方希望高端制造业回流并限制中国发展。2018—2022年，美国对中国的半导体上下游环节几乎进行了全面封锁。通过历史来看，美国从一开始对电子器件征收高额关税，到打击华为、中兴、中芯国际，再到封锁超算芯片、EDA软件、半导体制造设备等，甚至对相关"美国人"也进行了明确限制。不断升级的制裁措施导致中国半导体芯片技术及产业发展陷入了十分被动的局面，这也说明了加速国产替代，维护国家经济安全、国防安全势在必行。

2. 行业供应链遭受巨大冲击

近年来，我国芯片行业供应链"断供"风险加大。从特朗普时期美国政府实行对我国高端芯片全面封锁政策，到拜登政府实施的定向封锁和选择性脱钩，对我国竞争立场并没有实质性转变。此外，拜登政府还提出新的"投资、联合、竞争"策略，拉拢欧洲、日本、韩国等伙伴成立"四方芯片联盟（CHIP4）"，多管齐下，对我国芯片产业开启"围剿"之势。

一方面，美国政府试图通过控制欧洲、日本、韩国和中国台湾在集成电路工艺、封装、设备、材料及存储器等领域的关键资源、关键技术和关键供应链，将中国挤出全球芯片产业版图，并由此破坏当前以中国为核心的数十万亿元产值规模的电子信息制造生产网络和产业链，动摇中国制造业大国的市场地位，延滞中国产业升级和经济发展。另一方面，美国政府准备通过不断升级对华制裁和禁运措施，在存储器设备、14 nm及以下先进工艺设备、先进EDA工具等领域进行进一步的围追堵截，同时阻断我国跟欧洲、日本、韩国等进行尖端技术合作的通路，实现尖端技术领域与中国"精准脱钩"。近年来，美国一系列在关键技术领域加强出口管制清单政策的出台，使我国芯片供应链断供风险大幅增加。

此外，新能源汽车、数据中心、工业领域的芯片需求仍然饱和，且维持一定的紧缺态势。这种由全球供应链不确定性和不透明引发的芯片市场供应关系转变和调整,将有可能成为常态,这使我国芯片市场周期波动不确定性加大,给我国相关企业的生存和发展带来更多考验。

3. 促使中国坚定不移地走自主创新之路

制裁是最坚决,最广泛的国产化号角。新阶段新形势下,随着美国不断收紧对我国集成电路产业的技术和供应链限制,我国大力实施关键技术和产品的国产替代,并在一系列产业政策的推动下取得了阶段性的成效,2021年国内芯片领域领军企业的营业收入情况见表6-5。在信创、北斗等领域,已经实现国产芯片全链的替代能力,为保障国家"新基建"战略和党政军用基础设施建设贡献力量。据透露,国产28 nm、14 nm芯片将分别在2021年和2022年底量产。尽管国际顶尖技术已经能做出5 nm甚至更精细的芯片,但在很多实际应用中,14 nm已经足够了。早在2018年贸易战和"中兴事件"后,国内企业在半导体领域掀起了一轮轰轰烈烈的国产替代浪潮,很多互联网巨头也开始发力芯片领域,坚定不移走中国自主创新之路。面对欧美的封锁,尽管艰难,中国的半导体产业链国产替代,依旧在不断推进,并在一些细分领域取得了率先突破,如海思鲲鹏、中科龙芯、上海兆芯、海光信息、天津飞腾、成都申威等都占据了一定的行业龙头地位。

表6-5 2021年国内芯片领域领军企业营业收入情况

公司名称	2021年营业收入/亿元	细分领域地位
闻泰科技	527.3	国内功率半导体龙头企业
韦尔股份	241.0	CMOS图像传感器国内龙头,全球第三
三安光电	125.7	LED芯片+化合物半导体龙头
华润微	92.5	功率半导体IDM模式龙头,国内MOSFET龙头
兆易创新	85.1	NOR Flash存储芯片+MCU龙头,NOR Flash存储芯片全球第三
士兰微	71.9	国内IGBT单管龙头,功率半导体IDM模式龙二
格科微	70.0	全球CMOS芯片出货量龙头

续表

公司名称	2021年营业收入/亿元	细分领域地位
汇顶科技	57.1	指纹芯片龙头
紫光国微	53.4	中国特种芯片、安全芯片、FPGA三大赛道的龙头企业
北京君正	52.7	汽车存储芯片龙头
晶晨科技	47.8	智能终端SoC龙头
卓胜微	46.3	射频前端分立器件龙头
瑞芯微	27.2	国产SoC龙头
澜起科技	25.6	DDR4内存接口芯片龙头
海光信息	23.1	国产X86CPU龙头

（四）对江西省发展芯片产业的影响

近年来，江西省委、江西省人民政府高度重视芯片产业发展，坚持从芯片设计和封装测试领域入手，逐步导入芯片制造发展战略，通过招商引资和积极延伸产业链等方式，全省芯片产业从无到有，成功培育了江西联智、博智实业、睿宁新材、南昌中微半导体、德瑞光电、ASM太平洋科技、万年芯微电子、瑞能半导体、晶能光电、信芯半导体、芯聚微电子、中晟芯源半导体、名冠微电子、蓝芯存储、研创应用、裕丰智能等近30家芯片及其关联企业。产业链涉及硅衬底LED芯片设计、芯片外延生长、封装测试等，主要产品包括半导体材料、硅衬底LED芯片、半导体元器件及5G、AI功率器件芯片、物联网芯片、存储芯片等。据江西省统计局数据显示，2021年，全省芯片产业实现营业收入50.5亿元，同比增长61.4%。

在江西省芯片产业取得长足进步的同时，总体仍然面临多重不利影响，特别是2018年以来美国多轮制裁，先后将江西南昌大学、江西洪都航空工业集团有限责任公司、南昌欧菲光科技有限公司等相继列入实体清单，对其进出口进行严格管控。使用美系技术的供应商向清单内企业进行供货时，需要拿到政府许可。

1. 延缓技术产品开发进程

美国制裁一定程度上影响了新技术开发进程。2018年5月17日，在中美贸易摩擦背景下，南昌大学成为第一家被列入美国危险名单的中国大学。随后的2019年，美国又将中国人民大学、同济大学、西安交通大学、广东工业大学及中国科学院等多个院所纳入管制清单。南昌大学被纳入管制清单的原因是江风益院士团队依托硅衬底LED原创技术打破了日本蓝宝石衬底、美国碳化硅衬底长期垄断国际LED照明核心技术的局面，使我国成为继日本、美国之后第3个掌握蓝光LED自主知识产权技术的国家，此外还研发了多项国际领先的发光材料及系列产品、高端装备，并成功应用到了国防建设中。此次美方制裁对学校主要有两方面的后果，一是由美国制造的一些高端设备、试剂、电子器件等产品无法正常购买和使用，因此对学校的科研工作也产生一定的影响；二是美国的一些科研软件、文献数据库等无法正常使用。经过多年的努力，目前学校已经找到能够由国产替代的试验耗材、设备及科研软件，因此制裁带来的不利影响不会持续太长时间。

2. 迫使企业转变业务领域

产业链上游被制裁严重影响下游终端产品配套，在多轮中美贸易摩擦和制裁下，江西企业顶住压力涅槃重生。2020年7月20日，美国商务部更新"实体清单"，对包括欧菲光在内的11家中国企业实施制裁。在此之前，欧菲光作为深交所上市企业，主营业务为智能手机、智能汽车及新领域业务，重点产品包括光学影像模组、光学镜头、微电子及智能汽车相关产品等，广泛应用于以智能手机、智能家居及智能VR/AR设备等为代表的消费电子和智能汽车领域。同时欧菲光是苹果、华为等全球领军终端企业的重要上游供应商。被制裁后，苹果公司于2021年3月份正式将欧菲光从"果链"中移除，随之欧菲光离开苹果公司镜头业务；此外因大客户华为被列入实体清单，欧菲光无法保障供货稳定，整体经营业务陷入萎靡。2021年，欧菲光实现营业收入228.44亿元，同比下降52.75%；归母净利润亏损26.25亿元，同比下降34.99%；扣非净利润亏损25.82亿元，同比下降25.28%。

经过两年的煎熬，2022年6月美国政府做出最终决定，将南昌欧菲光从实体清单中移除,意味着欧菲光众多供应链交易将能顺利进行。在脱离苹果公司产业链之后,欧菲光将智能汽车业务作为重点开拓的业务领域,从研发、市场销售、生产等链条全方位加大资源配置,力争到2025年实现智能汽车业务收入规模行业领先。近期欧菲光相关在手订单增长较快,目前已取得20余家国内车企的一级供应商资质。

3. 优化全省科技创新布局

受美国制裁影响,江西省委、省政府积极响应国家号召,坚持把科技创新作为全省高质量跨越式发展的战略支撑,落实科技强国行动纲要,完善技术攻关体制机制,努力形成更多自主创新成果,加快补齐芯片短板。2020年12月,江西省委、省政府提出"大力推进以科技创新为核心的全面创新,在建设创新型省份上求突破""实施关键技术攻坚行动,推广运用'揭榜挂帅'、择优委托等方式,力争在航空复合材料、集成电路、中医药新药、稀有金属新材料、高端精密制造、高性能储能材料、感知交互技术等领域取得突破"。2021年10月,《江西省"十四五"科技创新规划》在第六章"加强基础前沿研究"板块,提出要重点支持集成电路及智能设备中关键科学问题、新型半导体材料与器件研究。此外,《江西省"十四五"产业技术创新发展规划》《江西省"十四五"数字经济发展规划》《江西省基础研究提升行动十年工作方案(2021—2030)》《江西省"十四五"电子信息产业高质量发展规划》等10余份省级政策文件都对芯片、集成电路技术及产品创新提出前瞻谋划和针对性工作部署,旨在增强创新驱动源头供给,支撑产业发展升级。

四、推动半导体芯片产业高质量发展的对策建议

(一)国家层面

从国家目前的情况来看,众多半导体芯片企业在先进制程上的扩张态势将在短期内受阻,难以通过跨国并购的方式获取相应人才和技术资源,这在很大程度上影响了我国芯片国产化进程,造成相关核心技术壁垒在短期内无法取得

突破性进展。面对上述愈发紧张且复杂的形势背景,建议我国政府及企业应基于不同的角色予以应对。

1. 保持宏观战略定力,积极开拓他国合作机遇

一是继续发挥政策和金融对产业的助力作用,有序合理引导产业发展。《国家集成电路产业发展推进纲要》已出台近 10 年,建议进一步加强产业发展的顶层设计,统筹规划,出台我国集成电路产业新的"十年计划"和 2035 年中长期发展规划,以强化集成电路产业发展的国家意志。同时继续发挥国家产业基金和科创板对芯片产业的激励和撬动作用,加快企业上市融资进程,保持产业持续健康发展态势。二是全力保障国产集成电路制造供应链安全稳定发展。根据大生产线的切实需要,加快国产设备、材料的验证进程,同时积极推进先进工艺所需的设备及材料、零部件的开发和验证。鼓励企业积极采取多元化、国产化应对措施,在对美依赖程度高的关键领域积极寻找非美系并与国内供应商进行联合开发和验证,重新调整布局自主供应链体系。

2. 发挥举国体制优势,强化关键技术设备攻关

一是充分发挥举国体制优势,加大组织力度,全力解决"卡脖子"关键技术自主化问题。例如在先进工艺、光刻机及部分关键设备、先进 EDA 工具、关键半导体材料和零部件等领域的攻关问题,仍需要在国家层面加大组织力度,集聚优势资源,通过资金项目投入、研发平台建设、科技成果转移转化等方面措施,早日攻克"卡脖子"的技术难关。其次,对于参与上述专项集中攻关的尖端领军人才和工程师人才,给予与其贡献相匹配的激励,以保障攻关的效率和连续性。二是紧抓国内超大规模市场优势和科技体制改革机遇,加快提升前沿新技术"内源式"创新能力。重点支持领军企业开展新技术和新工艺研发,采取"赛马"和"揭榜"机制,给予新技术新工艺"上场竞技"的机会,争取在新赛道建立一定的基础引领优势,以绕过现有技术领域的供应链限制。

3. 丰富战略博弈工具,反击美方科学技术封锁

一是建立健全反制裁措施,善用维权手段。在中美博弈的大背景下,建立健全反制裁措施,丰富博弈工具,成为维护我国国家安全和经济利益的重要方式。2020—2023 年,《反外国制裁法》《不可靠实体清单规定》等法律法规引起了强烈反响,而如何具体实践与应用有待进一步明确。同时,鼓励企业积极寻求国内外维权之策,依托第三方机构或自主开展海外维权行动。二是加强对外宣传,驳斥美方无理谎言。在巩固科技经济硬实力的同时,还需提升软实力和"巧实力"。依托国际组织优秀人才团队,持续加大宣传中方政策正确解读及针对我国出口管制立场和制度建设进行重点发声。不定期披露和宣传企业加强数据安全、用工情况、出口管制合规情况,及时、充分反击和破除"中国威胁论"等谎言。

(二)江西省层面

制裁是最广泛的国产化动员,也是最响亮的集结冲锋号。"十四五"新征程上,江西省奋力打造全国构建以国内大循环为主体、国内国际双循环相互促进的新发展格局重要战略支点,贯彻落实以习近平同志为核心的党中央积极应对国际国内形势变化,与时俱进提升我国发展水平、塑造国际经济合作和竞争新优势而做出的战略部署。面对美方咄咄逼人的制裁清单,全省上下需因地制宜,专业应对,以星星之火汇聚燎原之势,锻造江西省半导体芯片发展新优势。

1. 加强顶层设计,培育发展专业芯片产业

一是积极做好顶层谋划,深度对接国家战略需求。为应对新一轮美国制裁,国家一定会有针对性的重大举措。江西省应立足自身产业积淀,结合国家战略需要,研究制定全省芯片产业发展政策措施,从宏观战略层面贯彻落实国家战略方针部署,支撑和服务江西乃至全国产业数字化、智能化转型升级需求。同时,瞄准成熟工艺制造扩产、先进封装扩产,积极对接和引入国家的重大项目、重大平台。在大有可为的领域做精做深,用成熟工艺做出先进产品,做大市场占比,增强江西省在全国乃至全球供应链中的地位,以此制衡先进制造领域受到的压制。二是着眼可以超越的赛道,打造专业芯片新增长点。近年来,江西省在半导体材料、硅衬底LED芯片设计、芯片外延生长、封装测试工艺等领域取得系列突破进展,具有全球领先优势。江西省可选择家电、照明、新型显示、新能源、新能源汽车等作为重点落地应用场景,聚焦功率器件、智能传感器等可以超越的赛道,支持驱动IC、射频器件、MOSFET(金属-氧化物半导体场效应晶体管)、IGBT(大功率绝缘栅双极型晶体管)、大功率LED器件

等功率器件和消费电子用温湿度、气体、声学、压力、红外等智能传感器国产替代发展，加快芯片研制封装向模组、设备、系统和解决方案等多领域延伸，推动江西省建成国内重点、中部领先的功率半导体和智能传感器产业发展集聚地。

2. 聚焦应用需求，优化产学研用创新体系

一是深化国内科技合作，加大创新载体支持力度。江西省可以终端应用牵引芯片发展为主线，持续深化与国家级大院大所、央企合作，依托国家虚拟现实创新中心、复合半导体江西省实验室、国家硅基LED工程技术研究中心及有关领域政产学研协同创新平台，聚焦市场需求，围绕半导体功率器件、智能传感器、半导体装备及材料、特色工艺晶圆制造、先进封装等重点领域，形成大主体、多平台、宽领域共同推进创新局面。同时深化新型研发机构管理体制改革，加大部属高校研究院支持力度，努力形成一批原创科研成果，引领江西省芯片产业创新发展。二是强化关键技术攻关，推动先进技术成果转移转化。关键核心技术受制于人是影响我国经济高质量发展和国家安全的最大隐患。江西省可加快健全"揭榜挂帅"机制，鼓励全省各类创新平台载体探索重大项目和关键核心技术攻关的新型体制，完善"企业发展出题+产业需求牵引+多方联合答题"的重大科技项目攻关机制。依托江西省电子信息产业科技创新联合体，建立芯片产业集群战略咨询支撑机构，围绕相关重点领域创新技术路线图、核心技术攻关的重要决策计划提供咨询评估意见。充分利用江西省毗邻长三角、粤港澳大湾区半导体及集成电路领域要素的资源优势，依托中国科学院江西省产业技术创新与育成中心，加快建设先进科技成果转化中心，主动承接国家重点研发项目和重大专项落户江西省，开展延展性研究和产业化应用，构建形成"技术研发+成果转化+产业应用"区域协同的创新体系。

3. 引导集聚发展，充分激发资源要素活力

一是建设一批专业化园区，引导资源集聚。专业化园区是高技术产业发展的重要载体，更是实体经济高质量发展的有力"提振器"。江西省要强化省级层面统筹，围绕半导体设计封装、功率器件和传感器研制、半导体装备及零配件等产业发展重点领域，在南昌、吉安、上饶和赣州等地布局若干个半导体及集成电路产业发展专业化园区载体,引导芯片产业适度集聚化发展。鼓励和支持有条件的地区调整优化部分园区载体的整体规划,以专业芯片相关领域为招商主攻方向,强化对芯片园区建设用地、资金等方面的保障,配套建设专业化、标准化厂房和试验装置设施,招引海内外芯片相关领域高成长型、市场前景好的创新团队和企业项目资源落户江西省发展。二是加大资金支持力度,激发产业发展活力。财税金融是促进产业发展的重要手段。针对芯片产业重资产、高投入的特征,可通过全方位财税和融资创新充分激发资本要素活力,使资本真正服务"短板"行业发展。一方面,深入贯彻落实国家、省级关于集成电路产业税收减免、研发、进出口等政策规定,研究制定实施支持芯片产业发展的专项政策。另一方面,积极争取国家、省级产业专项基金、政策性银行对相关领域重大产业项目的投资支持。依托江西省电子信息产业基金,设立江西省芯片产业投资基金,鼓励产业基金投向具有重要促进作用的制造、设计、封装测试等项目。鼓励有条件的地市设立芯片产业投资基金,出台产业扶持政策。支持引入第三方专业机构为芯片企业股权融资和债权融资提供全方位配套服务支持。

参考文献

[1] 钮文新. 当心美国摧毁芯片产业 [J]. 中国经济周刊, 2022, 835(15): 3.

[2] 朱章彬. 中美贸易摩擦背景下国内半导体行业的困境和出路 [D]. 上海: 上海财经大学, 2020.

[3] 胡文飞. 美国制裁下的华为危机处理案例研究 [D]. 广州: 华南理工大学, 2021.

[4] 张薇薇. 美国对华"脱钩":进程、影响与趋势 [J]. 当代美国评论, 2021, 5(2): 42-57, 121-122.

[5] 崔向平. 特朗普政府对华政策研究 [D]. 长春: 吉林大学, 2021.

[6] 李征. 美国对华"全政府"科技遏制战略与中国数字经济创新发展研究 [D]. 长春: 吉林大学, 2021.

[7] 白乐. 美国《芯片法案》面临重重阻碍 [N]. 中国社会科学报, 2022-10-10(3).

[8] 王燕, 李菁. 美国出口管制清单制度对中国的影响及应对 [J]. 经贸法律评论, 2022, 24(5): 75-90.

[9] 陈峰.美国扩大出口管制实体清单对中国科技的影响和对策[J].情报杂志，2022，41（8）：1-7，23.

[10] 陈思翀，王子瑜，梁倚天.美国对华科技制裁的反向市场冲击——以华为事件为例[J].国际经济评论，2022，158（2）：140-159，8.

[11] 程慧，刘立菲.拜登政府对华出口管制政策分析与应对[J].国际贸易，2022，488（8）：34-42.

第七章
印制电路板（PCB）产业发展态势及江西省对策研究

印制电路板是电子产品的关键电子互联件，被誉为"电子产品之母"。印制电路板的下游分布广泛，涵盖通信设备、计算机及其周边、消费电子、工业控制、医疗、汽车电子、军事、航天科技等领域，不可替代性是印制电路板制造行业得以始终稳固发展的要素之一。本章系统梳理全球印制电路板（PCB）产业发展现状，深入剖析存在的瓶颈问题及内在限制因素，并对"十四五"期间产业发展进行了展望，旨在为行业研究、政策制定提供决策依据。

一、PCB产业基本概况

（一）PCB概念界定

PCB（Printed Circuit Board），中文名为印制电路板，又称印刷线路板，是重要的电子部件，是电子元器件的支撑体，是电子元器件电气相互连接的载体。由于它是采用电子印刷术制作的，故被称为"印刷"线路板。它是电子工业的重要部件之一，几乎每种电子设备，小到电子手表、计算器，大到计算机、通信电子设备、军用武器系统，只要有集成电路等电子元件，为了使各个元件之间的电气互连，都要使用印制电路板。印制电路板由绝缘底板、连接导线和装配焊接电子元件的焊盘组成，具有导电线路和绝缘底板的双重作用。它可以代替复杂的布线，实现电路中各元件之间的电气连接，不仅简化了电子产品的装配、焊接工作，减少传统方式下的接线工作量，大大减轻工人的劳动强度，而且缩小了整机体积，降低产品成本，提高电子设备的质量和可靠性。

PCB按照不同的分类方式有很多种分类。按电路层数分，PCB可分为单面板、双面板和多层板。常见的多层板一般为4层板或6层板，复杂的多层板可达几十层。按基材材质软硬度分，PCB又分为刚性电路板、柔性电路板和软硬结合板。刚性电路板与柔性电路板的直观上区别是柔性电路板是可以弯曲的。按导电图形的层数分，可以分为单面板、双面板、多层板；其中，多层板又可分为中低层板和高层板。按应用领域分，可以分为通信用板、消费电子用板、计算机用板、汽车电子用板等。另外，还有特殊产品分类，如高速高频板、高密度连接板、封装基板等。

（二）PCB产业链

如图7-1所示，PCB制造行业的上游主要为铜箔、铜箔基板、玻璃纤维布、树脂、木浆等原材料行业，PCB行业原材料成本占总营业成本的50%以上，其中覆铜板占比超过30%，铜箔占比约为9%，铜球约为6%，金盐油墨等约为3%。上游覆铜板价格变化对中游PCB厂商影响较大。覆铜板三大主要原材料为铜箔、树脂和玻璃纤维布，是实现PCB导电、绝缘和支撑的主要基材，占

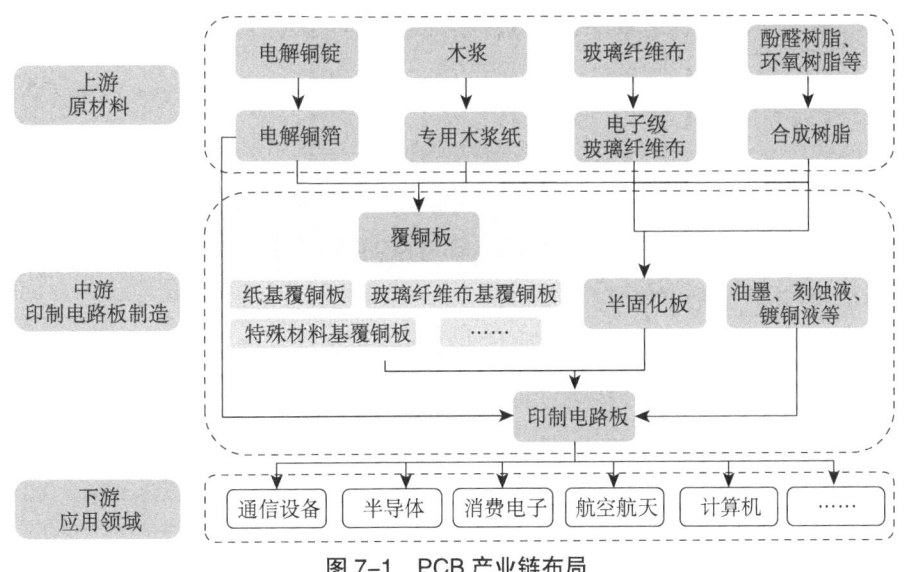

图7-1 PCB产业链布局

覆铜板成本比例分别为42%、26%和19%。覆铜板原材料价格的波动对成本的影响较大,其中,铜箔的价格取决于铜价格的变化,受国际铜价影响较大,玻璃纤维布的价格受供需关系影响较大。

中游PCB制造具有加工业的属性,主要附加值来自其核心工艺和质量控制能力。中游PCB行业集中度相对上游覆铜板行业集中度更低,PCB厂商面对上游覆铜板厂商议价能力较弱,只能被动接受覆铜板厂商转嫁的原材料(铜箔、树脂和玻璃纤维布)价格上涨。

下游主要为通信设备、半导体、消费电子、航空航天、计算机、工业精密仪表等行业,是现代电子信息产品中不可缺少的电子元器件,其中通信、计算机、消费电子和汽车电子是下游应用占比较高的4个领域,合计占比接近90%,其繁荣程度直接决定PCB行业的景气度。下游终端品牌相对PCB厂商更为集中,因而PCB厂商的价格话语权也相对较弱。

PCB制造行业的产业链较长,专用木浆纸、电子级玻璃纤维布、电解铜箔、覆铜板(CCL)和PCB为一条产业链上紧密相连、唇齿相依的上下游产品。PCB产业的发展水平可在一定程度上反映一个国家或地区电子产业的发展速度与技术水准。

(三)PCB产业发展历程及特征

PCB产业是电子工业发展的基础,可以说没有PCB产业的繁荣就没有电子技术和产品的创新。印制电路板最早使用的是纸基覆铜印制板。自半导体晶体管于20世纪50年代出现以来,对印制板的需求量急剧上升。特别是集成电路的迅速发展及广泛应用,使电子设备的体积越来越小,电路布线密度和难度越来越大,这就要求印制板不断更新。目前印制板的品种已从单面板发展到双面板、多层板和挠性板;结构和质量也已发展到超高密度、微型化和高可靠性程度;新的设计方法、设计用品和制板材料、制板工艺不断涌现。近年来,各种计算机辅助设计(CAD)印制电路板的应用软件已在行业内普及推广,在专门化的印制板生产厂家中,机械化、自动化生产已经完全取代手工操作。

根据发展历程总结,PCB产业的特征归纳如下:一是周期性特征。PCB产品应用领域广泛，涉及通信电子、消费电子、计算机、汽车电子、工业控制、医疗器械、国防及航空航天等各个行业，行业的周期性不受单一行业波动的影响，其主要影响因素是电子信息产业的发展状况和宏观经济的周期性波动。二是地域性特征。PCB 的客户分布在全球各地，北美、欧洲、日本、中国等国家和地区需求量较大。随着亚洲地区尤其是中国在劳动力、政策导向、产业聚集等方面的优势，全球 PCB 产业重心不断向亚洲转移，逐渐形成了以亚洲为主、其他地区为辅的新格局，亚洲尤其是中国大陆成为全球 PCB 及其高端产品 HDI 的主要生产基地。三是季节性特征。PCB 的生产和销售受季节影响较小，行业的季节性特征不明显。但由于受到下游电子终端产品节假日消费等因素的影响，一般情况下，PCB 生产企业下半年的生产及销售规模均大于上半年。

二、全球 PCB 产业发展现状

（一）全球 PCB 产业规模

PCB 行业属于电子信息产品制造的基础产业，与宏观经济周期相关性较高。全球印制电路板制造企业主要分布在中国大陆、中国台湾、日本、韩国、东南亚、美国和欧洲等区域。如图 7-2 所示，2021 年，全球疫情反反复复，经济波动起伏，但 5G 通信及终端、新能源汽车、消费电子等市场的爆发，带动了 PCB 行业逆势增长。据统计，2021 年全球 PCB 行业产值规模达到 809 亿美元，同比增长 24.08%。

（二）全球 PCB 百强企业情况分析

根据 CINNO Research 统计数据，如图 7-3 所示，2021 年度全球百强 PCB 企业的市场规模超 760 亿美元，较上一年度增长约 20.22%，近五年年均增长率达 9.40%。受益于全球汽车电子及消费电子等 PCB 下游行业的需求旺盛，全球百强 PCB 企业的市场规模也保持持续增长趋势。

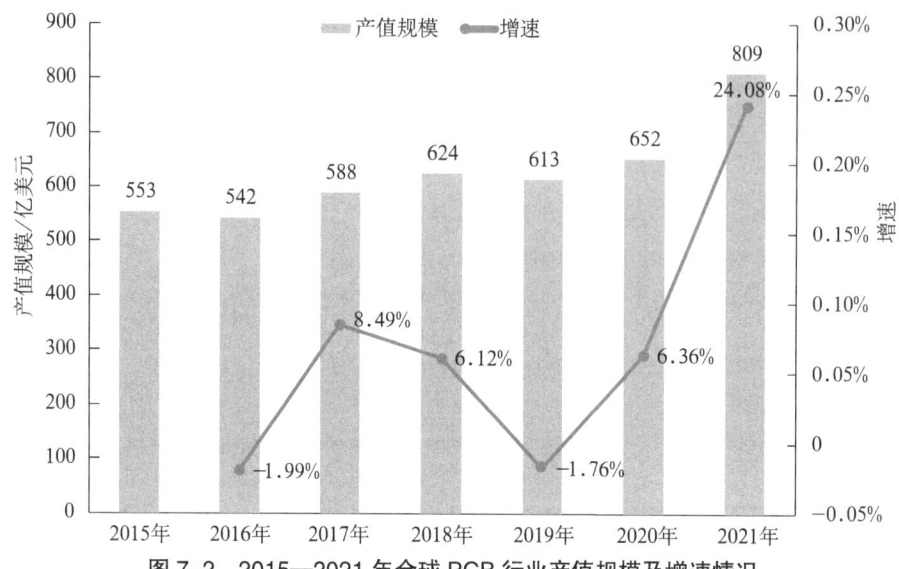

图 7-2 2015—2021 年全球 PCB 行业产值规模及增速情况

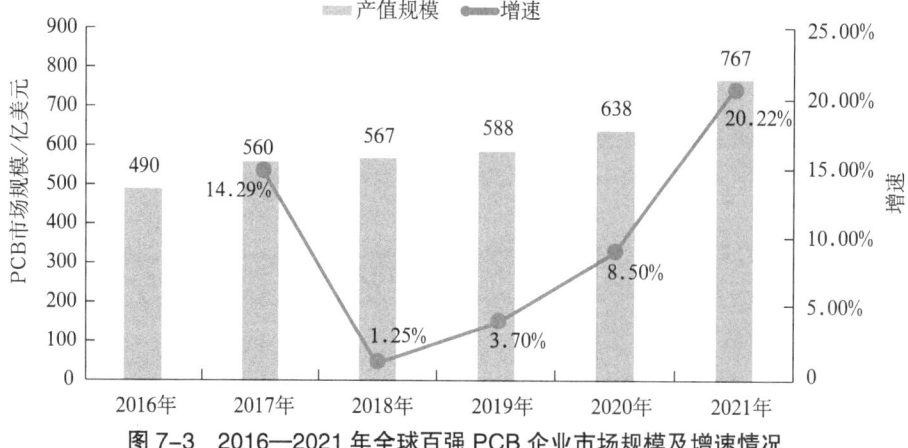

图 7-3 2016—2021 年全球百强 PCB 企业市场规模及增速情况

1. 全球各地区百强 PCB 企业数量分布

如图 7-4 所示，2021 年度上榜的中国企业总计 62 家，占整体百强企业超六成，中国企业在全球 PCB 行业中持续保持举足轻重的地位。其中，中国大陆企业 39 家，占比近四成，中国台湾地区企业 23 家，占比超过两成；日本企业 19 家，约占整体两成；韩国企业 12 家，占整体一成多；其余国家及地区企业总计7家，占比不到一成。

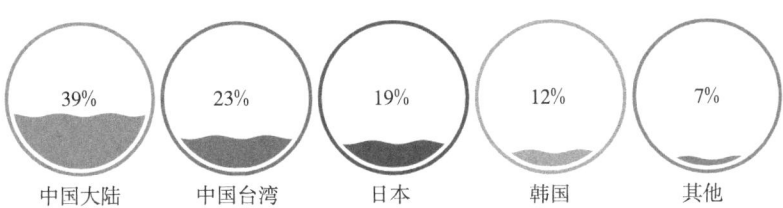

图7-4 2021年全球各地区百强PCB企业数量分布分析

2. 全球百强PCB企业的市场规模占比

2021年度上榜的中国企业市场规模总额约为483亿美元，同比增长约25.5%，近五年年均增长率约为13.7%。其中，中国大陆上榜企业的市场规模总额约为216亿美元，同比增长约29.1%，近五年年均增长率约为17.3%；中国台湾上榜企业的市场规模总额约为267亿美元，同比增长约22.8%，近五年年均增长率约为11.3%。中国企业在PCB市场规模的增速上领跑全球。日本上榜企业的市场规模总额约为137亿美元，同比增长约14.4%，近五年年均增长率仅约为3.3%。韩国上榜企业的市场规模总额约为93亿美元，同比增长约20.6%，近五年年均增长率约为8.4%。其他国家与地区上榜企业的市场规模总额约为54亿美元，同比下降约4.8%，近五年年均增长率为−1.2%。

如图7-5所示，2021年度上榜中国企业的市场规模占比约63%，较上一年度约上升3个百分点，呈现逐年快速递增的态势。其中，中国大陆上榜企业的市场规模占比约28%，较上一年度约上升2个百分点；中国台湾上榜企业的市场规模占比约35%。2021年度日本上榜企业的市场规模占比约18%，较上一年度约下降1个百分点。2021年度韩国上榜企业的市场规模占比约12%。其他国家与地区上榜企业的市场规模占比约7%，较上一年度约下降2个百分点。

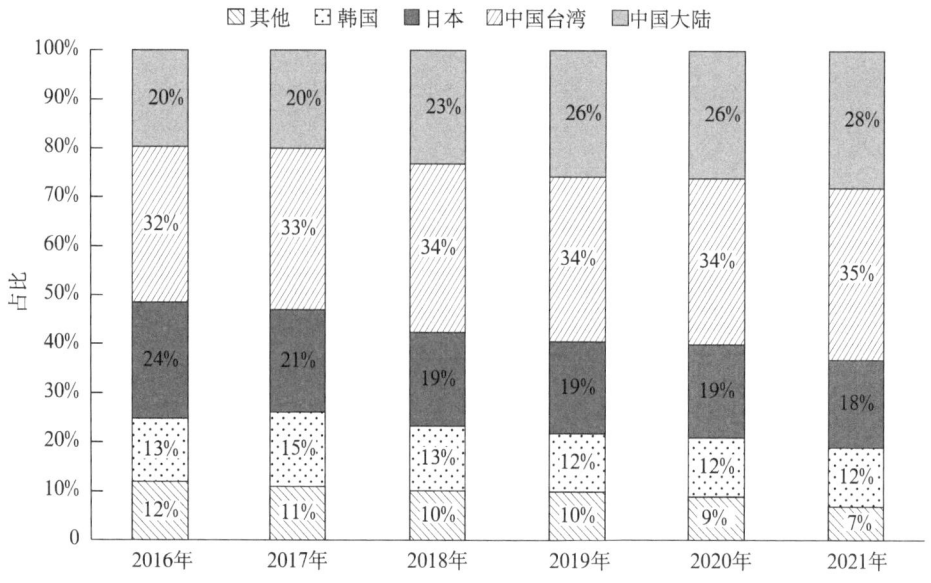

图 7-5 2016—2021 年全球百强 PCB 企业的市场规模占比

（三）全球 PCB 细分产品结构

随着世界电子电路行业技术迅速发展，元器件的片式化和集成化应用日益广泛。电子产品对 PCB 板的高密度化要求更加突出，未来多层板、HDI 板、IC 载板等高端 PCB 产品的需求增长将日益显著。电子产品将持续向"集成化、自动化、小型化、轻量化、低能耗"等方向发展，会促进 PCB 持续向"高密度、高集成、高速高频、高散热、轻薄化、小型化"等方向发展，多层板、刚挠结合板、HDI 板、类载板、封装基板等产品的需求量将日益上升。如图 7-6 所示，从 PCB 产品细分结构来看，2021 年多层板占全球 PCB 细分产品的 38.6%，封装基板占比为 17.6%，柔性板占比为 17.5%，HDI 板占比为 14.7%，单双面板占比为 11.6%。

第七章
印制电路板（PCB）产业发展态势及江西省对策研究

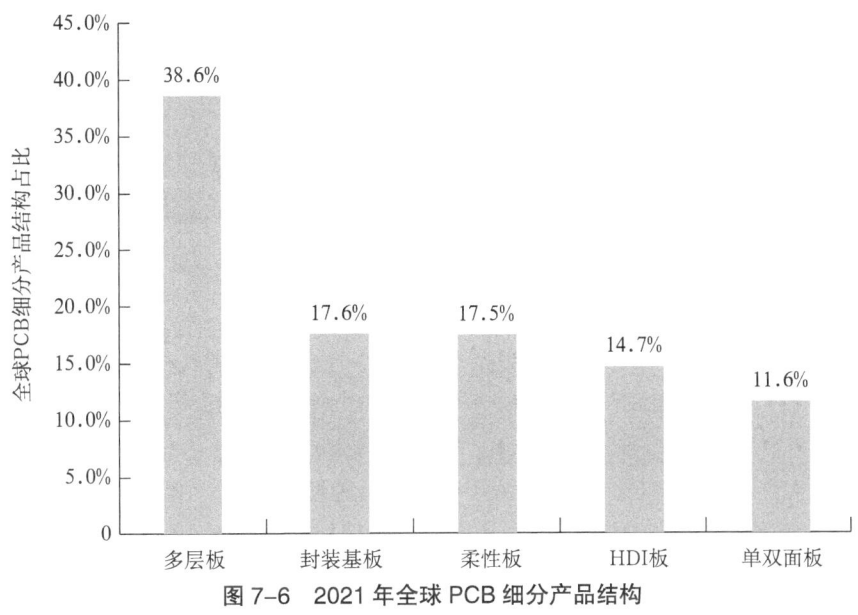

图 7-6　2021 年全球 PCB 细分产品结构

三、我国 PCB 产业发展现状

1956 年，我国开始开展印制电路板的研制工作，相比发达国家，我国落后将近二十年才开始参与并进入 PCB 市场。随着改革开放持续深化，我国积极承接了一大批美国、日本等发达国家的产能转移，PCB 产业迎来快速发展机遇期。

（一）利好政策相继出台，产业发展态势迅猛

政策扶持推动我国成为全球产值最大的 PCB 生产基地。近年来，我国经济迅猛发展，加之政策对高新技术的支持，我国印制电路板在良好的大环境下发展迅速。《产业结构调整指导目录（2019 年本）》《印制电路板行业规范条件》《印制电路板行业规范公告管理暂行办法》等一系列政策将高密度印刷电路板、柔性电路板、高频微波印制电路板、高速通信电路板、集成电路封装基板、特种印制电路板纳入重点发展产品的名录，在投融资、研究开发、进出

口、人才引进、知识产权、市场应用、国际合作等方面提出众多鼓励和扶持政策，进一步优化了集成电路产业和软件产业发展环境（表7-1）。

表7-1 2017—2022年我国PCB产业政策

发布时间	政策名称	主要内容
2021年5月	《数字经济及其核心产业统计分类（2021）》	印制电路板归为01数字产品制造业作为数字经济核心产业
2021年6月	《2021年度实施企业标准"领跑者"重点领域》	电子元件及电子专用材料列入2021年度实施企业标准"领跑者"重点领域
2021年1月	《基础电子元器件产业发展行动计划（2021—2023年）》	建立健全产业链配套体系，推动基础电子元器件产业实现高质量发展，保障国家信息技术产业安全
2019年10月	《产业结构调整指导目录（2019年本）》	高密度印刷电路板和柔性电路板等制造列入鼓励类
2019年1月	《印制电路板行业规范条件》和《印制电路板行业规范公告管理暂行办法》	研发经费不低于当年企业主营业务收入的3%，鼓励企业取得高新技术企业资质或省级以上研发机构、技术中心；生产的产品拥有技术专利；企业申报时上一年实际产量不低于实际产能的50%。推动建设一批具有国际影响力、技术领先、"专精特新"的企业。对于PCB企业及项目从产能布局与项目建设、生产规模和工艺技术、智能制造、绿色制造、安全生产、社会责任等若干维度形成量化标准体系
2016年12月	《"十三五"国家战略性新兴产业发展规划》	推动领域关键技术研发和产业化，提升新型片式元件、光通信器件、专用电子材料供给保障能力
2017年1月	《新材料产业发展指南》	新材料产业规模化、集聚化发展态势基本形成，突破金属材料、复合材料、先进半导体材料等领域技术装备制约
2017年6月	《外商投资产业指导目录（2017年修订）》	高密度互连积层板、多层挠性板、刚挠印刷电路板及封装载板列入鼓励外商投资产业目录

续表

发布时间	政策名称	主要内容
2017年4月	《"十三五"材料领域科技创新专项规划》	任务重点在于重点基础材料技术提升与产业升级、战略性先进电子材料、材料基因工程关键技术与支撑平台、纳米材料与器件、先进结构与复合材料、新型功能与智能材料、材料人才队伍建设

《中国光电子器件产业技术发展路线图（2018—2022年）》《超高清视频产业发展行动计划（2019—2022年）》等一系列政策均体现了政府部门对新能源汽车、消费电子、Mini LED等PCB下游应用领域的大力支持，推动了产业的升级进步。

整体来看，近年来的一系列政策主要明确了电子信息产业发展的方向及目标，优化了PCB行业及相关下游行业的营商环境，有助于推动PCB技术水平持续提高、应用领域持续扩大、市场规模持续增长，也明确了Mini/Micro-LED新型显示技术发展路径，进而对PCB行业的发展起到了积极的促进作用。

（二）产值规模比重攀升，产业增速领跑全球

2003年我国PCB产值和进出口额均超过60亿美元，首度超越美国，成为世界第二大PCB出口国，产值的比例也由2000年的8.54%提升到15.30%，提升了近1倍。2006年是我国PCB发展的标志性一年。这一年，我国成功超越日本，成为全球产值最大的PCB生产基地和技术发展最活跃的国家，年均保持20%左右的高速增长。如图7-7所示，2015年，我国大陆PCB行业产值达到267亿美元，自此以来我国大陆PCB产值规模均处于增长状态，2021年产值达到442亿美元，同比增长达到25.93%。随着PCB产业转移的深化和5G商用时代的来临，我国PCB产值规模比重将进一步提升。

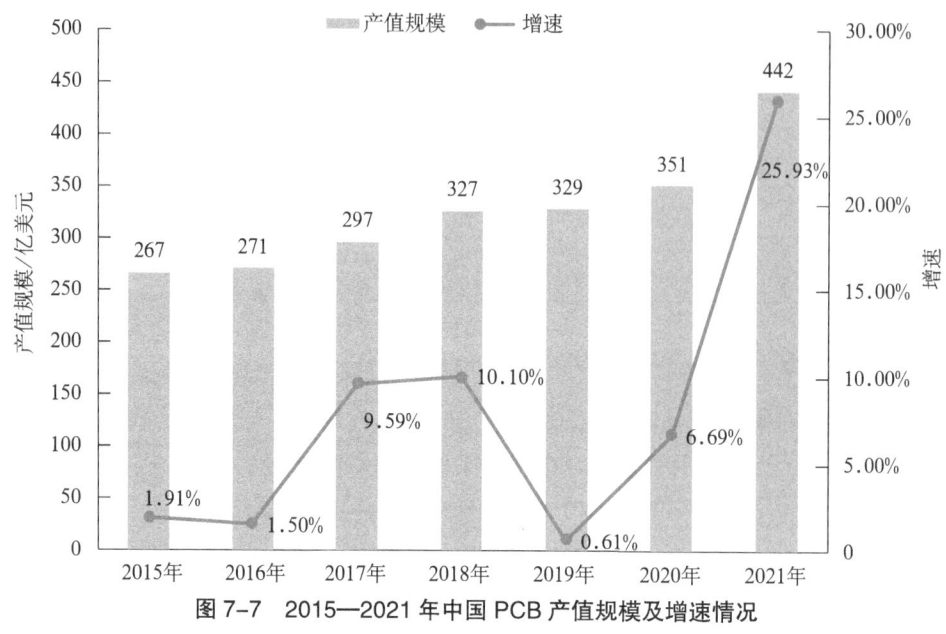

图7-7　2015—2021年中国PCB产值规模及增速情况

（三）区域结构逐渐调整，协同发展趋势显著

中国印制电路板制造行业是一个竞争激烈的行业，经过快速发展阶段和激烈的市场竞争，PCB行业的基本格局逐渐形成。从地域分布来看，PCB产业热度较高的区域集中在珠三角、长三角地区。珠三角、长三角是国内PCB产业发展的核心地带，由于这几个地区满足电子行业集中度高、对基础元件需求量大并具备良好运输条件和水、电条件，产值一度高达中国大陆总产值的90%左右。尤其是广东省PCB产业发展势头强劲，根据广东省电路板行业协会统计，广东省占中国大陆PCB总产值的60%左右，且PCB百强企业和上市公司数量均处于绝对领先地位，我国规模以上的印制电路板产业园区及拥有印制电路板大型企业的综合园区共有25个，其中广东省有16个。近几年，随着劳动力成本上升、环保要求不断提高及内陆地区出台相关支持政策等因素影响，PCB产业开始逐步向内陆产业条件较好的省市转移，江西省、湖北黄石、湖南益阳、安徽广德、四川遂宁成为承接PCB产业转移的重要根据地。未来，中西部地

区将有望建立、完善 PCB 相关产业链，逐渐发展成主要生产制造基地，同时推动珠三角地区、长三角地区利用其人才、经济、产业链优势，不断向高端产品和高附加值产品方向发展。

（四）企业市值不断提高，企业层次有待优化

根据 Prismark 的数据，2021 年，中国印制电路板行业中产值排名位于全球前 40 的企业有 10 家，分别是东山精密（31.58 亿美元）、深南电路（21.34 亿美元）、景旺（14.66 亿美元）、胜宏科技（11.63 亿美元）、崇达（9.61 亿美元）、建滔集团（9.47 亿美元）、安捷利美维（8.18 亿美元）、兴森科技（7.75 亿美元）、奥士康（6.88 亿美元）和世运电路（5.58 亿美元）。其中，东山精密和深南电路位列全球前 10，具备较强的市场竞争实力，是行业内领军企业。如图 7-8 所示，2015—2021 年，我国 PCB 行业相关企业新增数量呈现先上升后下降的趋势，2021 年，行业新增相关企业数量为 118 家。

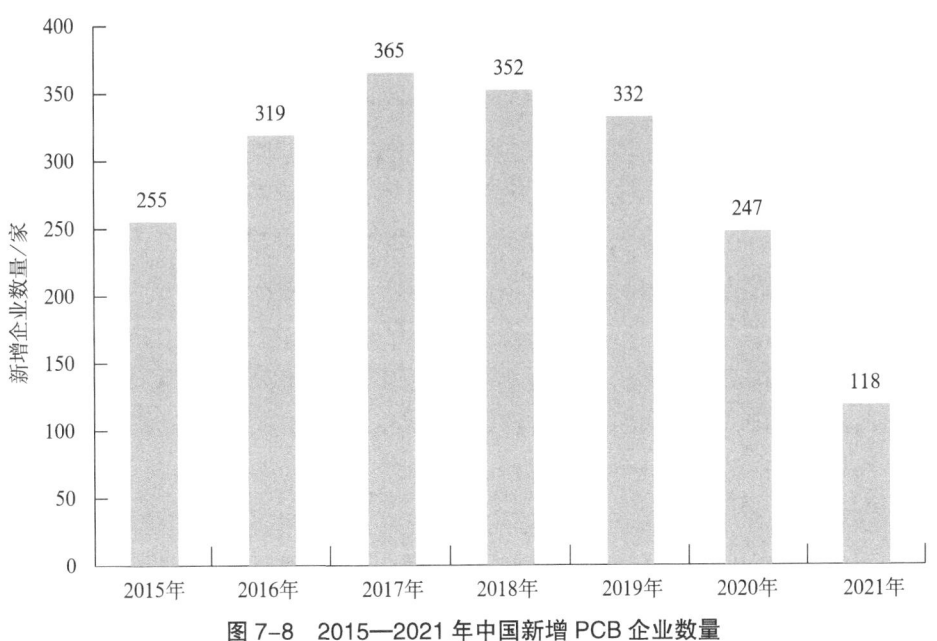

图 7-8　2015—2021 年中国新增 PCB 企业数量

虽然我国目前已经是全球PCB的第一生产基地和市场，拥有众多企业，但在行业内部，企业也有高中低三个层次的区别。如图7-9所示，目前中国大陆大部分PCB厂商仍然以生产普通PCB产品为主，而在高端PCB产品的研发和制造上正处于起步和发展阶段，在高端市场的竞争力稍显不足。中高端主要以外资、港资、台资和少数国有企业为主，其他国内企业则处于资金和技术劣势地位。这主要是由于PCB行业技术门槛低、竞争激烈、设备环保要求高等。综合来看，PCB企业的总体规模是三资企业占优势，无论是投资规模、生产技术、产量产值都是三资企业强于一般国有企业和集体企业。

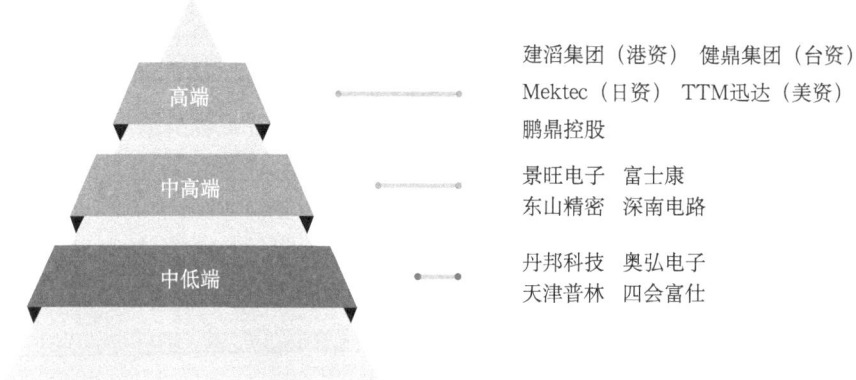

图7-9 中国PCB企业层次划分

（五）产品结构持续优化，HDI市场势头强劲

作为电子信息产业的一种核心基础组件，PCB行业的发展与电子信息产业发展及宏观经济景气度紧密联系，特别是随着电子信息产业市场国际化程度的日益提高，未来PCB需求将深受国内、国际两个市场的影响。如图7-10所示，从产品细来看，多层板占我国PCB产品的47.6%，封装基板占比16.6%，柔性板占比15.5%，HDI板占比15.0%，单双面板占比5.3%。

第七章
印制电路板（PCB）产业发展态势及江西省对策研究

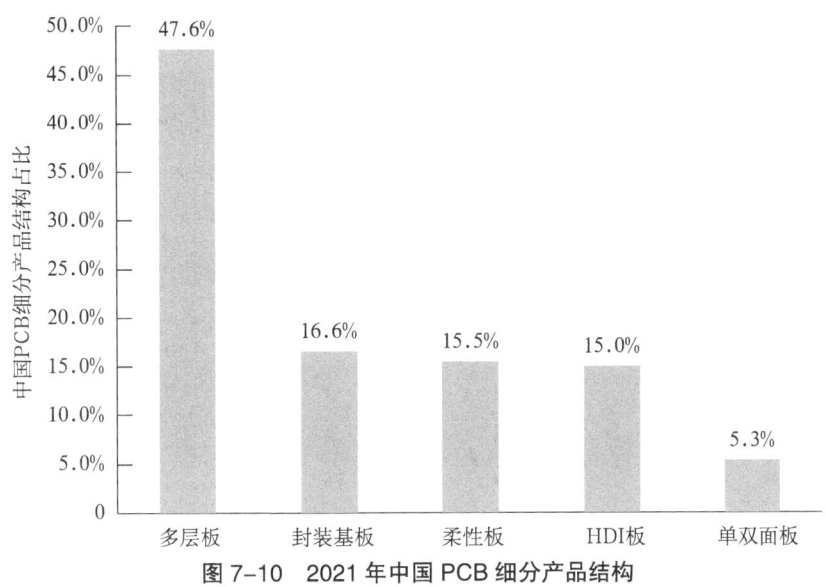

图 7-10　2021 年中国 PCB 细分产品结构

在中国大陆众多 PCB 产品中，多层板成为产值最大的产品，随着 5G 正式商用，通信用多层板、高频高速板的未来市场需求巨大。同时，我国目前大力推进"互联网+"发展战略，新技术、新产品不断涌现，云计算、大数据等新兴技术不断创新，AI 设备、自动驾驶等新一代智能产品不断发展，这将大力刺激消费电子、汽车电子等 PCB 应用市场快速发展，5G 手机的大力推广也促进了 HDI 板的更新升级，推动了 HDI 市场的快速发展。随着 PCB 应用市场向智能、轻薄和高精密方向发展，高技术含量、高附加值的 HDI 板、柔性板和封装基板在 PCB 行业中的占比将进一步上升，下游需求的发展将不断推进PCB 市场结构的优化，推进其快速更新发展。

四、我国 PCB 产业发展的影响因素

（一）高耗能、高污染问题严重制约产业发展

PCB 生产在行业内部属于高耗能、高污染性质，其产生的电镀废水需要巨额资金做好环保处理。许多国家都颁布了电子产品生产和报废方面的环保法规。

欧盟制定了《关于在电子电气设备中限制使用某些有害物质指令》（RoHS）、《报废电子电气设备指令》（WEEE）等法规，中国也相继发布了《电子信息产品污染控制管理办法》《中华人民共和国清洁生产促进法》等。另外，随着国家不断颁布实施严格的环保法规，企业环保成本不断上升。生产印制电路板涉及电镀等多道工序，会产生废水、废气、固废和噪声，对周围自然环境会造成一定影响。2021年政府工作报告指出："十四五"期间单位国内生产总值能耗和二氧化碳排放要分别降低13.5%、18%。日趋严格的环保要求促进行业健康发展，同时环保政策趋严将给企业带来一定的成本压力。

（二）本土创新支撑不足，产业内涵式增长乏力

伴随着电子产品逐渐"轻薄化、小型化"，PCB产品的"高密度化、高性能化"的发展趋势也越来越明显，这对PCB生产制造技术提出了更高的要求。然而，中国PCB企业的产品制造技术和工艺与外资PCB企业仍然存在较大的差距，特别是在技术含量更高、具有高附加值的HDI板、封装基板等产品方面。比如，过孔工艺是HDI产品的核心技术门槛，由于HDI制程对于钻孔及线路精密程度要求比普通PCB更高，因此，高阶HDI产品所需技术比普通PCB更加需要时间和经验积累。中国PCB关键技术的研发机构等匮乏，创新成果及人才团队不多、不强，造成产业的本土创新支撑不足，产业内涵式增长乏力，不利于上下游协同配套，制约PCB产业高质量发展。

（三）企业资金投入较大，行业进入壁垒较高

印制电路板行业是一个典型的资金密集型行业，企业的投入成本较高，企业发展呈现大型化、集中化趋势。一方面，随着我国经济的快速发展，劳动力素质不断上升，劳动力成本不断上涨。伴随着中国社会人口老龄化，劳动年龄人口数量呈现下降趋势。同时，珠三角和长三角地区生活成本高昂，部分中西部省、市的务工人员选择留在家乡，东南沿海地区"用工荒"时有发生。近年来，国内部分PCB企业由沿海地区向中部地区转移，以应对劳动力成本上升带来的压力。另一方面，PCB产品生产具有技术复杂、生产流程长、制造工序

多的特点，需要PCB制造企业投入大量资金购置不同种类生产设备，并配套高端检测设备。PCB设备大多比较昂贵，设备单位投入均在百万元以上，整体投入金额巨大。此外，为了保持产品的持续竞争力，HDI厂商必须不断对生产设备及工艺进行升级改造，生产出跟得上时代更迭的高阶HDI产品，因此除了初始投入，厂商在后续生产过程中还需要保持较高的研发投入。新技术、新材料、新设计的持续开发及快速转化的同时要求企业持续投入大量资金购置先进的配套设备。

五、我国PCB产业发展未来展望

（一）汽车PCB、服务器PCB等下游市场空间广阔

电动化、智能化加持下汽车PCB有望迎来爆发式增长。在新能源车渗透率不断提升、ADAS持续升级及智能座舱应用越来越丰富的背景下，汽车PCB的用量不断增加。2021年中国新能源汽车产量持续快速增长，新能源乘用车产量309万辆，较2016年增长了8.4倍。相比传统型汽车，新能源汽车对电子化程度的要求更高，目前新能源汽车中混合动力汽车和纯电动汽车的汽车电子价值占比分别可达47%和65%。汽车电子占整车成本的比例不断提升，也带动了车用PCB需求的增长。汽车对可靠性要求性较高，因此其对车用PCB的稳定性、可靠性也有着极高的要求，车用PCB需要较普通PCB板更能适应极端的工作环境，并且对PCB寿命要求远高于其他消费电子PCB，因此高要求造就了车用PCB的高门槛，一般而言若想成为车用PCB的供应商，认证周期需2~3年，并且一旦确定供应商后，为保持品质稳定，厂商不会轻易更换供应商，国内PCB企业如何抢抓汽车电子重大机遇，成为稳定的供应商，将成为未来企业发展的重要机遇。

云计算需求赋能服务器PCB量价齐升。新冠疫情暴发以来，数据流量持续增长，海内外云计算巨头资本支出维持15%~20%的复合增速，这为上游服务器PCB需求量的增长奠定了坚实的基础。此外，随着PCIe 5.0总线标准的应用，传输速率的提升将对PCB的材料及层数有更高的要求，从PCIe 4.0

升级到 5.0 的过程中，单个服务器的 PCB 价值量将提升 100% 以上。

（二）生产流程数字化、智能化、绿色化

PCB 个性化定制料号繁多、工艺要求复杂，长期存在能耗高、污染大等问题，极可能面对效率低、成本高和服务难等问题。随着同质化竞争愈演愈烈，尤其是在新冠疫情的冲击下，原材料和人力等成本的不断上涨，不断压缩 PCB 企业的利润空间。我国通过引入新工艺、新设备，可以减少人工，提高工作效率并降低人工成本和管理成本，降低资源能源消耗，从而实现产值效率的大幅提升，同时可以实现全过程质量分析和质量追溯系统的全覆盖，提高产品质量的稳定性，有效提高生产良率，最终转化为企业利润。因此，更加高效智能、绿色清洁的生产流程将成为我国持续推动 PCB 产业长足发展的关键因素。

（三）生产产品高密度化、柔性化、高集成化

在电子产品趋于多功能复杂化的前提下，积体电路元件的接点距离随之缩小，信号传送的速度则相对提高，随之而来的是接线数量的提高、点间配线的长度局部性缩短，这些就需要应用高密度线路配置及微孔技术来达成目标。近年来 PCB 产业在不断向高精度、高密度和高集成度方向靠拢，不断缩小体积、提高性能，增加静态弯曲、动态弯曲等曲折能力，实现 PCB 配线密度和灵活度提高，从而减少配线空间的限制，以适应下游各电子设备行业的发展，其中，最为典型的 PCB 产品就是 HDI 板。与普通多层板相比，HDI 板大幅度提高了元器件密度，被广泛应用于消费电子产品。随着电子信息化的不断发展，高密度化、柔性化、高集成化发展已然成为未来 PCB 板的发展新趋势，我国应在技术引进、升级和对相关科研支持方面做好前瞻布局，推动产业发展不断向价值链高端攀升。

六、江西 PCB 产业发展的应对之策

（一）江西产业发展现状

1. 统筹谋划，系统推进，着力打造全国知名产业基地

近年来，江西省委、省政府抢抓新一代信息技术兴起的战略机遇，瞄准 PCB 作为"电子工业之母"的特性和不可替代优势，统筹全省产业布局，系统谋划出台《江西省"2+6+N"产业高质量跨越式发展行动方案（2019—2023 年左右）》，对 PCB 这一特色优势产业做出"改造提升"的总体部署。总的目标是推动全省 PCB 产业向高精度、高密度和高可靠性方向发展。同时充分发挥江西铜资源丰富等独有优势，支持企业生产 PCB 板铜箔，重点发展高性能覆铜板及其他配套材料，并充分挖掘下游行业需求，推进产业转型升级，着力构建"关键原辅材料+PCB"的多层级产业格局，打造全国知名的电子线路板产业基地，支撑全省电子信息产业高质量跨越式发展。

2. 依托区位和经济特色，加快培育 PCB 产业新优势

在工业强省战略的坚强领导下，全省各级政府大力开展招商引资，依托毗邻珠三角、长三角的地理、产业和生态优势，积极承接 PCB 产业梯度转移，打造前沿阵地，吸引了一批又一批的 PCB 企业先后落户生根，俨然成为 PCB 厂商的"新家园"。随着沪昆、赣粤高铁的顺利开通，江西也将电子信息产业作为主导产业和突破口，与有色金属一起被列为两个重点打造的万亿级产业。而 PCB 产业作为电子信息的重要分支和关键基础，已成为全省各市县（区）大力推进的重点产业，其中赣州、吉安、九江等地表现尤甚，渐成大观。

3. 深化现有技术优势，大力发展高端 PCB 产品

江西独有的铜资源优势，促使一大批珠三角、长三角 PCB 企业落户江西。铜箔作为 PCB 中关键的原材料，其加工关键技术也是 PCB 产业创新发展的核心。依托现有基础，江西生益、红板、南亚等企业正在加速突破高频高速铜箔及基板材料关键工艺技术、高阶（超过三阶）高层（超过 10 层）HDI、Anylayer HDI 及 SLP 等高端印制电路板关键技术，同时进行陶瓷混压技术研发，加强氧化铝、氮化铝、氧化铍等材料基板，高温共烧多层陶瓷、直接覆铜技术

等生产技术的研发和应用,并大力发展液晶聚合物(LCP)基材柔性线路板、刚挠结合 PCB 板、高密度互连板、特种 PCB 等高端 PCB 产品,同步拓展全省 PCB 板在微电子、功率电子等领域的应用。

4. 完善全产业链布局,构建 PCB 先进制造集群

立足电子信息基础,江西正将 PCB 产业向上下游延伸,加快完善全产业链布局。向上游发展覆铜板制造技术,推进发展高熔点、高耐热板材、高频、无卤无锑的阻燃型覆铜板,开发新型金属基板、陶瓷基板、复合基板,加快薄型电子玻纤布产业化,推进覆铜板产品升级。向下游逐步开发多领域的应用型终端,针对新能源汽车及动力电池、5G 基站、移动智能终端等对电子线路板需求量旺盛的行业,进行应用产品的生产布局,抓住我国大市场大规模优势,进一步扩大电子线路板产能。同时推动高端线路板制造布局。扩大柔性线路板(FPC)生产规模。依托红板、景旺等龙头企业,扩大单面、双面、多层柔性线路板生产规模,通过生产规模降低生产成本,扩大其在航天、军事、移动通信、手提电脑等领域的应用。面向手机、数码(摄)相机、电脑等终端电子产品,提高电子电路板生产精度,发展盲孔和埋孔工艺,改善射频干扰/电磁波干扰/静电释放等干扰,提高设计效率。其中,电子信息龙头强市吉安,2021 年 PCB 产业产值达 350 亿元,2025 年有望突破 1000 亿元,产品类型向中高端迈进,着力构建 PCB 先进制造集群。

(二)存在的短板问题

1. 高耗能、高污染的"双高"问题严重制约产业发展

PCB 生产在行业内部属于高耗能、高污染性质,其产生的电镀废水需要巨额资金做好环保处理。这其实也是珠三角企业逐步向内地转移的关键因素之一。目前,全省工业耗能居高不下,同时由于生态保护压力,各级政府在招商引资时可选的企业行业本就不多,PCB 作为电子信息产业的关键基础,也是迫切需要往中西部地区转移的"双高"行业,因此,一批又一批的 PCB 企业享受招商优惠政策,落户江西,带来资金项目的同时,也给各地各级政府在能耗管控、生态保护方面摆出了一道难题,如何平衡能耗、做好环保,又能为地方经济社会发展添砖加瓦，形势日益严峻。

2. 本土创新支撑不足，产业内涵式增长乏力

长期以来，江西承接电子信息 PCB 产业主要是作为珠三角、长三角行业龙头企业的中部生产基地，其研发设计部门多数位于沿海经济发达地区，因此 PCB 产品绝大多数属于中、低端。同时江西从事 PCB 关键技术的研发机构等匮乏，创新成果及人才团队不多、不强，造成产业的本土创新支撑不足，产业内涵式增长乏力，不利于上下游协同配套，制约全省电子信息产业高质量发展。

（三）对策建议

江西在发展 PCB 产业方面，优势在于下游电子信息终端制造商众多且市场稳步增长，需求拉动动力强劲，同时在上游铜资源、电子化学品等产业配套商拥有较好的基础，政府的决策管理水平较高；其弱势在于基础性科研创新能力不足，内涵不够丰富，难以全面支撑产业发展的需要，仍然必须通过技术创新、人才引育相结合的道路来发展。综上所述，可以从以下四个方面提升江西 PCB 产业综合竞争力。

1. 发扬优势，区分重点，以下游切入带动上游发展

江西在铜资源开发、电子消费品生产制造方面已经有较好的基础，科研机构与企业、产业链上下游已经形成较好的互动。江西宜继续加强在这两方面的优势，将产业做大做强。未来，随着技术产品升级，高层板、高阶 HDI 板 / SLP 及封装基板等高端 PCB 产品将渐成为市场主流，各级政府应充分认识到这一点，在技术引进、升级和对相关科研支持方面做好前瞻布局，通过下游企业带动和加强相关基础材料的研发，并推进产业化进程。

2. 避免跟风，理性发展

PCB 是电子信息产业的关键环节，也是基础核心器件。但近年来珠三角、长三角产业转移输入了一批又一批的 PCB 厂商，带来了产品技术新动向，也给生态环境、工业能耗施加了不小的压力。因此，江西宜将重点放在高阶（超过三阶）高层（超过 10 层）HDI、Anylayer HDI 及 SLP 等高端印制电路板关键技术研发而不是一般的生产制造方面，同时做好全省产业布局，完善产业链配套，形成错位竞争的发展新格局，不仅可以减轻江西各地发展压力，也是缓解生态保护与工业发展不匹配之痛的方式之一。

3. 践行绿色发展理念，促进产业优化升级

践行绿色发展理念，大力推动《江西省绿色技术创新企业培育工作方案》（赣科发社字〔2020〕181号）文件精神在全省各地的贯彻落实。以绿色产品生产为目标，强化科技创新引领，加快推动构建以企业为主体的绿色技术创新体系，推进工业制造绿色改造行动，逐步淘汰污染大、粗放型发展的产品和设备。同时广泛借鉴南昌首个"飞地经济"园区——南昌高新区进贤产业园经验做法，设立"飞地园区"，鼓励龙头企业构建形成"一企两园"发展格局，加强PCB电镀平台集中管理和无害化处理，推动产业优化升级，促进行业持续健康发展，为全省战略性新兴产业配套服务，为美丽江西、健康江西建设做出更大贡献。

参考文献

[1] 杨宏强.势如旭日东升的中国内资PCB产业——2017年全球PCB百强企业分析[J].印制电路信息，2018，26（11）：6-11.

[2] 杨宏强.PCB产业A股上市公司概况及运营现状分析（2021年）[J].印制电路信息，2021，29（7）：1-12.

第八章
江西省移动智能终端高质量发展路径研究

党的二十大报告指出，高质量发展是全面建设社会主义现代化国家的首要任务。近年来，伴随着5G、大数据、人工智能等新一代信息技术的创新突破，以智能手机为核心的智能终端迎来功能升级、市场扩张的发展机遇期，商业化前景更加广阔，智能应用服务也从大众消费步入行业应用。为深入贯彻国家、江西省委、省政府关于制造业高质量发展的系列决策部署，适应新时期迈向更高质量发展阶段、发展更高层次开放型经济的要求，紧扣数字化发展大趋势，抢抓智能化战略机遇期，迫切需要进一步巩固提升智能终端产业在全省电子信息乃至工业经济中的支撑地位和赋能带动作用，在重点产业链上做强优势、做大集聚、做响品牌，打造具有全球影响力的电子信息制造集聚地、全国重要的智能终端创新集聚地，推动终端高端化、品牌化、集群化发展。

本章重点探讨国内外智能终端产业发展态势及未来趋势，结合国家战略规划和先进省市创新举措纵向、横向比较，深入剖析江西智能终端产业链各环节发展情况及短板问题，有前瞻性、创新性、针对性地提出全省推进智能终端产业高质量发展路径及政策建议，以期为做优、做强、做大江西智能终端产业提供决策参考。

一、移动智能终端产业内涵及发展态势

（一）移动智能终端产业内涵

1. 移动智能终端概念界定

通常，移动智能终端是指搭载各种操作系统，可根据用户需求定制各种功

能，并能实现环境感知、网络通信和传输及智能化决策的便携式电子设备。生活中常见的移动智能终端包括智能手机、平板电脑、可穿戴设备、车载智能终端等。目前，我国对移动智能终端概念的界定，形成了两个比较权威的阐述。一是通信行业标准《移动智能终端安全能力技术要求》（YD/T 2407-2013）指出，移动智能终端是能够接入移动通信网，具有能够提供应用程序开发接口的开放操作系统，并能够安装和运行第三方应用软件的移动终端。该标准已于2021年1月被《移动智能终端安全能力技术要求》（YD/T 2407-2021）替代。二是电信终端产业协会标准《移动智能终端安全能力技术要求》（TAF-WG4-AS0015-V1.0.0-2018）指出，移动智能终端是能够接入移动通信网，具有能够提供应用程序开发接口的开放操作系统，并能够安装和运行应用软件的移动终端。可以看出两个阐述基本一致，只在应用软件是否为第三方存在差异，说明行业已凝聚共识。

2. 移动智能终端分类

移动智能终端主要为智能手机、可穿戴设备、平板电脑、笔记本电脑、车载移动终端、金融POS终端这六大类，随着技术发展及消费者需求增多，呈现日益多样化发展趋势。

智能手机。中国信息通信研究院统计数据显示，自2016以来，中国手机市场出货量均处于下滑态势。2019年全年，国内手机市场出货量为3.88亿部，同比下滑6.2%。2020年1—7月，由于新冠疫情的影响，中国手机出货量为1.75亿部，较同期下降20.4%。2019年，智能手机出货量为3.72亿部，同比下降4.7%，其中Android手机在智能手机中占91.2%。

可穿戴设备。随着全球可穿戴设备市场的逐渐兴起，可穿戴设备出货量不断增长。中国可穿戴设备市场也迎来高速增长，中国市场逐渐成为全球可穿戴设备市场的核心。2019年我国可穿戴设备出货量达到9924万台，同比增长35.6%；2020年前三季度实现7713万台的出货量。其中，基础可穿戴设备（不支持第三方应用的可穿戴设备）出货量为6326万台，占比82%，智能可穿戴设备出货量为1388万台，占比18%。

笔记本/平板电脑。2020年，新冠疫情影响导致远程学习、远程办公应用需求激增，笔记本/平板电脑市场出货量呈现较大幅度增长。据有关机构统计，

2020年笔记本/平板电脑出货量达3.65亿台，市场规模超2000亿美元，联想、惠普、戴尔的笔记本出货量位居前三。

车载移动终端。随着智能联网汽车的快速发展，通信技术融入传统汽车零部件的趋势日益明显，市场对车载终端保持较高需求。2019年上半年，车载无线终端上市新产品84款，同比增长18.3%，其中4G车载无线终端65款，占比77.4%。多媒体导航和车载定位终端为增长较快的两类车载终端产品，2019年上半年出货量增长幅度（同比）分别为87%和100%。

金融POS终端。当前电子技术和网络技术持续升级，非现金业务交易量正处于高速发展阶段，移动支付在衣食住行等领域的持续渗透带动金融POS终端产品创新。尼尔森报告显示，2015—2019年，全球POS终端出货量不断增长，2019年达到1.28亿台，同比增长24%，增长了将近2500万台。

3. 移动智能终端内涵及特征

移动智能终端产业是由与移动智能终端相互联系，具有不同分工的相关联的企业所组成的业态总称，也就是指所有企业以移动智能终端为共同产品，展开的研发、生产、经营和流通等环节构成的从事移动智能终端生产与应用推广的行业。移动智能终端产业的特征包括五个方面：一是先进性。移动智能终端是一系列感知、显示、通信、计算、存储等先进技术成果集成制造而来，具有先进性，代表了世界最高科技前沿。二是战略性。当前，移动智能终端集成的5G通信、CPU模块，是国家先进制造水平的尖峰，也是未来生产力的发展方向，代表着全球科技战略引领能力和顶级话语权。三是系统性。移动智能终端的整体发展，必然带动相关产品和产业形成新的产业链，所以必须系统考虑、上下联动、协同创新，才能推动产业高质量发展。四是敏捷性。以智能手机为例，数据表明，市场和各大生产厂商对于技术改革换代的反应非常敏捷。五是市场性。移动智能终端是目前电子信息产业中较为成熟的细分领域之一，其发展模式是解决市场需求的企业主导型，处于技术引领的自主发展阶段。

（二）移动智能终端产业发展态势

1. 全球发展态势

全球移动智能终端市场规模总体不断壮大。随着5G规模化商用，面向高、中、低价位5G芯片解决方案陆续推出，以智能手机为代表的智能终端有望迎来新一轮增长高潮。2021年全球智能手机出货量为13.4亿台，同比去年的12.9亿台增长3.4%。随着新冠疫情全球蔓延，居家办公、在线学习成为常态，笔记本电脑市场需求进一步释放，据JW Insights统计，2021年全球笔记本电脑出货量同比增长18%，再次达到创纪录的2.62亿台。而全球可穿戴设备市场的兴起，将以最快的速度翻新消费性科技商品，其成长速度将更甚于手机和平板，有望迎来广阔的市场，据IDC统计，2021年全球可穿戴设备出货量为5.336亿台，同比增长20.0%。

移动智能终端多元化产业链初步形成。近年来，智能终端发展形成人工智能、传感、物联、新型现实、异构计算等多领域新兴技术交叉融合的重点，产业生态模式更加多元化，产业结构走向全球化、融合化。产业链上游，美日韩主导高端芯片、数据存储器、屏幕等基础元器件及操作系统等。产业中游全球分工相对稳定，高端制造以美日韩为主，低端在东南亚等。下游呈现高速发展阶段，中国和欧美日韩等发达国家处于同台竞争阶段，新技术、新产品、新应用、新服务层出不穷。

未来发展道路坎坷但前景广阔。受全球新冠疫情持续影响，智能终端技术和产品需求增长强劲，尤其在线经济的崛起，引领了新一轮高潮，竞争愈加激烈。但同时部分发达国家不顾产业发展现实，以各种理由借机打压他国高技术企业，影响全球供应链稳定性，导致整体发展趋势放缓，但市场需求的进一步上升，有望尽快解决芯片短缺问题，促进产业持续健康发展。

2. 我国发展现状

随着5G、AI、VR等新一代信息技术的快速发展，VR/AR/MR设备、智能可穿戴设备、车载智能终端、智能家居终端等产品和市场正在加速裂变式增长。近年来，凭借完备的工业制造和人力资源成本优势，我国智能终端产业呈现爆发式增长态势，形成以沿海发达地区为设计核心、中西部地区为制造核心的良性发展格局，以重庆、南昌、郑州为代表的生产和研发基地也正在加速形成。

市场规模不断扩大，细分领域多样化发展。近年来，在《智能硬件产业创新发展专项行动（2016—2018年）》等一系列国家政策引导下，我国智能终端产业不断创新，取得了突出业绩，成为全球最大的智能终端生产和消费国。

第八章
江西省移动智能终端高质量发展路径研究

产业实现由大到强，行业市场规模快速增长，数据显示，2021年中国智能硬件市场规模约为12 003亿元，2017—2020年年均增长率约39%，预计2023年中国智能硬件市场规模将达到23 184亿元。同时，各细分产品领域也呈现不同的发展态势。由于市场日益饱和，消费者对于智能手机的需求逐渐减弱，但是随着5G正式商用，智能手机出货量在2021年呈现复苏态势，2021年智能手机出货量增至3.43亿台，较2020年的3.3亿台增长3.94%。2021年平板电脑出货量为2800万台，相较于2020年增长21.7%。智能穿戴设备、智能家具设备、AR设备等新型智能终端产品呈递进式增长，据IDC、中商产业研究院统计，2021年我国智能手表、智能手环、智能眼镜等智能穿戴设备出货量近1.4亿台，同比增长25.4%；2021年中国智能家居终端设备出货量为2.3亿台，2022年为2.2亿台；2021年中国VR设备出货量为138万台，随着市场潜力不断被激发，2025年有望达到1162万台。

产业链步入成熟期，推动形成生态竞争力。借力智能手机、平板电脑等智能终端的发展，我国已然形成门类齐全的零部件和整机供应链、核心软硬件集成创新链、应用服务价值链，多产品协同发展局面初步形成，推动我国在智能终端领域构建形成生态竞争力。在产业下游方面，已经涌出了以华为、荣耀、OPPO、vivo、小米等为代表的具有较强的市场影响力和较高的品牌知名度的一批智能终端企业，与国际一流企业基本处于同步起跑、同台竞技的发展格局，正逐步向全球智能终端新产品体系创新强国迈进。在产业上中游方面，我国拥有一批显示屏、芯片、电池、存储、核心元器件、摄像头等关键零部件都具有国际竞争力的优秀企业，进一步巩固了我国核心供应链的安全性与可靠性，改善了传统意义上中国"缺芯少屏"的尴尬局面。

核心技术与关键部件取得新突破，应用服务和商业模式创新发展。我国在智能终端芯片（通信芯片、存储芯片、传感芯片、识别与触控芯片、驱动芯片等）、智能传感器、核心元器件、操作系统、软件及生态开发方面取得一系列新的突破。华为海思麒麟系列芯片大幅提高了国产替代的进程，鸿蒙Harmony OS的诞生有效填补了中国智能终端操作系统的"空白"；合肥长鑫存储用4年时间打破美、韩企业垄断92.5%的全球随机存储芯片（DRAM）市场；汇顶、思立微等厂商已经成为手机指纹识别领域的主力军，汇顶全球首次发布了IFS指纹识别与触控一体化技术;京东方、维信诺等成功在多地启动全柔 AMOLED 模组生产线,以全球前沿技术布局未来的全形态柔性模组生产。此外,在应用服务方面,基于智能终端的平台应用,极大地拓展了信息消费范围,丰富了数字内容,提升了消费层次。在商业模式方面,智能终端的规模化普及极大地丰富了用户消费行为和方式,也推动了传统行业商业模式的创新,为传统行业转型带来了新机遇。

3. 未来发展趋势

智能终端产品适老化。人口老龄化快速发展成为新常态,越来越多的老年人主动拥抱网络和智能终端,庞大的市场需求倒逼产品的适配和技术的革新。2021 年,工业和信息化部印发了《关于推进信息无障碍的指导意见》,就专门解决老年人在终端设备、缴费和寻求服务方面的困难和问题进行了细化部署。在工业和信息化部电子信息司指导下,相关单位发布了《移动终端适老化技术要求》《移动终端适老化测试方法》《智能电视适老化设计技术要求》3 项团体标准,为智能终端厂商设计适老化产品提供了详细、量化的标准。随着"银发经济"时代的来临,未来我国智能终端制造企业的适老化产品服务市场潜力巨大、机会无限。

智能终端产品新型化。数字经济已成为国民经济发展新的战略支柱,终端是数字经济、数字化转型的基本要素,更是数字经济的"感官、四肢"与"数据源泉"。数字化转型升级的背景下终端的多元化需求不断显现,以智能手机和平板电脑为主的智能终端载体构成结构将被颠覆,新兴智能终端产品不断涌现。智能手表、智能眼镜、智能音箱、智能机器人、智能药丸等新兴智能终端产品迅速普及,推动产业规模"乘数级"扩张。终端产业如何更加积极主动地融入、参与千行百业的数字化浪潮,探索、规划、设计新兴品类业务终端,将成为行业未来发展的结构性机会。

(三)国内外智能终端产业成长模式

1. 国内产业成长模式

我国移动智能终端产业伴随着互联网的接入,起步于 1998 年,20 多年来一直保持着高于全球平均水平的发展速度。自 2009 年以来,尤其是苹果 2010 年开始引领大屏智能手机潮流后,移动智能终端发展持续加速,年增长率屡创

第八章
江西省移动智能终端高质量发展路径研究

新高，2012年全国移动智能终端出货量超过2012年之前历史出货综合，延续了2011年的发展速度，总出货量达到2.58亿部，同比增长167%。受3G、4G信息通信技术红利、功能手机更替需求和全球智能化浪潮共同作用，近8年来，以华为、OPPO、vivo、小米等最具代表性的本土品牌终端实力有了长足进步，市场占有率高居70%以上。2019年6月，工业和信息化部正式向中国移动、中国电信、中国联通、中国广电分别颁发5G牌照，5G商用正式启动，必将带动新一轮移动智能终端消费高潮。我国移动智能终端产业的成长动力仍以市场需求、企业自主创新为主，政府推动为辅，成长模式是需求推动和企业驱动的双轮模式。

在党中央、国务院宏观战略决策部署下，各级政府着力构建系列政策规划体系，优化政策环境，着力做好公平公正的市场服务，同时结合本地区实际，逐渐形成独具特色的产业成长模式。总结和归纳起来，我国移动智能终端产业成长模式主要分为以下3种：

第一，以终端制造龙头企业为核心、前端设计与后端商贸服务紧密结合的轮轴式成长模式。该模式准确把握移动智能终端的属性特征，并逐渐成长为主流模式。它强调以产品终端集成制造汇聚各类配套企业，在龙头企业源源不断的订单需求带动下，形成从芯片、模组、零部件及整机的完整产业链，同时吸引众多设计、商贸服务一流企业加入其中，构建物质资源、价值双向流动的轮轴式成长模式。富士康是全球智能终端制造的领军企业，主营智能手机、平板电脑、笔记本电脑、可穿戴设备等集成制造。以富士康为例，其在国内的大型代工厂的区域分布基本代表了本地区的移动智能终端发展潜力、优势及竞争力水平，如深圳龙华富士康曾是苹果手机等产品的代工厂，有效促进了深圳乃至广东汇聚一大批国内顶尖的设计、制造、销售企业，并成长为国内移动智能终端的领头羊；郑州富士康代工苹果手机，推动了郑州移动智能终端的崛起；成都富士康代工ipad平板电脑等，使成都地区集聚了一大批电脑的上下游企业，带动了西南地区的智能终端产业发展。

第二，以产业集群为特征的产业园区的成长模式。产业园区是指以为促进某一产业发展为目标而创立的特殊区位环境，是区域经济发展、产业调整升级的重要空间聚集形式，担负着聚集创新资源、培育新兴产业、推动城市化建设等一系列的重要使命。产业园区能够有效地创造聚集力,通过共享资源、克服外部负效应,带动关联产业的发展,从而有效地推动产业集群的形成。为此,各地政府顶层谋划、积极推动移动智能终端产业园或基地建设,旨在依托地区基础优势,加快推动电子信息产业高质量发展。如广东惠州毗邻深圳,依托成本优势,积极承接深圳、香港地区终端设计制造产业转移,扎实推进移动智地惠州智能终端产业基地建设;山东济宁依托工业制造优势,加快传统产业转型升级,瞄准产品、制造数字化、智能化大趋势,依托智能终端产业园,加快引进智能终端、高端计算机、汽车电子、可穿戴设备、智能家居等终端设备企业,并以此为核心要素招引上下游等零部件产业配套企业落户,延伸产业链,力争打造山东省智能终端生产制造中心。

第三,依托产业联盟协同创新助推成长模式。产业联盟作为政府部门、高校院所、行业企业之间沟通的桥梁纽带,有助于汇聚产业主体创新力量,共同解决移动智能终端领域面临的技术、应用、知识产权等关键核心问题,在技术产业创新方面实现突破。同时,研究提出我国移动智能终端发展路线图和重点技术攻关方向,为国家项目布局及实施提供平台,为国家产业政策制定提供支撑。2014年11月26日,由国家工信部电信研究院联合国内移动智能终端制造企业、电信运营企业、互联网企业、元器件厂商等20余家单位共同发起的"移动智能终端技术创新与产业联盟"在北京宣告成立。联盟的宗旨在于发挥国家资金和政策的引导作用,推动我国移动智能终端产业链协同创新,在新技术、新产品、新应用领域推动移动智能终端产业生态系统构建和良性发展。

2. 国外产业成长模式

国外移动智能终端产业起步比较早,取得世界领先水平的是美国、欧盟、韩国、日本等发达国家,目前除日本、韩国发展以龙头企业为核心的轮轴式成长模式外,其他则走的是前端设计和商贸服务"一前一后"协同发展路径。

二十世纪八九十年代,欧美发达国家依托互联网通信技术优势,开发了一系列商用电脑和手机,由于体积庞大,互联网普及面较窄,并未在全球广泛使用,但有效带动了移动智能终端发展。随着智能手机芯片、操作系统的开发和完善,诸多具有实用性、便利性和先进性的商用终端不断面世,极大地刺激和带动了相关产业的发展。当时的欧美国家发展智能终端首先走的就是产业集聚成长模

第八章
江西省移动智能终端高质量发展路径研究

式,依托终端企业和周边配套,在高端芯片、核心元器件、系统及软件领域取得一定的进展,其技术研发位居世界领先水平。为持续强化技术的领先优势,欧美国家众多龙头企业逐步将产业价值低、人力资源需求大的终端制造转移到中国及东南亚等发展中国家,演变成"一头在内、一头在外"的发展态势,重点关注前端设计、后端商贸服务。时至今日,欧美地区企业仍然掌控着移动智能终端产业链上游的核心关键技术及产品,其终端制造销售网络遍布全球各地。

地处东亚的日本、韩国,依托欧美国家资助和扶持,其移动智能终端产业建立在工业制造的基础上,成长于以龙头企业为核心的轮轴式发展模式中。由于欧美长期把控着高端芯片和操作系统软件,日韩国家被迫转移发展重心,选择将存储、传感器、光学镜头等其他核心配套器件作为切入口,逐步建立领先优势,并由零部件拓展至整机制造和销售,形成了一条完整的产业链,并成长出东芝、索尼、三星等众多龙头企业,同时配套一批关联企业,形成以龙头企业为核心的轮轴式成长模式,在存储、传感器、光学镜头、终端等领域技术和产品研发方面走在了世界前列,并在全球移动智能终端市场上长期占据主导地位。

(四)我国智能终端产业政策分析

1. 国家层面政策梳理

传统的移动终端作为便携式通信设备已有几十年的发展历史,随着移动通信技术的迅猛发展,从2G、3G到4G、5G,大量软硬件技术的突破使得移动终端产品出现智能化的趋势,并逐渐落地成产业,成规模建制式扩张。我国移动终端的硬件制造起步于1998年,多年来一直保持着高于全球平均水平的发展速度。在智能终端方面,自2009年起步以来持续加速,年增长率屡创新高,2012年我国智能终端出货量超过2012年之前历史上总和,达到2.58亿部,同比增长167%,成为中国智能终端内需市场全面启动的重要信号。经系统梳理,见表8-1,自2012年(党的十八大)以来,智能终端产业相关政策呈现以下四个显著特征。

表 8-1　国家智能终端行业政策汇总表

发布时间	政策名称	主要内容
2022年	《关于进一步释放消费潜力促进消费潜力促进持续消费的意见》	加快超高清视频、互动视频、沉浸式视频、云游戏、虚拟现实、增强现实、可穿戴等技术标准预研,加强与相关应用标准的衔接配套
2021年	《物联网新型基础设施建设三年行动计划（2021—2023）》	鼓励物联网企业与运动器械制造商、康复辅具生产商、养老机构运动场馆等跨界合作,加快推动可穿戴设备、智能医疗健康产品、智能体育装备等应用普及
2021年	《5G应用"扬帆"行动计划（2021—2023年）》	推进基于5G的可穿戴设备、智能家居产品、超高清视频终端等大众消费产品普及。推动嵌入式SIM(eSIH)可穿戴设备服务纵深发展,研究进一步拓展应用场景
2021年	《"双千兆"网络协同发展行动计划（2021—2023年）》	鼓励终端设备企业加快5G终端研发,提升5G终端的产品性能,推动支持SA/NSA双模、多频段的智能手机、客户端设备（CPE）及云XR、可穿戴设备等多种形态的5G终端成熟。推动支持高速无线局域网技术的家庭网关、企业网关、无线路由器等设备研发和推广应用,加快具备灵活多接入能力的手机、电脑、4K/8K超高清设备等终端集成。进一步降低终端成本,提升终端性能和安全度,激发信息消费潜力
2021年	《"十四五"旅游业发展规划》	推进全息展示、可穿戴设备、服务机器人、智能终端、无人机等技术的综合集成应用
2021年	《计量发展规划（2021—2035年）》	面向精准医疗、可穿戴设备、体育健身、养老等民生领域,完善相关计量保障体系,夯实高品质生活的计量基础
2020年	《关于构建更加完善的要素市场化配置体制机制的意见》	发挥行业协会商会作用,推动人工智能、可穿戴设备、车联网、物联网等领域数据采集标准化
2020年	《关于以新业态新模式引领新型消费加快发展的意见》	积极开展消费服务领域人工智能应用,丰富5G技术应用场景,加快研发可穿戴设备、移动智能终端、智能家居、超高清及高新视频终端、智能教学助手、智能学伴、医疗电子、医疗机器人等智能化产品,增强新型消费技术支撑

第八章
江西省移动智能终端高质量发展路径研究

续表

发布时间	政策名称	主要内容
2019年	《关于进一步激发文化和旅游消费潜力的意见》	丰富网络音乐、网络动漫、网络表演、数字艺术展示等数字内容及可穿戴设备、智能家居等产品,提升文化、旅游产品开发和服务设计的数字化水平
2018年	《工业通信业标准化工作服务于"一带一路"建设的实施意见》	新一代信息技术领域,紧跟第五代移动通信(5G)、物联网、云计算、信息技术服务、大数据、人工智能、虚拟现实/增强现实、超高清视频等技术发展,加强与"一带一路"沿线国家合作,在国际标准化组织(ISO)、国际电工委员会(IEC)、国际电信联盟(ITU)等国际标准化组织共同开展相关国际标准制定;加快智能可穿戴设备等智能硬件标准的国际化进程;推动共建信息通信设备及产品的检测实验室,促进信息通信技术和服务、网络设备、智能硬件等标准应用
2017年	《关于深化"互联网+先进制造业"发展工业互联网的指导意见》	在智能联网产品应用方面,重点面向智能家居、可穿戴设备等领域,融合5G、深度学习、大数据等先进技术,满足高精度定位、智能人机交互、安全可信运维等典型需求

扩大内需,促进信息消费。自2013年起,为进一步推进消费扩大和升级,促进经济提质增效,国务院、发展改革委连续印发《关于促进信息消费扩大内需的若干意见》《产业机构调整指导目录(2011年本)》(2013年修正),明确提出,增强信息产品供给能力,培育信息消费需求等。政策的出台引发了全国一波调结构促生产的浪潮。2014年2月,工业和信息化部印发《关于加快我国手机行业品牌建设的指导意见》,指出要进一步提升手机产品的质量效益和市场表现,实现高端市场的突破,打造形成品牌影响力和盈利能力达到全球领先水平的手机企业。

抢抓4G浪潮,带动智能终端消费新一轮释放。2013年12月4日工业和信息化部正式向中国移动、中国电信、中国联通颁发三张均为TD-LTE制式4G牌照。2015年5月,国务院印发《关于加快高速宽带网络建设推进网络提速降费的指导意见》,提出4G网络全面覆盖城市和农村,移动宽带人口普及率接近中等发达国家水平。政策的出台为智能终端的消费普及奠定了坚实的基础。随之，在国家"十三五"规划纲要和"十三五"国家信息化规划中，提出大力支持新一代信息技术等产业发展壮大，信息经济新产业、新业态不断成长，信息消费规模达到6万亿元。同年，工业和信息化部、发展改革委联合印发《智能硬件产业创新发展专项行动（2016—2018年）》，旨在从顶层设计层面推动智能手机、平板电脑、可穿戴设备等智能硬件产业创新发展，培育信息技术产业增长新动能。2017年2月，发展改革委、科技部、工业和信息化部、财政部联合印发的《战略性新兴产业重点产品和服务指导目录（2016年版）》，明确提出将智能手机、手持平板电报、车载智能终端等新一代信息终端设备和可穿戴终端设备等列为战略性新兴产业。表明智能终端将得到一系列政策优惠，发展提速增效。

前瞻布局5G终端产品，持续释放内需潜力。2017年8月，国务院印发《关于进一步扩大和升级信息消费持续释放内需潜力的指导意见》，提出加快第五代移动通信（5G）标准研究、技术试验和产业推进，力争2020年启动商用。2018年7月，为进一步加快5G试验和商用，工业和信息化部、发展改革委联合印发《扩大和升级信息消费三年行动计划（2018—2020年）》的通知文件。

扎实推进产业基础高级化、产业链现代化。面对百年未有之大变局和产业大升级、行业大融合的态势，为进一步推进智能终端产业基础高级化、产业链现代化，夯实发展底座，近年来，我国政府发布了一系列关于移动智能设备、智能穿戴、智能家居等设备的利好政策，如《物联网新型基础设施建设三年行动计划（2021—2023年）》《5G应用"扬帆"行动计划（2021—2023年）》《"双千兆"网络协同发展行动计划（2021—2023年）》等，系列文件出台为智能终端产业行稳致远奠定坚实基础。

2. 先进省市政策举措

近年来，河南、重庆等省市积极作为，在智能终端产业发展上取得显著成效，形成引领示范作用。

（1）河南着力打造全球智能终端（手机）产业高地

河南智能终端起步于2011年，届时富士康苹果手机代工厂落地郑州，短短10年时间已成为名副其实的全球智能终端（手机）制造基地，取得显著成效。2021年全省共生产手机1.6亿部，约占全国产量十分之一，形成3000亿级智

第八章 江西省移动智能终端高质量发展路径研究

能终端产业集群。围绕智能终端产业发展，河南统筹谋划、精心布局，重点聚焦以下五个方面：

高度重视、高位推动。河南省委、省政府高度重视对智能终端产业的发展，并把智能终端产业发展，作为中原崛起、河南振兴、富民强省的一项战略举措来实施，同时放到全省大局中的重要位置来推动。

加强规划研究，谋划产业布局。2012年下半年以来，河南省对引进以手机为重点的电子信息产业集群进行了可行性研究，明确提出主攻手机，促进品牌商、代工商、配套协力商、运营商、物流商"五商"并进，培育"全链条、全服务、全配套、无障碍"的"三全一无"产业集群，打造全球重要的智能手机产业基地。全省初步形成了以"一点"（郑州及郑州航空港经济综合实验区）、"一线"（鹤壁、漯河、信阳）、"一圈"（商丘、开封、洛阳、南阳）进行集群招商、集群发展的格局。

高质量建设郑州航空港经济综合实验区，为中原经济区乃至中西部地区开放发展提供载体支撑。2014年3月7日，国务院正式批复了《郑州航空港经济综合实验区发展规划（2013—2025年）》（以下简称郑州航空港区），这是我国第一个国家批复的航空港综合实验区，同时郑州航空港区也拥有中西部地区第一个综合保税区，建有智能终端产业园、富士康科技园等，对于智能终端（手机）外贸出口和跨境交易提供了一个高质量的载体。郑州航空港实验区作为全省"一号工程"，省市政府先后出台了《关于支持郑州航空港经济综合实验区发展的意见》和《郑州航空港实验区与省直部门直通事项目录》等多项政策措施，涉及发展改革、商务、人力资源和社会保障、国土资源等9个方面266项直通事项，具体包括用地直批、价格自定、政策直享、财政扶持等，含金量十足，为智能终端产业发展营造了一个优良的环境。

谋划出台系列发展计划及行动方案，助推智能终端转型升级。2018年12月，河南省政府办公厅印发的《河南省大数据产业发展三年行动计划（2018—2020年）》提出实施智能终端提质发展行动和电子核心基础部件突破行动。同年，省政府办公厅印发《河南省新型显示和智能终端产业发展行动方案》等8个方案，加快推动新型显示和智能终端产业形成联动发展新格局，助力智能终端产业转型升级。2022年出台的《2022年河南省数字经济发展工作方案》提出在巩固提升高端智能手机产业基础上，布局积极投影机、VR/AR、可穿戴设备等新型智能终端。

把握创新在发展全局的突出地位，补齐智能终端产业链短板和突破关键领域。2020年11月初，河南省政府办公厅印发《关于建立新兴产业链工作推进的通知》，围绕新型显示和智能终端等10个新兴产业链，按照"一个产业链、一个方案、四个清单、一套班子、一抓到底"的原则，成立由省级领导同志为链长，省发展改革委、工业和信息化厅负责统筹推进的工作专班，着力加快新兴产业发展，培育新兴产业链，壮大发展新动能。

（2）重庆加快打造多品种、大规模智能终端产业基地

2008年以来，重庆抓住世界经济深度调整机遇，积极引进以惠普为代表的一大批电子信息企业，逐步形成以笔电、手机为代表的智能终端产业集群，推动上中下游产业链垂直整合、同类企业集聚共生、制造业与生产性服务业融合。经过十几年的发展，规模总产值已从2015年的1653.1亿元增长至2020年的4360.8亿元，约占全市规上电子制造业总产值近七成，约占全市规上工业总产值近两成。综合来看，重庆政策举措可以分为以下四方面：

狠抓重大项目落地。重庆市委市政府抢抓全球电子信息消费浪潮及制造业中西部地区转移的机遇，做好顶层谋划，同时注重引入高科技＋劳动密集型的电子制造企业，包括惠普、宏碁、华硕、富士康、广达、华为、苹果等一批笔记本电脑品牌企业和代工企业，手机产业已落户OPPO、vivo、传音3家全球出货量前六的手机品牌商。2021年，全市智能终端产业的290家规上企业完成总产值超过4700亿元,同比增长10%,其中电脑产量1.1亿台,同比增长近2%,首次突破1亿台；5G手机产量突破4000万部，产量增长2倍；显示器、智能门锁等智能产品产量均大幅增长。"重庆造"智能终端产品誉满全球，离不开重庆在中欧班列（渝新欧）、西部陆海新通道等开放通道建设上的提前布局，后者为"重庆造"出口提供了安全、稳定的贸易通道。

坚持大数据智能化发展。"十三五"以来，尤其是2017年以来，重庆市印发的《以大数据智能化为引领的创新驱动发展战略行动计划（2018—2020年）》（渝委发〔2018〕13号）提出，大力实施以大数据智能化为引领的创新驱动发展战略行动计划，通过打造"智造重镇""智慧名城"，为全市经济

第八章
江西省移动智能终端高质量发展路径研究

社会发展装上新引擎，让高质量发展之路越走越宽广。随后，全市范围内兴起数字化、智能化浪潮，科技、工信等系统纷纷出台贯彻落实意见。同年，市政府办公厅印发《关于鼓励智能终端生产企业进行智能化改造的通知》（渝府办发〔2018〕69号），旨在加快实施智能终端生产企业智能化改造，全面提升全市智能终端产业生产制造智能化水平。"十三五"期间，为推动研发创新，全市积极对接国家级大院大所，先后引进中国信通院西部分院万盛天馈线实验室、工业和信息化部电子五所超高清视频产业基础发展创新中心、国家机器人检测与评定中心（重庆）等一批研发检测平台，有效支撑智能终端产业高质量发展。

稳链建链强链，培育全产业链优势。在传统产业实施智能化改造的同时，重庆还在"芯屏器核网"产业全链条持续发力，培育形成以万国半导体、紫光等为代表的集成电路产业集群，以京东方、金渝惠科等为代表的新型显示产业集群。同时，大力举办行业峰会，自2018年8月举办首届中国国际智能产业博览会（以下简称智博会）以来，智博会不仅成为推动重庆智能产业高质量发展的重要载体，也成为对外展示重庆形象和招商推介的重要窗口。

顺应数字化发展趋势，奋力打造高端"三地"。立足新发展阶段，为适应新时期迈向更高质量发展阶段、发展更高层次开放型经济的要求，顺应"产业数字化、数字产业化"发展趋势，打造世界级智能终端产业基地、全国重要的智能终端创新集聚地、全国领先的智能终端智能制造示范高地，重庆也已将"器（智能终端产业）"作为全市重点优势产业培育，由市政府印发《重庆市制造业高质量发展"十四五"规划（2021—2025年）》，明确将智能穿戴、智能家居、服务机器人等产业纳入重点发展方向。同时，市经信委研究制定了《重庆市智能终端产业高质量发展行动计划（2021—2025年）》，旨在进一步巩固全球最大笔记本电脑生产基地和全国重要的手机生产基地地位，新培育形成服务机器人、智能家居终端、智能穿戴、超高清视频终端等一批百亿级新型智能终端产品，产业链进一步健全，主要产品附加值持续提高，供应链稳定性进一步增强，总量规模持续扩大，成为产业链完善、辐射带动力强的世界级智能终端产业基地。

二、江西智能终端产业成长模式选择及动力分析

（一）江西移动智能终端产业成长模式及选择

1. 成长模式演化

江西移动智能终端产业在省市政府顶层谋划、高位推动的总体框架下形成，作为毗邻长三角、珠三角的中部欠发达省份之一，江西独特的区位优势、资源优势、产业优势、生态优势和国家战略叠加优势愈加凸显。近年来，各级政府创新思路方法，大力推进招商引资工作，陆续吸引了华勤、闻泰、龙旗、与德、天珑这些全国排名前五的手机ODM厂商，努比亚、美晨和小辣椒等众多品牌手机企业及立讯制造等终端制造商落户江西，并逐步形成较完整产业链，本地配套率超过90%，在全省电子信息领域占据领头羊的位置。

从发展历程来看，江西移动智能终端产业的成长充分借鉴了国内外的先进经验，结合本地实际，不断探索创新发展模式，走出了一条高质量跨越式发展之路。具体可以归纳为以下两类：一是依托华勤、闻泰、龙旗、与德、天珑全国排名前五的手机ODM厂商，探索形成以终端龙头企业为核心的轮轴式成长模式。国内顶尖的ODM作为产业的核心，省内其他中小企业按照终端的配套要求提供所需零部件。此外立讯制造作为国内顶尖的制造商，长期从事苹果耳机的代工。以立讯为核心，省内也集聚了一大批配套企业，并形成较大的产业规模。二是依托智能终端产业园区形成的小而精成长模式。当前，江西省内九江经开区、赣州龙南经开区、吉安井冈山经开区等地区依托产业园区，围绕上下游配套需要，积极发展移动终端、通信终端等下游技术及产品，探索形成了小而精的快速成长模式，正结合本地产业基础优势，逐步壮大，引领电子信息产业高质量发展。

2. 成长模式选择

围绕终端制造龙头企业的轮轴式成长模式，结合产业集聚为特征的产业园区成长模式，分别在移动智能终端发展的不同阶段发挥不一样的作用，每种模式在不同阶段发挥不一样的作用，轮轴式成长模式是智能终端产业发展中是效益最高且速度最快的，产业园区成长模式适合上中游配套完善，急需补链、强链的地区，随着产业规模的不断扩大，两种成长模式已不能完全满足移动智能

第八章
江西省移动智能终端高质量发展路径研究

终端产业的高质量发展要求,急需放大市场、行业间协同效应,通过建立移动智能终端产业联盟,发挥国家、省市资金和政策的引导作用,推动地区移动智能终端产业链协同创新,在新技术、新产品、新应用领域推动移动智能终端产业生态系统构建和良性发展。

江西省级层面尚没有建立产业联盟。如图8-1所示,从长远看,轮轴式、产业园区成长模式适合产业形成、快速发展阶段,当产业规模增长到一定阶段后,政府推动力量会逐渐弱化,相应地,市场需求和企业自身驱动力将会在产业后续转型升级及高质量跨越式发展当中发挥关键作用。因此,未来江西急需建立健全省市级移动智能终端产业联盟,并逐步壮大,争取早日加入由国家工业和信息化部组织建立的"移动智能终端技术创新与产业联盟",最后走向国际移动智能终端产业联盟。

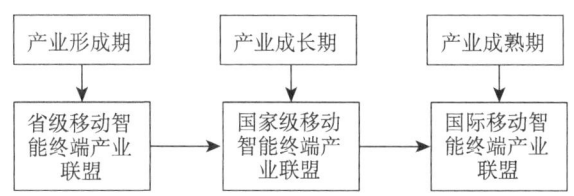

图8-1 江西省移动智能终端产业联盟选择

(二)江西移动智能终端产业成长动力分析

1. 动力源分析

(1)政府推动力

江西移动智能终端产业成长过程中,各级地方政府起到了关键作用,并取得了显著成效,作为政府推动力主要表现在以下两个方面:

第一,江西省委、省政府顶层谋划、高位推动。2019年1月,《京九(江西)电子信息产业带发展规划》经省政府办公厅正式印发。文件提出了京九(江西)电子信息产业带"一轴、四城、十基地"的总体布局。同时,依托众多智能手机代工企业和品牌厂商,紧抓5G商用、人工智能等带来的机遇,构建覆盖高中低档的移动智能终端产品体系,不断提升关键零部件的本地供给能力,打造京九(江西)产业带品牌移动智能终端制造基地。

第二，省级层面制定了扶持移动智能终端产业发展政策措施，并全力推动落地实施。为促进江西省移动智能终端产业发展，2019年2月，江西省人民政府印发《江西省"2+6+N"产业高质量跨越式发展行动计划（2019—2023年左右）》，其中对电子信息产业高质量跨越式发展做出专章部署。同时，在"巩固壮大核心支柱产业"板块明确了移动智能终端发展目标、策略、路径和招商引资重点方向。此外，为应对新冠疫情带来的不利影响，扎实推进以移动智能终端为代表的电子信息产业持续健康发展，江西正以产业链链长制为抓手，省领导亲自挂帅、现场督办协调，摸清产业链底数，深挖各环节存在的问题，打好产业基础高级化、产业链现代化攻坚战，为移动智能终端产业高质量发展提供了有力支撑。近期，省政府、省工信厅先后印发《江西省"十四五"数字经济发展规划》《江西省"十四五"电子信息高质量发展规划》等政策文件，提出打造智能终端产业基础赛道，加快引进培育知名品牌整机厂商，重点发展5G智能手机、可穿戴设备、汽车电子，航空电子等终端设备，力争部分细分赛道规模达到千亿级，助推智能终端产业高质量发展。

（2）需求拉动力

随着5G规模化商用，面向高中低价位5G芯片解决方案陆续推出，以智能手机为代表的移动智能终端有望迎来新一轮增长高潮。据中国移动测算，2021年我国智能手机总销量将突破3.5亿部，其中5G手机总销量占比将达80%左右，约2.8亿部；4G手机规模为7000万部左右，占比20%，同比降低22%。

受智能手机和平板电脑等可替代消费电子快速普及的冲击，笔记本电脑所承载的娱乐休闲功能被智能手机、平板电脑所分流。据中商产业研究院统计，2016—2020年全球笔记本电脑出货量整体保持平稳，在1.6亿台左右，据预测2021年出货量达到创纪录的2.68亿台，2022年笔记本出货量为2.238亿台，比去年下降19%。近年来，混合型、轻薄型笔记本电脑的出现标志着笔记本电脑正向智能化、便携化、专业化、商务化方向转型，有望将原本被平板电脑分流掉的一些功能用户重新吸引回来。因此，平板电脑对笔记本电脑行业的冲击逐步消退，以及轻薄型、二合一笔记本电脑的出现，会进一步刺激市场需求，拉动笔记本电脑行业进入新一轮增长周期。

第八章
江西省移动智能终端高质量发展路径研究

随着全球可穿戴设备市场的逐渐兴起,可穿戴设备将以最快的速度翻新消费性科技商品,市场现在普遍预期穿戴式装备的成长速度将更甚于手机和平板,有望迎来广阔的市场。报告显示,自2016年以来,随着社会经济的发展与居民可支配收入的提高,购买力逐渐增强,同时智能可穿戴产品普及率不断提升,我国智能可穿戴设备行业不断发展,市场规模逐年增长,从2016年的147.9亿元增长至2021年的698.5亿元(图8-2)。

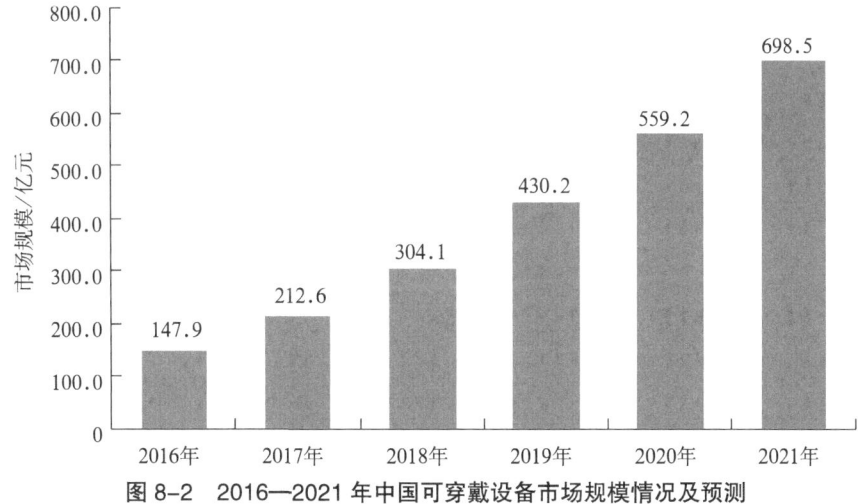

图8-2 2016—2021年中国可穿戴设备市场规模情况及预测

受经济社会全面数字化转型影响,手机、电脑、可穿戴设备将在政府、行业、生活等领域发挥越来越关键的支撑作用,数字化、网络化、智能化大背景下,有助于加快实现国家"双碳"战略目标。

(3)企业驱动力

从我国产业竞争环境来看,移动智能终端处于从加工制造走向设计制造、从高性价比往高端摸索的转型发展阶段,上游众多关键零部件供应基本为美国、日本、韩国厂商所垄断,国内前端设计和终端销售厂商对此类零部件供应商议价能力较弱。2019年、2020年国内销量最高的品牌还是华为,市场占有率高达38.3%,但同比下降了11.2%。vivo、OPPO、小米等领军企业同样占据较大市场份额,因此面向普通消费者的智能终端竞争格外激烈。从国外竞品的威胁来看,美国苹果、韩国三星是目前对我国移动智能终端产业威胁最大的公司,三星企业重点转移及产品同质化严重,所以威胁逐渐弱化。但相比 2019 年,2020 年苹果出货量同比增幅 10.1%,是国内唯一实现逆势增长的智能终端品牌企业(表 8-2)。受美国四轮制裁影响,华为旗舰手机备货不足,市场份额逐渐被苹果、小米、OPPO 和 vivo 等厂商蚕食,因此苹果给国内厂商带来的不仅是顶尖的手机设计潮流,更多的还是盛气凌人的竞争威势。

表 8-2　2020 年中国主要智能手机厂商市场情况统计

厂商	2020 年出货量/百万台	2020 年市场份额	2019 年出货量/百万台	2019 年市场份额	同比增幅
华为	124.9	38.3%	140.6	38.4%	−11.2%
vivo	57.5	17.7%	66.5	18.1%	−13.5%
OPPO	56.7	17.4%	62.8	17.1%	−9.8%
小米	39.0	12.0%	40.0	10.9%	−2.5%
Apple	36.1	11.1%	32.8	8.9%	10.1%
其他	11.5	3.5%	23.8	6.5%	−51.8%
总计	325.7	100.0%	366.6	100.0%	−11.2%

从生产厂商来看,全省集聚了国内 ODM 排名前五的华勤、龙旗、天珑等龙头企业,还有努比亚、美晨、小辣椒等品牌公司,在移动智能终端产业发展方面优势明显。以南昌高新区为例,2021 年 1—6 月仅南昌高新区移动智能终端产业实现营业收入 345.88 亿元,同比增长 183.5%,提升电子信息产业营业收入平均增幅 61.8 个百分点;重点企业规模效应释放,华勤系一期已满负荷生产,二期项目正加快建设,累计收入增长 214.4%;龙旗系加快扩建,不断嵌入新客户资源,累计收入增长 250.7%;美晨公司做大自有品牌,同时引入国内外大客户订单,累计收入增长 154.4%。近年来,本土企业抢抓消费电子爆发式增长趋势,加快技术升级、产能爬坡,整体呈现裂变式发展态势。

综上所述,对于江西移动智能终端产业成长的动力主要是需求拉动力和企业驱动力,政府政策和环境作用很大,但是没有起到决定性作用,关键还是行业市场需求和企业自身发展驱动。这也从侧面反映出目前移动智能终端产业已经发展到一个相对成熟的阶段，政府推动力已然弱化，进入相对完全的市场化时期。

2. 成长动力系统

江西移动智能终端产业成长动力系统是由政府部门、行业企业、高校院所及相关服务机构等相互组成的一个推动产业成长的有机整体。政府部门包括省政府、各级市政府及直属管理部门，负责产业政策、规划的制定、规划和布局管理。行业企业包括龙头企业和配套企业，龙头企业主要是以终端制造为主的ODM厂商和品牌制造商，配套企业主要是围绕终端制造商提供产品芯片、模组及零部件产品，同时辅以提供技术解决方案等。高校院所包括高等及职业学校、研发机构等，为行业企业输出技术研发人才和技能人才，同时在关键核心技术攻关方面提供科研成果或开展项目合作。相关服务机构指为政府、行业企业、高校院所等提供信息检索、技术性审查、评估、鉴证、咨询等有偿中介服务（图8-3）。

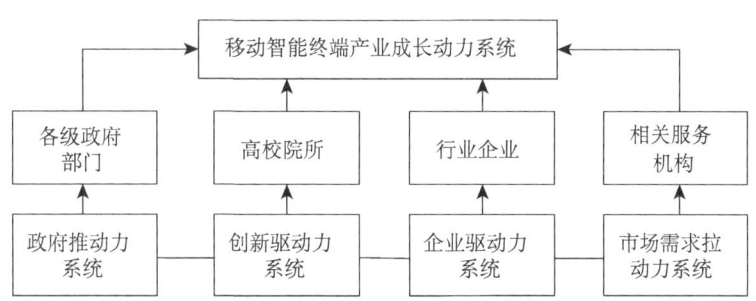

图8-3 江西省移动智能终端产业成长动力系统模型

3. 成长动力机制

（1）各级政府共同推动的移动智能终端产业启动机制

江西省委、省政府顺应新一轮科技革命和产业变革浪潮，抢抓全球电子消费品新一轮爆发式增长机遇，做好战略性新兴产业顶层谋划、高位推动，大力开展招商引资，积极承接长三角、珠三角消费产业转移，围绕"芯屏端网"等电子信息产业核心关键环节，做好强链、补链、延链工作。在全省上下各级政府的统筹协调、鼎力支持、分工协作下，重点引进了华勤、闻泰、龙旗、与德、天珑全国排名前五的手机ODM厂商和努比亚、美晨、小辣椒等品牌企业及立讯制造等大型制造商，促使一大批配套企业纷纷落地江西，形成较大规模的产业集群，带动全省移动智能终端产业高质量发展，引领电子信息走向万亿量级。

（2）市场潜在需求拉动的移动智能终端产业增长机制

据中国移动测算2021年我国智能手机总销量累计3.51亿部，其中5G手机总销量为2.66亿部，占同期手机出货量的75.9%。第七次全国人口普查数据显示，中国15岁到59岁人群数量约为8.94亿，按照人均1部智能手机的需求量及两年换代速率计算，每年将有至少4.5亿部智能手机消费量，意味着单智能手机一年的缺口就在1亿部以上。另外近年来，平板电脑、笔记本电脑也在稳步更新换代阶段，可穿戴设备呈现爆发式增长态势，以及其他市场广泛使用的车载终端、POS终端，移动智能终端的潜在需求不可估量，将极大地刺激并拉动产业进入成长期或者成熟期，同时会产生新供给激发新动能，形成产业放大效应。

（3）创新资源整合带动的移动智能终端产业扩散机制

江西移动智能终端产业在关键技术与沿海先进地区、发达国家相比存在较大的差距，企业研发动力不足、高端人才匮乏，进而严重影响自主创新能力。首先，江西汽车和智能终端"高端芯片""通信模组"的关键技术与核心元器件非自主可控，高端依赖外省和国外进口；其次，江西OLED高端显示屏研发和生产企业不多，需求缺口较大；另外软件及相关服务业江西人才缺乏，核心研发能力不足；最后，在示范应用及新场景挖掘方面，江西企业积极性不高，创新成果不多不强，进一步限制了规模的扩张。因此，要充分利用和整合省内的科研力量，集中资源和人才，着力聚焦关键核心技术及产品，开展联合攻关，形成技术扩散效应，带动移动智能终端产业快速发展。

（4）产业联盟驱动的移动智能终端产业放大机制

产业联盟是江西省移动智能终端产业成长模式的必然选择。建立健全产业联盟运营和管理机制旨在发挥产业链上下游协同创新、资源开放共享的良好效应，不断拓宽高校院所、行业企业的适应范围和空间。以终端为主线，以京九（江西）电子信息产业带为空间布局，不断创新省内外配套技术及产品供给，逐步形成累积性效应，最终会极大提升产品的创新层级，不断开拓市场范围和空间。

（5）优势产业融合互动的移动智能终端产业联动机制

近年来，江西依托"03专项"产业承接，在5G、VR、移动物联网等新一代信息技术产业细分领域取得先发优势，正加快推动新旧动能接续转换，不断开拓发展新局面。而移动智能终端作为新一代信息技术的集大成者，必将带动相关先发优势产业融合互动，并强化产业之间的技术融合、市场融合、企业融合，形成叠加放大效应，可使江西移动智能终端及其他特色优势产业实现共同发展、规模壮大的终极目标，通过优势产业之间的纵向一体化、横向一体化和空间网络化的联动，在全省范围内配置资源，极大地促进江西移动智能终端产业和其他细分领域产业共同成长。

（三）存在的短板问题

1. 顶层设计谋划不足，政策体系不够健全

省级层面已制定"十四五"时期电子信息产业高质量发展规划，但对手机等智能终端产业的专项规划和政策尚未出台，关于财税支持、人才引进、投融资等方面的政策和制度保障体系还不够完善，产业链、创新链、人才链耦合度不高，精准招商、招大引强力度不够，区域联动、协同发展的产业生态体系还有待建立，智能终端产业协同创新发展水平低于国内其他先进地区。

2. 产业集群不大，产业链各环节企业数量较少

全省智能终端产业发展势头良好，但集群规模不大，其中以南昌高新区为龙头引领，但仍存在很多缺链环节，致使本地配套不完善，严重影响产业协同发展。南昌高新区手机制造业企业有30余家，在产业链的上游高端芯片研发及生产环节，仅有1~2家企业项目；光学玻璃环节，只有一家欧菲玻璃盖板项目；在中游环节，电池、充电器环节缺项，储存卡、扬声器、马达和耳机环节都仅有1~2家企业，在全球新冠疫情影响叠加贸易保护主义形势下，供应链安全风险日益凸显。

3. 创新平台载体不多，科技创新支撑不足

当前，全省智能终端相关生产企业已形成较大集群，但从事研发的企事业单位较少，以北航、北理、天大、中大等国内重点高校的新型研发机构和南昌大学等省内高校为主,国家级大院大所直属机构不多。实地调研发现,当前平台载体输出的科技成果及高层次人才群体等是制约产业高质量跨越式发展的重要且关键因素。关键核心技术产品供给不足,严重影响企业创新驱动力锻造,不利于产业持续健康发展。

4. 产业支撑不够,服务体系不完善

无法在江西本地实现手机等智能终端的工业和信息化部入网认证及3C测试和认证,手机终端的前期研发测试和验证公共实验室平台、用于前沿技术开发、人才培养的联合研发平台等国家、行业认可的公共服务平台急需设立以支持产业发展。此外,江西成立的24个产业链科技创新联合体中没有直接与智能终端相关联的联合体,在支撑产业发展、整合创新资源等方面有待进一步完善。

三、江西省智能终端产业高质量发展路径

（一）推进路径

1. 总体布局

聚焦智能终端产业高质量发展,以补齐短板做强产业链、以核心技术发展创新链、以市场为导向提升价值链,按照"创新驱动、引培并举、固链延链、数字赋能"的思路,深入实施"稳链建链强链、创新能力提升、数字智能化赋能、重大项目攻坚、特色园区提升"这五大行动,着力做优做强智能手机、笔记本和平板电脑两大特色优势产业,培育智能穿戴、智能家居终端两大潜力产业,巩固壮大印制电路板、精密结构件、3C电池、摄像头、显示模组、智能传感器六大关键零部件产业,全力构建"226"产业联动发展体系,持续做大产业规模,提升产业核心竞争力,打造具有国内外影响力的智能终端产业集群。

2. 产业集群

突出主攻方向,增强产业集聚能力。重点围绕"226"产业联动发展体系,抓好智能终端产业集群建设,建立完善全省智能终端产业集群调度分析制度,加强对产业集群的指导协调。依托京九（江西）电子信息产业带建设,布局打

第八章
江西省移动智能终端高质量发展路径研究

造智能手机、笔记本和平台电脑、智能穿戴、智能家居终端、印制电路板、精密结构件、3C电池、摄像头、显示模组、智能传感器这10个重点产业集群。

以赣江新区、南昌为核心，着力打造智能手机、笔记本和平台电脑产业集聚区；以吉安为核心，着力打造智能穿戴、印制电路板、精密结构件产业集聚区；以赣州为核心，着力打造显示模组、印制电路板产业集聚区；以九江为核心，着力打造印制电路板、智能家居终端产业集聚区；以宜春、新余为核心，着力打造3C电池产业集聚区；以鹰潭为核心，着力打造智能家居终端产业集聚区。

3. 重点领域

如图8-4所示，江西智能终端的重点领域包括智能手机、笔记本和平板电脑、智能可穿戴设备、智能家居终端、车载电子、智能机器人等。

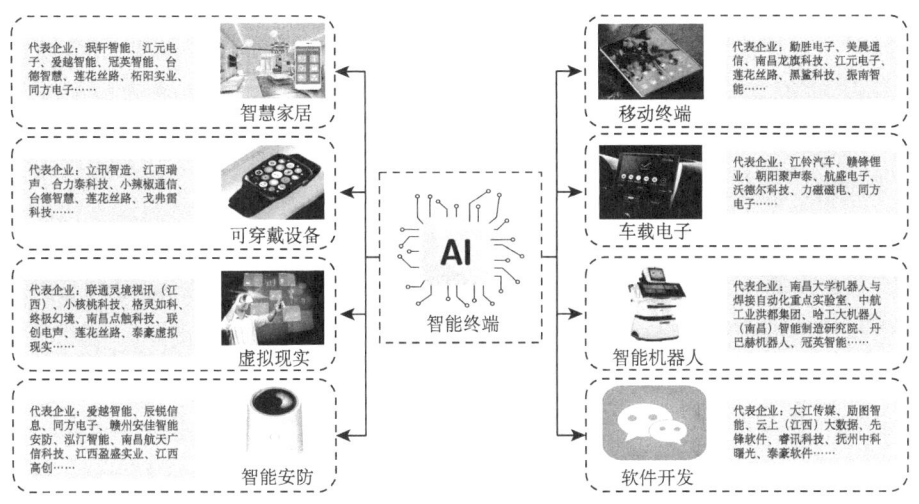

图8-4 江西省智能终端重点领域全景图

智能手机。扩大与国内外知名手机品牌合作关系，促成智能手机产能集聚，提高智能手机本地集中度，打造中部全品类智能手机研发制造基地。推动手机企业加强屏幕折叠（弯曲）架构、低功耗长续航、智能手机快充等技术研发，丰富可折叠屏幕手机、基于AI技术辅助摄影手机、120Hz刷新率高性能显示手机等高端品类，提升产品附加值。

笔记本和平板电脑。加强与全球PC品牌企业和代工企业战略合作，依托现有产业基础优势和链主企业，重点发展具备全面屏、多面协同、大屏高清显示、轻薄便携等特点的笔记本和平板电脑产品。引进服务器领域研发机构，争取布局服务器研发制造基地，并重点突破国产GPU等器件，用于AI、高性能计算的芯片设计技术研发。

智能可穿戴设备。着重发展智能眼镜、智能手环、TWS（True Wireless Stereo，真无线立体声）蓝牙耳机等产品。鼓励增强语音交互、无线连接、智能传感、与手机协同等功能，增加血压血糖检测、摔倒报警等新功能，围绕低功耗与高效能的智能人机交互、柔性可拉伸器件、微型化供能、短距离无线通信等关键技术创新。结合全省智能终端产业配套体系优势，围绕信息娱乐、运动健身、医疗健康等应用领域，鼓励企业研发具有规模商业应用的可穿戴产品。

智能家居终端。大力发展智能门锁、智能家电（空调、冰箱、洗碗机、扫地机等）、智能安防等产品，不断丰富智能家居终端谱系。以智能化、绿色化为导向，适应家庭应用场景，推动物联网、人工智能、5G等核心技术应用研究，加快多模态生物识别、互联互通、空中下载（OTA）、无线充电、人机交互等技术应用，进一步提升智能家居终端附加值。

虚拟现实。发展壮大触控显示模组、裸眼3D、高端耳机、数字视听等硬件产品，丰富产品有效供给，打造虚拟现实硬件配套基地。聚焦软硬件协同，着力构建虚拟现实软件服务平台，推动大数据、人工智能、物联网、云计算等核心技术应用研究，提高数字化、智能化、定制化等信息技术服务水平，以多点电子信息产业集群为支撑，推动虚拟现实产业协同高质量发展。

车载电子。深入推进新能源汽车驱动电机控制器、动力电池与燃料电池管理控制器等核心器件技术攻关及产业化，突破高功率密度产品系统集成与高安全性、可靠性关键技术，开发动力总成一体化电桥系统，提升产品核心竞争力。加快推进传统汽车动力、底盘、车身与车载等领域控制器和集成控制系统的研发及产业化配套，支持智能座舱等舱内系统和车载智能终端一体化发展，打造智能移动空间。

智能机器人。深入推进新能源汽车驱动电机控制器、动力电池与燃料电池管理控制器等核心器件技术攻关及产业化，突破高功率密度产品系统集成与高安全性、可靠性关键技术，开发动力总成一体化电桥系统，提升产品核心竞争力。加快推进传统汽车动力、底盘、车身与车载等领域控制器和集成控制系统的研发及产业化配套，支持智能座舱等舱内系统和车载智能终端一体化发展，打造智能移动空间。

（二）政策建议

1. 加强顶层设计，研究制定专项产业扶持优惠政策

一是加强顶层设计，谋划出台专项政策体系。智能终端作为江西电子信息产业的领头羊和主力军，其核心带动效应愈加凸显，急需研究制定前瞻性、针对性强的政策体系，加快推动转型升级，培育发展新动能。建议借鉴重庆、天津、河南、上海省市的经验做法，系统调研、深入研究，谋划出台《江西省智能终端产业高质量发展行动计划（2022—2025 年）》等，明确未来发展目标，谋划布局全省未来布局及重点领域，积极发展关键技术和新型智能终端产品，培育壮大一批产业集群，打造全省电子信息产业的核心增长极。

二是强化要素保障，加强财税金融支持。充分利用省级政府投资基金支持重大项目建设。引导和鼓励社会资本设立智能终端产业投资基金。加强与国家有关部委衔接，支持智能终端重点项目享受国家财税金融优惠政策。支持有条件的地市、县（市、区）和园区发展供应链金融，为生产企业在原材料采购、整机销售、出口退税等环节提供金融支撑。积极申报江西自由贸易区，鼓励南昌、吉安、赣州等地金融机构开展国际结算业务，支持智能终端出口贸易。

三是强化招商引资，完善全产业链布局。积极承接先发地区智能终端产业梯度转移，借鉴江苏"南北挂钩"结对帮扶、安徽皖北"6+2+N"产业承接平台有益经验，研究制定江西承接长三角、珠三角智能终端产业转移集聚区建设实施方案，重点抓好世界 VR 产业大会、对接粤港澳大湾区投资合作推介会等重要窗口平台，聚焦南昌智能终端产业链上游和中游薄弱环节，积极引进一批头部企业，为补齐建强产业链注入发展新动能。

2. 优化创新载体布局，协同开展关键核心技术攻关

一是优化全省智能终端行业创新平台和机构布局，筹建省级技术创新中心。建议以南昌大学等省内重点高校、科研院所为核心，联合智能终端产业上下游龙头企业等组建江西智能终端产业技术创新战略联盟，以联盟为支撑，加快建设智能终端省级技术创新中心。重点围绕智能终端上游基础材料、芯片、核心元器件等关键材料和部件的研发攻关和产业化进程,推动手机、智能家居、汽车电子等终端制造相关的产品、关键装备研发与产业化应用,形成一批具有知识产权和核心竞争力的关键技术成果,提升全省智能终端产品市场竞争力。着力培育一批产业链影响力强的智能手机"链主"企业和产业生态主导型企业,培育一批拥有核心技术、成长性强的"单项冠军"和"专精特新"企业。发挥龙头骨干企业的产业链整合能力,加强手机上下游环节配套能力及关键设备本地化制造能力。

二是优化整合全省高校相关学院,筹建具有江西特色的电子科技行业高校。围绕培育万亿级产业的重大需求,系统梳理全省高校电子信息相关学院布局,吸收借鉴国内外行业高校先进办学理念,整合组建江西(南昌)电子科技大学,强化江西产业特色学科建设,补齐弱势和短板。面向智能终端行业人才个性化需求,加强与地方企业等用人单位合作,以校企联合办学、订单人才培养等形式服务江西产业高质量跨域式发展大局。

3. 深入挖掘市场潜在需求,完善产业发展服务体系

一是深入挖掘市场潜在需求,开拓智能化新市场。抢抓"数字江西"建设契机,集中省市政府掌握的城乡建设和社会治理信息化需求,统筹省内大企业与国企数字化转型应用需求,系统梳理公布一批"数字江西"应用场景。配套政府的科技与产业项目资金投入,设立攻关项目,以需求方为项目业主,向在赣和来赣的企业与研究机构开放应用场景,组织包括需求方和技术供应方及产业推广方结合的项目组联合开发,务求实效能落地应用并形成产业。抢抓"银发经济"发展机遇,推动手机等智能终端产品适老化改造,引导江西本土智能终端企业主动参与智能终端适老化标准研制,拓展智能辅具、智能家居、健康监测、养老照护等智能化终端产品的广阔市场。

二是善借外部资源力量,加快完善公共服务体系。进一步密切部省联系,依托中国信通院江西研究院,向工业和信息化部、中国信通院等争取智能终端的入网认证及3C测试和认证落地江西,实现本地设计制造、测试认证、发货出口流程一体化。充分发挥北京大学、北京航空航天大学、天津大学、中山大学等研究院技术和人才优势,在产业集聚区,按照行业标准,由政府、企业、

第八章
江西省移动智能终端高质量发展路径研究

研究机构三方联合出资设立智能终端前期研发测试和验证公共实验室平台，加快前沿技术开发和人才培养，健全公共服务体系，推动产业良性健康发展。

三是健全技术产品标准体系，保障行业信息安全。依托江西智能设备与系统集成应用领域优势，重点围绕智能家居、智能表计、汽车电子等终端安全、网关安全及信息安全等重点环节，研究制定发布一批产业急需、贴近应用的标准。同时建立标准和规范、试验完善、应用推广和动态更新的联合工作机制。采取设立试验性终端测试床等措施，推动跨行业、跨产业共同制定和动态更新智能终端安全标准。充分发挥地方主管部门、行业协会的作用，通过培训、论坛、研讨等方式，加大标准普及推广力度，促进标准应用落地，推进智能终端行业领域标准的试点示范，提升行业信息安全保障能力。

参考文献

[1] 电信终端产业协会.智能终端产业发展报告（2020—2021）[R/OL].[2023-07-03].http://www.taf.org.cn/upload/notice/2021-0714-101437-567513174.pdf.

[2] 前瞻经济学人.聚焦中国产业：2023年东莞市特色产业之智能终端产业全景分析[R/OL].[2023-07-03].https//baijiahao.baidu.com/s?id=1769189914568160504&wfr=spider&for=pc.

[3] 刘劲飓.河南省智能终端（手机）产业发展路径研究[D].郑州：河南大学，2017.

[4] 刘彦鹏,陈怡,王雨朦.重庆智能终端产业集群发展的思考[J].产业创新研究，2021，73（20）：15-17.

[5] 牛力娟.我国智能终端产业集聚区协调创新发展对策[J].科学管理研究，2018，36（5）：54-57.

[6] 牛晰.河南省智能终端产业现状及发展前景分析[J].决策探索（下半月），2015，494（11）：22-24.

[7] 常金玲,宋鹏杰.郑州航空港区移动智能终端产业发展研究[J].创新科技，2015，189（11）：31-33.

[8] Quest Mobile.2021中国智能终端市场半年洞察报告[R/OL].[2023-07-03].https://baijiahao.baidu.com/s?id=1708966254059160285&wfr=spider&for=pc.

第九章
江西省无人机产业高质量发展的思路与对策研究

党的二十大报告指出,要加快发展数字经济,促进数字经济和实体经济深度融合,打造具有国际竞争力的数字产业集群。伴随国家对低空空域管制的开放,无人机作为近年来发展势头迅猛的"空中机器人",其商业应用正成为目前低空数字经济全新赛道中加速快跑的新形态,对引领带动数字产业发展、加快传统行业转型升级、解决社会就业矛盾、促进经济增长具有重要意义。2022年年初,江西省委、省政府顶格推进数字经济做优做强"一号发展工程",将无人机作为六大新兴赛道之一重点布局,"一道一策"推动产业能级跃迁。为深入贯彻落实省委、省政府战略决策部署,持续推动江西无人机产业高质量发展,本章就全球发展态势、江西无人机产业发展现状、存在的问题和困难、工作意见建议等开展深入调研,通过书面、实地查看、座谈等形式,对无人机产业技术与市场发展现状、主要矛盾及瓶颈问题有了详细了解,产生一些思考,提出几点建议。

一、全球无人机产业发展态势

随着科技进步与工业体系升级,各种功能和性能的无人机不断创新发展,构成了世界范围内武器装备发展的核心领域和产业方向。特别是通信技术、控制技术、新材料及新能源技术的快速发展,极大地推动了无人机产业跨越式发展。

第九章
江西省无人机产业高质量发展的思路与对策研究

（一）无人机产业内涵

1. 概述

无人机是新一代电子信息技术与航空工业技术深度融合的产物，是自动化、智能化、网络化的重要载体，也是全球战略性新兴科技的热门发展方向之一。在军事领域，无人机正成为现代及未来战争的航空主战装备；在民用领域，"无人机＋行业应用"正成为国民经济中验证交叉融合新技术和发展场景应用新业态的重要抓手。无人机从军用到民用，正经历着与飞机、卫星、GPS等高科技装备同样的军民融合式发展之路。

2. 产业链构成

从广义上讲，"无人机"是指"无人机系统"，包括无人机平台任务载荷、数据链、指挥控制、发射与回收、综合保障等分系统。由于无人机具备科技含量高、产业链条长、服务领域广、带动作用强的特点，其产业链构成可分成上游、中游和下游等环节（图9-1）。

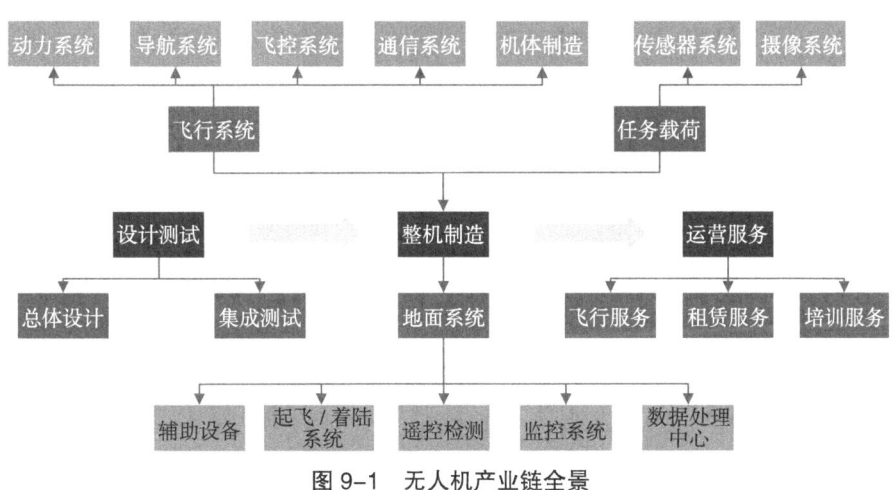

图9-1 无人机产业链全景

①上游：包括基础原材料与电子元器件、基础软件研发与试验条件等环节；

②中游：包括核心部件/分系统（动力装置、任务载荷、飞控/导航/电气等机载分系统、数据链分系统及发射与回收、指挥控制、综合保障等地面分

系统)和系统总体与集成(系统总体设计、飞行器平台制造与总装及系统集成与测试)等环节;

③下游:包括营销运行、培训服务、飞行服务、数据服务和售后服务等环节。

3.产品分类

按照实际应用功能,无人机可分为军用无人机和民用无人机(图9-2)。其中,军用无人机可实现信息支援、信息对抗、火力打击、空中作战等功能,民用无人机可实现监测巡查、通信中继、遥感测绘、农林植保等功能。就成长性而言,民用无人机远高于军用无人机,预计未来几年逐步成为无人机市场的主流机型。同时工业级无人机及相关服务的主要使用者包括各类工商企业、事业单位、政府部门等,一般需要携带激光雷达、航摄仪等专业设备或喷洒水箱等工具,有时需进行上百公里的大范围作业,飞行环境也更为复杂,必须可靠地完成任务。因此工业级无人机对机体性能的要求更高,其体型相对较大,技术门槛也相对较高。

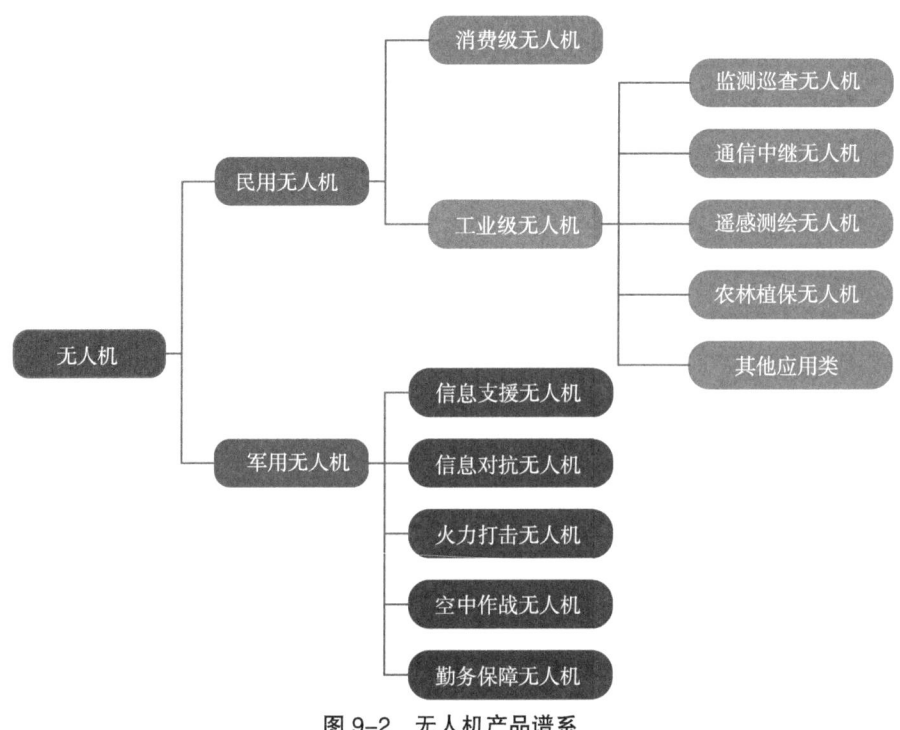

图 9-2 无人机产品谱系

第九章
江西省无人机产业高质量发展的思路与对策研究

（二）国内外发展态势及趋势

1. 全球积极营造无人机发展环境

现代无人机综合了自动驾驶、人工智能、数据分析等高新技术，无论是在辅助交通、商业运作、物流运输还是在航拍摄影、农业植保、深空探测，都展现出巨大的应用价值和发展潜力，受到了世界各国的重视。结合当前无人机的发展趋势，攻克技术难点，扩展服务领域，正成为制造强国竞争的新焦点。在国际上，主要以欧美国家主导，包括：出台《欧盟委员会第2019/945号授权条例—关于无人驾驶航空器系统和无人驾驶航空器系统第三国运营人》《美国2016年联邦航空管理局扩张、安全和安保法》等国家层面的政策法规，制定ISO/IECWD 22460、ISO/DIS 21384等行业层面的技术标准；组织ICUAS等专题研讨会议；搭建AUVSI、ArduPilot等开源平台等，在多方的积极推动下，无人机产业呈现良性发展态势。

2. 全球无人机市场逐步扩大

德国Drone Industry Insights《2020—2025年无人机市场报告》数据显示，2019年、2020年、2021年全球无人机市场规模分别为约180亿美元、225亿美元、256亿美元。此外，2010—2020年，国际市场无人机投资规模的年均增长率达到51.8%，投资额也从2010年的360亿美元拔升到23 390亿美元，增幅超过了60倍。预计到2026年，全球无人机市场规模将达480亿美元，年均增长率达13.8%。未来军用市场规模小幅增长，总体结构保持稳定，而民用市场有望成为无人机行业新的增长点。

在全球范围内，军事应用领域仍然是无人机系统的需求重心。据Drone Industry Insights统计，2019年，美国和以色列分别占全球市场份额的45%和24%，两者总计覆盖近70%的全球市场份额。纵观全球军用无人机出口市场份额，美国以33%的比例位居世界第一，中国、以色列分别以22%、21%列第二、第三，此外奥地利、伊朗、意大利、土耳其及其他国家占据全球剩余份额。2021年全球军用无人机市场规模为102.5亿美元，预计将从2022年的117.3亿美元增长到2029年的308.6亿美元。

针对民用无人机市场，特别是工业级无人机，2019年中国凭借全球55%

的市场份额占据主导地位。具体到消费类无人机领域,中国市场占比更是高居74%。而2021年全球民用无人机市场规模超过1600亿元,同比增长61.6%,其中工业级无人机占60%左右。随着下游领域的不断扩大,未来将继续保持增长,预计2025年将达到500亿元,工业级无人机市场规模占比将超过80%。

3. 我国无人机市场呈现高速增长态势

近年来,随着我国无人机行业快速发展,国家有关部门陆续出台一系列相关政策,支持、规范我国工业无人机行业的发展,为行业提供了良好的政策环境。从法律层面的《中华人民共和国民用航空法》,到行政法规层面的《无人驾驶航空器飞行管理暂行条例(意见征求稿)》,再到民航局出台的管理办法及运行规定《民用无人机系统空中交通管理办法》《特定类无人机试运行管理规程(暂行)》,同样也为无人机产业发展注入了活力、明确了方向、提供了依据。2021年,工业和信息化部发布《民用无人机生产制造若干规定(征求意见稿)》,明确民用无人机生产企业生产用于境内使用的无人机,应在产品中设置电子围栏,除微型以外的民用无人机,还应当具备应急处置功能;中大型无人机(最大起飞重量超过25千克以上的无人机)应当纳入适航管理,在无人机产品投放市场前,企业要将产品识别码等相关信息登记到民用无人机生产制造管理系统。2022年,国家民用航空局先后印发《"十四五"通用航空发展专项规划》《"十四五"航空物流发展专项规划》等文件,对无人机未来发展方向和应用场景做出前瞻性谋划,有效地增强了企业的信心,有力促进了市场的繁荣。

得益于国家低空空域改革相关政策持续发力及市场认可度增强、技术更加成熟,近十年我国无人机产业呈现高速发展态势,年增长率达25%以上,已形成较强的无人机研制体系和相对完整的产业链,与欧美发达国家齐头并进,整体实力进入全球第一梯队。2021年,全国无人机产业规模约为870亿元,约占全球无人机总产值(280亿美元)的45%。在全球前十大民用无人机企业中,我国占据7席,特别是以大疆等代表的无人机头部企业,拥有全球消费级无人机80%市场份额。与此同时,无人机领跑低空经济运营市场趋势明显,2021年已经高出传统有人通航运营指标一个数量级(10倍左右)。据预测,到2030年,全球无人机市场将达到万亿级规模(1500亿美元以上),而中国将拥有全球最大无人机市场及制造基地。

从区域分布来看,当前无人机行业产业链企业主要分布在广东地区,其次是在安徽、湖南、河南等中部地区。2019年,我国无人机制造企业达到1200家,产能约为2000万架,其中绝大部分产值由珠三角地区的民营企业完成。其中,广东的无人机产业链代表性企业聚集程度最高,如大疆、极飞科技、零度智能、亿航智能、一电科技、星图智控等。

从运营效益来看,民航局近三年数据显示,我国民用无人机在供给侧的机队规模、运营企业指标保持30%~50%的增速。2018—2021年,我国无人机拥有者注册用户持续增长,截至2021年底注册无人机共83.2万架,共有78.1万个注册用户,其中,个人用户71.8万人,企业、事业、机关法人单位用户6.3万人。与此同时,我国参与民航局无人机云交换系统的无人机飞行时长也飞速增长,从2018年的37万小时增至2021年的千万小时量级,日均飞行达4.57万小时。

从应用领域来看,目前民用工业级无人机市场规模呈现稳步增长的趋势。2019年市场规模达152亿元,2020年市场规模达273亿元。从工业级无人机应用规模上看,2015年以来,我国不同领域工业级无人机应用规模逐年上升。2019年,我国农林植保、巡检、地理测绘、安防监控、消防救灾、快递物流领域市场应用规模分别为46.6亿元、28.48亿元、34.31亿元、10.91亿元、6.04亿元、0.01亿元。其中,农林植保应用规模较大,2026年有望突破250亿元。

随着无人机行业进一步发展,国家政策的大力支持,芯片、飞控系统等关键技术水平的持续革新,下游应用特别是工业级无人机应用需求的增长,中国无人机产业未来三年产业规模将保持25%左右的较快增长速度,预计到2023年,产业规模有望突破1000亿元。同时工业级无人机环节在农林植保、巡检、测绘与地理信息、安防监控、物流运输等领域的应用也将不断深入,产业结构将持续向工业级无人机环节倾斜。

二、江西无人机产业发展现状及存在的问题

近年来,江西抢抓国家低空空域改革试点重大机遇,依托航空产业基础配

套优势加快发展无人机产业，在政策环境、产业协同、科技创新、市场培育等方面持续发力，取得系列积极进展，具备了进一步做优做强、迈向更高质量发展的基础条件和能力水平。

（一）全省无人机产业发展态势

1. 全省积极营造良好政策环境

作为中华人民共和国第一架飞机诞生地，江西省委、省政府高度重视、顶格推进通用航空产业发展。"十三五"以来，先后出台《关于促进通用航空业发展的实施意见》《加快推进通航产业发展的若干措施》《关于支持低空经济发展若干措施》等政策文件，抢抓国家低空空域管理改革的重大机遇，加快培育壮大通航产业。2022年，以国家深化低空空域改革为契机，聚焦数字产业培育，省委、省政府印发《关于深入推进数字经济做优做强"一号发展工程"的意见》《江西省"十四五"数字经济发展规划》，明确提出前瞻布局无人机赛道，大力开发轻型、中型无人直升机及固定翼、多旋翼无人机，推进产业快速发展，力争整条赛道规模达到百亿级。全省上下闻令而动、抢抓落实，其中赣州、景德镇、九江、鹰潭、抚州等9个地市先后提出加快无人机产业发展，推进相关领域的落地应用。各地各部门奋勇争先的干劲，吹响了全省无人机冲锋集结号。

2. 无人机产业发展势头强劲

近年来，在国家战略支持下，南昌、景德镇、赣州先后获批通用航空产业综合示范区、民用无人驾驶航空试验基地（试验区）建设，政策端"点名"方式的精准支持，体现了江西在国家无人机产业布局中的重要战略地位，使得江西更加自觉地增强了道路自信、发展自信。当前，依托航空产业基础优势，全省已建立了较为完善的军用无人机开发体系和市场化的民用无人机研制体系，拥有洪都航空集团、昌河飞机工业（集团）、中国直升机设计研究所（602所）等龙头军用无人机开发单位，培育了江西直升机公司、九江壮龙公司、腾宇通航公司等市场竞争力较强的民营无人机研制企业。截至2022年12月，全省无人机研发运营企业达100余家，其中规上企业13家，主营产品包括固定翼无人机、多旋翼无人机和无人直升机等。

3. 创新汇聚高质量发展强大动能

科技是第一生产力、人才是第一资源、创新是第一动力。全省上下深入实施创新驱动发展战略，军民用无人机产业创新体系加快建立完善。一方面，在洪都航空、昌河飞机、中国直升机设计研究所（602所）等央企、大所的引领带动下，南昌航空大学、北航江西研究院、江西航空研究院等纷纷设立专门的研发机构，与国家民航局共建江西适航审定中心，系列创新平台的建立为无人机研发和产业化提供了强有力的支撑。另一方面，一批军民用无人直升机、农业植保无人机、巡防无人机、无人机配套产品研制、批产及运营服务取得了较大突破，部分产品不仅达到国内行业的领先水平，甚至冲出国门，跻身为全球工业级无人机领域的"明星产品"。如602所研制的AV-500W无人直升机、江西直升机公司小白虎无人直升机分获中国工业设计大赛金奖、2020年深圳高交会优秀产品奖；九江壮龙无人机公司冲进2020年全球无人机50强；江西中发天信公司研制的ZF850发动机成功配套翼龙系列无人机，并开展批量化生产。

4. 无人机飞出广阔新天地

无人机未来发展重点不仅在生产制造，更在面向多领域应用的各种专业化服务。作为农业大省，植保飞防是江西无人机应用的主导市场之一，各地各部门积极发挥政策引导作用，推动江西农业无人植保行业迈出向规范化发展的坚实一步。同时，全国无人机物流运输也正从江西起步。2018年，赣州南康江西丰羽顺途科技公司获颁首张无人机航空运营（试点）许可证，开创国内无人机物流配送先河，并探索形成了"顺丰—南康"新模式和有益经验，目前业务范围已逐步扩大到四川、云南等地，实现了全场景覆盖及100%安全飞行。此外，无人机在江西森林巡查、人工影响天气、电力巡线、测绘和地理信息、消防救援等场景中的应用深度和广度也在不断提升，有望飞出广阔新天地。

（二）加快无人机新赛道破局的困难及问题

依托良好的航空工业基础，全省无人机产业实现快速发展，众多传统行业通过"无人机+"增值赋能,加快数字化、网络化、智能化升级。但江西无人机面临的困难和瓶颈问题也很突出,在低空空域管理、延链补链、市场挖掘等方面还需进一步优化完善。

1. 空域管理制约无人机"飞起来"

无人机是数字经济的产物,是基于互联网、大数据、人工智能等新一代技术的飞行载体,迫切需要大量低空空域开放支撑。一方面,低空空域的开放程度低、范围小是影响无人机飞行的主要障碍。2022年5月,军航管理部门批复同意在江西省域内划设7个临时空域〔瑶湖地区、吉安地区(2个)、浮梁地区、瑶里地区、鹰潭龙虎山地区、南昌高新地区〕和2条临时低空目视航线(吉安通用机场至瑶湖机场、昌北机场至井冈山机场),成为江西省低空空域管理改革试点的第一阶段成果。但全省3000米以下管制、监视、报告空域的分类划设及1000米以下空域释放、航线规划等还亟须进一步攻坚突破,真正解决飞行器"飞起来"的问题。另一方面,无人机飞行的空域申请比较困难,存在"黑飞"的安全隐患,空域协同管理机制有待进一步加强。此外,赣州获批的1.89万平方公里空域分割为3块,互不相连,是200米以下的超低空域。随着运营范围和运行场景的不断扩大延伸,无人机飞行空域窄、不连片、效率低的问题凸显。

2. 链条不完善阻碍产业"强起来"

生产一部无人机需要1000~2000个零部件。无人机产业链涉及的电子信息、人工智能、物联网、物流快递等相关产业相辅相成,有助于发挥"1+1>2"的叠加效率。截至2022年底江西拥有无人机相关企业25家,其中上游航空零部件配套4家,中游整机制造17家,下游通航服务5家,虽已初步形成无人机研发、制造、销售、运营、维修、培训的产业链条,但布局分散,集聚水平不高,协同配套能力十分薄弱,产业发展生态尚不完善,制约产业做大做强。2021年全省行业营业收入占全国市场规模比重不到1%,与广东、北京、四川等无人机大省差距明显。

3. 需求待激发影响市场"旺起来"

通用航空是我国立体交通强国重要战略性产业,预计至2030年能拉动万亿级以上产业发展,无人机产业也将迎来发展新高潮。全省产品市场需求有待进一步激发，主要存在两方面制约因素：一是江西无人机产品总体呈现军"重"民"轻"的特征，其中军用无人机产值占比接近七成，供给渠道单一，拓展性不强。同时，由于军品的重要战略地位和高度涉密性，军转民渠道不畅，民参军体制不健全，阻碍无人机领域军民融合协同创新发展。二是国内民用市场需求尚未得到充分激活和释放，江西在售的14款无人机产品，主要应用在物流配送、农林植保、应急救援等示范运行场景，还未真正投入市场开展大规模应用。

三、推动无人机产业高质量跨越式发展的建议

作为构建智慧生产生活的重要部分，无人机产业有着广阔的发展前景。随着民用无人机产业的崛起、无人机技术的不断迭代、制造成本的大幅降低，无人机将在诸如农业植保、电力巡检、警用安防、遥感测绘、军事活动乃至生活的方方面面获得广泛的应用，且适用领域还在不断拓展。江西作为航空产业传统优势省份之一，理应大力抢抓国家低空空域开放、深化军民融合发展的战略机遇，以军用、民用两大系列整机制造为核心牵引，聚力推进无人机设施场景建设，积极营造统一开放、安全有序的市场环境，加快构建完善创新驱动、协同发展的现代化无人机产业体系，引领带动产业集群集聚，加快实现无人机产业高质量跨越式发展，为制造强国、航天强国、网络强国和数字中国建设贡献江西力量。

（一）优化全省产业布局，下好发展"先手棋"

全国已有多个省市布局无人机领域，竞争态势激烈。军用无人机领域，具体研发工作主要由北航、南航和西工大主导，中航工业集团、中航科工集团、中航科技集团等单位积极参与配合。民用无人机领域，大疆、亿航、纵横股份、极飞科技等企业均占据一定市场优势。建议江西在充分调研国内外市场基础上，结合无人机行业未来发展趋势，优化产业结构，拓宽应用场景，助力无人机产业做大做强。

一是强化全省统筹科学布局。强化江西无人机产业发展的顶层设计，针对

无人机产业发展特别是工业级无人机细分领域,研究出台无人机产业高质量跨越式发展行动计划,通过明确总体要求、发展重点、主要任务、政策措施和组织实施等,着力构建以南昌、景德镇为双中心,赣州、九江、宜春、上饶、鹰潭、新余六地联动的"2+6"无人机区域布局,实现差异化、特色化发展;加快形成以军民两大系列整机制造为核心,动力、机身机构件、飞控、通信、感知监控五大关键零部件和公共服务平台协同创新发展的"2+5+N"产业战略布局,促进全产业链条化、体系化、生态化发展。鼓励各地根据资源禀赋、产业基础和发展意愿,建设一批多样化、个性化的无人机产业园,发挥无人机产业对区域经济发展的引领带动作用。

二是加速拓宽应用场景。巩固扩大无人机在农林牧渔领域应用,融入现代农业机械化作业体系,提高农业航空作业精细化、智慧化水平。以赣中北平原、赣南丘陵等作业需求为导向,引进培育一批国内外知名农林作业企业,重点围绕农作物施肥、病虫害防治、人工影响天气、作物生长状况监测评估等领域开展精准作业服务。聚焦多样化作业需求,积极推动工业级无人机在航空摄影、无人物探、电力巡线、飞行吊装、遥感测绘、应急救援等重点场景中应用,深入挖掘无人机在行业细分领域的商业价值,推动形成支撑全省经济社会的无人机服务作业体系,提高与人工协同作业效能。支持有条件的地区开展无人机物流配送试点,联合知名快递物流企业,探索构建航空货运——无人机物流"干支末结构"线路,推动无人机有机融入县乡村三级物流网络体系和农业农村现代化。支持企业开创空域媒体新兴商业模式,持续推动丰富多彩的无人机编队表演服务,吸引更多的市场参与厂商,刺激消费需求,寻找新的盈利增长点。

(二)加快基础设施建设,筑牢发展"底座"

无人机商业化时代,合理规划和构建公共基础设施是无人机规模化安全高效运行的前提和基础。建议充分利用现有通用机场的试飞资源,推进通航枢纽、试验基地、飞行服务站及其他配套设施建设,保障无人机"永不失联,永不迷失,合法合规,安全运行"。

一是加强无人驾驶航空试验基地建设。以建设赣州民用无人驾驶航空试验基地（试验区）为契机，加快建成江西无人机综合能力试验试飞测试场、安全运营能力测试基地及综合环境试验基地，推动无人机工程测试平台、检测认证平台、空域管理平台、飞行起降平台、飞手培训平台及科研科普六大产业承载平台落地，探索出可供复制推广的"赣州模式"，引领带动全省无人机产业安全有序发展。

二是改造提升现有低空空域和通航设施。在充分考虑企业需求、运行风险、空域及地理地形条件的基础上，探索分类推进南昌瑶湖、景德镇吕蒙、赣州南康等无人机运行试飞基地差异化建设。南昌、景德镇主要针对起降场地有较高要求的中大型无人机和无人直升机的试飞活动，赣州南康依托无人驾驶航空试验基地建设，重点开展数量多、频次高的轻小型无人机及相关的测试试飞活动。其他地区和重点景区、医院、交通枢纽等根据产业发展形势需要，适时研究推进新的试飞基地建设，逐步完善形成全省"3+N"的总体架构。持续优化提升专用机场通航服务能力，积极推动军用、警用机场通用航空设施实行军民融合发展，向企业开放使用，有效破解无人机"试飞难"。

（三）汇聚优质创新资源，搭好发展"戏台子"

无人机是新技术之花，是高新技术联姻嫁接出的典型成果，必须加快集聚要素资源，才能助力无人机产业行稳致远。

一是健全产业链协同创新体系。充分发挥省航空产业科技创新联合体的体制、人才、资源等优势，依托南昌、景德镇无人机产业基地，以构建无人机"一条龙"技术产品攻关体系为指引，聚焦产业发展重点领域，系统梳理发布一批揭榜挂帅重大项目清单，组织省内外无人机产业链上相关企业、高校和科研院校开展深入研究，加快突破"卡脖子"技术和关键共性技术，解决产业发展"瓶颈"问题，完善自主创新的发展体系，推动实现创新链与产业链的无缝衔接，形成一批具有知识产权的高价值、高水平的科技创新成果，为全省无人机产业高质量发展提供科技支撑。

二是大力推动军民协同创新。依托洪都航空工业集团、昌河飞机工业（集团）、中国直升机设计研究所（602所）核心技术和制造优势，加大关键核心技术开发、产品创新力度，持续做优做强军用无人机系列。加强与军事机关、用户及航空央企的对接联系，大力争取生产指标、采购指标，带动研发制造能力全面提升。持续推动洪都、昌飞、602所大力实施军、民两翼齐飞的发展战略，支持开展中大型民用无人机研发制造。加快军用技术向民用领域转化。创新推动开放军民技术和零部件协作配套，引导省内企业积极进入无人机研制体系，加快打造低成本、高性能的无人机"江西品牌"。

（四）创新监管体制机制，牵住发展"牛鼻子"

实践经验证明，改革是最强大的发展动力。江西低空空域开放、协同管理、产业监管和服务模式等诸多因素制约着无人机产业发展。为此建议：

一是继续深化低空空域管理改革。积极争取和推动由省政府主导的军航、民航、公安联合值班的江西省低空空域协同运行管理中心建设和运营，负责低空空域的动态管理、公共安全管理和应急搜寻救援的协同等。加快组织编制低空空域规划，在管制空域、监视空域、报告空域和目视飞行航线等类别划设空域，并严格按照国家有关规定履行审批手续，盘活低空空域资源，全面提升低空空域使用效率。

二是持续加强无人机产业监管。以"北斗+高分+5G"等技术在低空空域监视运行为突破口，大力探索符合无人驾驶航空特点的监管和服务模式，布局建设一批飞行服务站，统一数据接口和传输标准，支持集约使用甚高频通信频率，加快实现低空飞行保障体系联网运行、数据和产品交换，推动江西省无人机低空飞行管理精细化和常态化。密切加强与其他民用航空器适航审定中心的对接合作，持续开展适航审定标准研究，全面提升江西无人机适航审定能力。

参考文献

[1] 绿盟科技.无人机现状观察及安全分析报告[R/OL].[2023-07-03].https://zhuanlan.zhihu.com/p/619682749.

[2] 陈永灿.2020—2021年中国无人机产业发展研究年度报告[J].机器人产业，2021，40（5）：74-85.

[3] 前瞻产业研究院.2022年中国无人机自动飞行系统与自动机场需求市场调研报

告[R/OL].[2023-07-03].https://max.book118.com/html/2022/0614/6002014050004200.shtm.

[4] 杨岭.我国民用无人机产业发展现状及未来趋势展望[J].中国安防，2022，201（12）：15-18.

[5] 潘磊，田俊，赵枳晴等.基于SWOT的四川省民用无人机发展战略研究[J].民航学报，2022，6（4）：34-37.

[6] 张文剑，陈科，蔡凌曦.中国无人机产业生态链的协同发展研究[J].技术与市场，2022，29（5）：133-135.

[7] 王颖.上海无人机产业发展的思路与对策研究[J].中国工程咨询，2021，252（5）：25-30.

第十章
江西省物联网产业统计分类与标准研究

当前,全球物联网正加速迈入跨界融合、集成创新和规模化发展的新阶段,各类新技术、新应用、新模式持续涌现,产业体系不断调整。江西省委、省政府牢牢把握 5G 时代的历史机遇和重要窗口期,大力发展以物联网代表的数字经济。依托"03 专项"产业承接,全省移动物联网产业具备了先发优势,但还缺乏行业引领能力,在企业界定、企业分类、产业监测及统计等方面仍存在一些问题,为产业高质量发展带来了一定的挑战。本章旨在系统梳理全省物联网产业链、技术发展态势、重点产业和服务的基础上,参考国内外先进经验,科学界定我省物联网统计范围,研究制定符合我省实际的物联网产业统计分类标准,为省委、省政府宏观决策部署提供信息支撑。

一、发展形势

当前,以物联网为代表的新一代信息技术已成为重建工业基础性行业竞争优势的主要推动力。2018 年 4 月,习近平总书记在庆祝海南建省办经济特区 30 周年大会上的讲话强调,要积极发展新一代信息技术产业和数字经济,推动互联网、物联网、大数据、卫星导航、人工智能同实体经济深度融合[①]。2018 年 12 月,中央经济工作会议上也明确提出,要发挥投资关键作用,加大制造业技术改造和设备更新,加快 5G 商用步伐,加强人工智能、工业互联网、

---

① 2018 年 4 月 13 日,习近平总书记在庆祝海南建省办经济特区 30 周年大会上的讲话。

第十章
江西省物联网产业统计分类与标准研究

物联网等新型基础设施的建设[①]。

2017年1月，工业和信息化部发布《信息通信行业发展规划物联网分册（2016—2020年）》，明确指出我国物联网加速进入"跨界融合、集成创新和规模化发展"的新阶段，同时印发《关于全面推进移动物联网（NB-IoT）建设发展的通知》（工信厅通信函〔2017〕351号）、《关于深入推进移动物联网全面发展的通知》（工信厅通信〔2020〕25号）等文件加强顶层设计，推动我国物联网产业持续健康发展。

为贯彻落实党中央、国务院关于发展物联网产业的重大部署和相关文件要求，江西省委、省政府制定出台了《江西省移动物联网发展规划（2017—2020年）》《关于加快建设物联江西的实施意见》《京九（江西）电子信息产业带发展规划》《江西省"2+6+N"产业高质量跨越式发展行动计划（2019—2023年左右）》等一系列政策文件，加快推动全省物联网产业发展。

为科学界定物联网产业统计范围，建立物联网产业统计监测体系，全面了解全省物联网产业发展状况，更好地服务于省委、省政府的宏观决策部署，亟待建立江西的物联网产业统计分类标准。2020年4月，为满足新形势对物联网产业发展的需求，省科技厅牵头联合省工信厅、省统计局、省科学院、南昌大学等共同研制《江西省物联网产业统计分类（试行）》。

二、分类目的

为科学界定物联网产业统计范围，建立物联网产业统计监测体系，更好地服务于省委、省政府的宏观决策部署。依据《中华人民共和国统计法》、国家工业和信息化部《关于全面推进移动物联网（NB-IoT）建设发展的通知》（工信厅通信函〔2017〕351号）、《关于深入推进移动物联网全面发展的通知》（工信厅通信〔2020〕25号）和《江西省移动物联网发展规划（2017—2020年）》（赣府发〔2018〕1号）、《关于加快建设物联江西的实施意见》（赣府发〔2018〕29号）、《江西省"2+6+N"产业高质量跨越式发展行动计划（2019—

---

① 2018年12月中央经济工作会议。

2023年左右）》中有关物联网发展要求，以《国民经济行业分类》（GB/T 4754-2017）为基础，制定本分类。

三、概念界定和分类范围

物联网是指通过感知设备，按照约定协议，连接物、人、系统和信息资源，实现对物理和虚拟世界的信息进行处理并做出反应的智能服务系统（国家标准[GB/T 33745-2017]）。本分类将物联网产业定义为从事物联网相关产品研发、生产、系统集成、应用服务和其他相关服务的生产活动集合。

具体范围划分原则如下：

①生产产品（商品和服务）的目的是感知、连接、处理和反馈信息，实现物、人、系统和信息资源的沟通与交流。

②产品（商品和服务）提供应当以感知识别技术、信息通信技术和智能信息处理技术为基础。

③遵循物联网技术和产业发展趋势，充分体现产业链的各个环节商品与服务。

根据上述原则，物联网产业包括感知层制造业、网络层制造业与服务业、平台层产业、应用层制造与服务业和其他相关服务产业五大类。

四、编制原则

①以国家工业和信息化部和江西省有关文件为指导。本分类主要以《关于全面推进移动物联网（NB-IoT）建设发展的通知》《关于深入推进移动物联网全面发展的通知》《江西省移动物联网发展规划（2017—2020年）》《关于加快建设物联江西的实施意见》《江西省"2+6+N"产业高质量跨越式发展行动计划（2019—2023年左右）》等工业和信息化部和省政府有关文件提出的重点任务为指导，确定物联网产业的基本范围。

②以《国民经济行业分类》为基础。本分类以《国民经济行业分类》（GB/T 4754-2017）为基础，是对其中符合物联网产业特征相关活动的再分类。

③突出江西省物联网产业特点,以国内通行的分类方法为参考。本分类在充分考虑江西省物联网产业发展特点和实际发展状况的基础上,吸收了省工信厅和省统计局、鹰潭统计局制定的物联网产业统计标准,借鉴了北京、重庆、江苏无锡等地区物联网产业统计及测算方法。

五、结构和编码

本分类采用线分类法和分层次编码方法,将物联网产业划分为三层,分别用阿拉伯数字编码表示。第一层为大类,用2位数字表示,共有5个大类;第二层为中类,用3位数字表示,前两位为大类代码,共有30个中类;第三层为小类,用4位数字表示,前三位为中类代码,共有99个小类。

本分类代码结构:

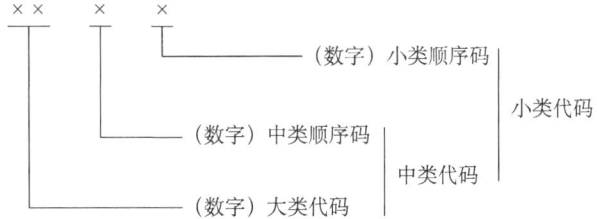

六、有关说明

①本分类构建了与《国民经济行业分类》(GB/T 4754-2017)的对应关系。在国民经济行业分类中仅部分活动归属于物联网产业的,行业代码用"*"做标记。并在"说明"栏中,对物联网产业各小类的范围做了说明。

②本分类对应《国民经济行业分类》(GB/T 4754-2017)的具体范围和说明,参见《2017国民经济行业分类注释》(按第1号修改单修订)(2019年05月22号发布)。

③本分类情况可根据全省物联网技术及产业发展情况予以调整和补充。

七、江西省物联网产业统计分类表

江西省物联网产业统计分类如表10-1所示。

表10-1 江西省物联网产业统计分类标准（试行）

大类	中类	小类	分类名称	说明	国民经济行业分类代码及名称（2017）
01	010		感知层产业		
			敏感材料及传感器制造业		
		0101	敏感材料设计和制造	指用于电子元器件、组件及系统制备的专用电子功能材料、互联与封装材料、工艺及辅助材料的制造，包括半导体材料、光电子材料、磁性材料、锂电池材料、电子陶瓷材料、覆铜板及铜箔材料、电子化工材料等及其制造活动	3985* 电子专用材料制造
		0102	传感电子器件制造	指电子真空器件、半导体分立器件、集成电路、显示器件及光电子器件中涉及敏感电子器件的制造	3971 电子真空器件制造 3972 半导体分立器件制造 3973 集成电路制造 3974 显示器件制造 3976 光电子器件制造
		0103	传感器组件及传感器制造	指电阻电容电感元件、电子电路、敏感元件、电声器件及零件、其他电子元件制造和传感器的活动	3981* 电阻电容电感元件制造 3982 电子电路制造 3983 敏感元件及传感器制造 3984 电声器件及零件制造 3989* 其他电子元件制造

第十章 江西省物联网产业统计分类与标准研究

续表

大类	中类	小类	分类名称	说明	国民经济行业分类代码及名称（2017）	
01	010	0104	传感器其他电子设备制造	指电子（气）物理设备及其他未列明的电子设备的制造，包括智能医疗系统、RFID读写机具/标签（高频、超高频、有源），物联网标识解析设备等	3990*	其他电子设备制造
	011		多媒体信息采集制造业			
		0111	多媒体信息采集设备制造	指专业广播电视接收设备的制造，包括视像监视仪，视像投影机，高清、低照度、宽动态、无线视频监控系统等	3932*	广播电视接收设备制造
	012		射频识别（RFID）制造业			
		0121	RFID芯片制造	指单片集成电路，混合集成电路的制造，包括集成电路圆片、集成电路封装系列，集成电路成品（智能卡及电子标签芯片、传感器电路等）	3973*	集成电路制造
		0122	RFID相关电子器件制造	指电子真空器件、半导体分立器件及光电子器件的制造，RFID相关电子器件中涉及电子真空器件，显示器件及光电电子器件	3971 3972 3973 3974 3976	电子真空器件制造 半导体分立器件制造 集成电路制造 显示器件制造 光电子器件制造

续表

大类	中类	小类	分类名称	说明	国民经济行业分类代码及名称（2017）
01	012	0123	RFID 相关组件及电子专用材料制造	指用于 RFID 设备的电阻电容电感元件、电子电路制造、电子专用材料，其他电子元件制造和相关组件的活动	3981* 电阻电容电感元件制造 3982* 电子电路制造 3985* 电子专用材料制造 3989* 其他电子元件制造
		0124	RFID 设备设计、封装和制造	指计算机应用电子设备（以中央处理器为核心，配以专业功能模块、外围设备等构成各行业应用领域专用的电子产品及设备，如金融电子、汽车电子、医疗电子、工业控制计算机及装置，信息采集及识别设备，数字化3C产品等），以及其他未列明计算机设备的制造，包括RFID集成模组、RFID终端模组、RFID终端操作系统及无线射频（RFID）产品	3919* 其他计算机制造
	013		条码识别设备制造业		
		0131	条码打印机制造	指各种用途的复印设备和集复印、打印、扫描、传真为一体的多功能一体化的制造，以及主要用于办公室的胶印设备，文字处理设备及零件的制造	3474* 复印和胶印设备制造
		0132	条码扫描器制造	指静电复印设备和缩微设备（部分），缩微品阅读复印机，缩微品放大复印机等	3474* 复印和胶印设备制造

续表

大类	中类	小类	分类名称	说明	国民经济行业分类代码及名称（2017）	
01	013	0133	条码印刷设备制造	指使用印刷或其他方式将图文信息转移到承印物上的专用生产设备的制造	3542*	印刷专用设备制造
	014		二维码识别设备制造业			
		0141	二维码打印机制造	指各种用途的复印设备和集复印、扫描、传真为一体的多功能一体机的制造，以及主要用于办公室的胶印设备、文字处理设备及零件的制造	3474*	复印和胶印设备制造
		0142	二维码扫描器制造	指静电复印设备和缩微设备（部分）、缩微品阅读复印机、微缩品放大复印机等	3474*	复印和胶印设备制造
		0143	二维码印刷设备制造	指使用印刷或其他方式将图文信息转移到承印物上的专用生产设备的制造	3542*	印刷专用设备制造
	015		地理信息设备制造业			
		0151	地理信息设备芯片制造	指单片集成电路、混合式集成电路的制造，包括集成电路圆片、集成电路封装系列、集成电路成品（专用电路等）	3973*	集成电路制造
		0152	地理信息设备制造	指用于气象、海洋、水文、天文、地理空间、航空等方面的导航、制导、测量仪器和仪表及类似装置的制造，包括船舶导航系统、卫星导航系统及其设备	4023*	导航、测绘、气象及海洋装备用仪器制造

续表

大类	中类	小类	分类名称	说明	国民经济行业分类代码及名称（2017）	
01	016		智能仪器、仪表制造业			
		0161	通用智能仪器仪表制造	指工业自动控制系统装置，绘图、计算及测量仪器，实验分析仪器，试验机，供应用仪器仪表（智能电、水、煤气、热量表）等的制造活动	4011*	工业自动控制系统装置制造
					4012*	电工仪器仪表制造
					4013*	绘图、计算及测量仪器制造
					4014*	实验分析仪器制造
					4015*	试验机制造
					4016*	供应用仪器仪表制造
		0162	专用智能仪器仪表制造	指环境监测专用仪器仪表、运输设备及生产用计数仪表，导航、测绘、气象及海洋专用仪器仪表，农林牧渔专用仪器仪表、地质勘探和地震专用仪器，核子及核辐射测量仪器，电子测量专用仪器等的制造活动	4021*	环境监测专用仪器仪表制造
					4022	运输设备及生产用计数仪表制造
					4023*	导航、测绘、气象及海洋专用仪器制造
					4024*	农林牧渔专用仪器仪表制造
					4025	地质勘探和地震专用仪器制造
					4027	核子及核辐射测量仪器制造
					4028*	电子测量仪器制造
					4029*	其他专用仪器制造
02			网络层产业			
	020		近距离通信芯片制造业			
		0201	近距离通信芯片制造	指Wi-Fi、蓝牙、Zigbee、UWB、NFC等近距离通信芯片制造	3973*	集成电路制造

续表

大类	中类	小类	分类名称	说明	国民经济行业分类代码及名称（2017）
02	020	0202	近距离通信系统设备制造	指近距离通信接入、传输、交换设备等通信系统建设所需高端设备的制造，包括近距离无线通信节点设备等	3921* 通信系统设备制造
		0203	近距离通信模块制造	指 Wi-Fi、蓝牙、Zigbee、UWB、NFC 等近距离通信模块制造	3922* 通信终端设备制造
		0204	近距离通信终端制造	指近距离通信终端设备的制造，包括通信智能终端、车联网通讯导航终端、便携式多媒体终端、个人导航信息终端等	3922* 通信终端设备制造
	021		其他 M2M 通信制造业		
		0211	其他 M2M 通信系统设备制造	指其他 M2M 通信接入、传输、交换设备等通信系统建设所需高端设备，包括物联网网关、M2M 网关、车联网网关、IP 中继媒体网关、窄带物联网（NB-IoT）基站终端设备等	3919* 其他计算机制造 3921* 通信系统设备制造
		0212	其他 M2M 通信模块制造	指其他 M2M 通信终端集成终端，包括其他移动通信集成终端、物联网通信终端模组、窄带物联网（NB-IoT）模组、移动通信设备零件等	3919* 其他计算机制造 3922* 通信终端设备制造

续表

大类	中类	小类	分类名称	说明	国民经济行业分类代码及名称（2017）	
02	021	0213	其他M2M终端设备制造	指M2M终端设备的制造，包括基于位置信息网络商业消费产品终端、宽带通信网络商业消费产品终端、空域预警光电搜索跟踪系统、远程大范围视频智能监控系统等	3922*	通信终端设备制造
	022	0221	物联网通信线缆制造业			
		0221	物联网通信电线、电缆制造	指物联网通信使用的电线、电缆的制造	3831*	电线、电缆制造
		0222	物联网光纤制造	指将电的信号变成光的信号，进行声音、文字、图像等信息传输的光纤的制造	3832*	光纤制造
		0223	物联网光缆制造	指利用置于包覆套中的一根或多根光纤作为传输媒质并可以单独或成组使用的光缆的制造	3833*	光缆制造
	023		物联网安全设备制造业			
		0231	物联网安全芯片、模组制造	指用于保护物联网络和连接设备中信息和数据安全的芯片及模组的制造	3973*	集成电路制造

174

续表

大类	中类	小类	分类名称	说明	国民经济行业分类代码及名称（2017）	
02	023	0232	物联网安全设备制造	指用于保护物联网络和连接设备中信息和数据安全的专用设备的制造，包括安全智能卡类设备和系统，密钥管理类设备和系统，其他信息系统安全产品、物联网安全设备等	3915*	信息安全设备制造
	024		物联网通信服务业			
		0241	电信网络通信服务	指利用有线、无线的电磁系统或者光电系统、传送、发射或者接收语音、文字、数据、图像及其他任何形式信息的活动，包括固定电信服务、移动电信服务和其他电信服务（基于物联网的行业应用服务、基于物联网的公共事业服务、基于物联网的支撑性服务等）	6311* 6312* 6319*	固定电信服务 移动电信服务 其他电信服务
		0242	广播电视网络通信服务	指有线、无线电视传输覆盖网及其信息分发交换传输信号的传输活动	6321* 6322*	有线广播电视传输服务 无线广播电视传输服务
		0243	卫星通信服务	指利用卫星提供通讯和广播电视传输服务，以及导航、定位、测绘、气象、地质勘查、空间信息等应用服务	6331* 6339*	广播卫星电视传输服务 其他卫星传输服务
		0244	物联网接入及运营服务	指除基础电信运营商外，基于基础网络为存储数据、数据处理及相关活动，提供接入互联网的有关应用设施的服务	6410*	互联网接入及相关服务

续表

大类	中类	小类	分类名称	说明	国民经济行业分类代码及名称（2017）
03			平台层产业		
	030		操作系统与软件开发业		
		0301	物联网操作系统开发	指开发过程中使用到的支撑软件开发的工具和集成环境、测试工具软件等，包括工业物联网平台软件、工业互联网工控软件等	6512* 支撑软件开发
		0302	物联网基础软件开发	指桌面、服务器、智能终端等操作系统软件开发，物联网中间件开发，关键信息基础设施配套的基础软件、通用基础软件、新型网络化基础软件、函数库等	6511* 基础软件开发
		0303	物联网中间件开发	指软件开发过程中使用到的支撑软件开发的工具和集成环境、测试工具软件等，包括关键信息基础设施配套的支撑软件、智能移动终端软件（指网络软件、广播电视网络运维支撑软件、数字媒体内容管理、用户管理、数字媒体内容管理、运营支撑系统、中间件、智能电视操作系统软件等）等	6512* 支撑软件开发
		0304	多媒体信息采集处理系统开发	指智能移动终端软件系统、智能终端操作系统软件等	6511* 基础软件开发 6512* 支撑软件开发

第十章 江西省物联网产业统计分类与标准研究

续表

大类	中类	小类	分类名称	说明	国民经济行业分类代码及名称（2017）	
	030	0305	条码、二维码设计和识别软件开发	指独立销售的面向应用需求的软件和解决方案软件等，包括通用软件、工业软件、行业软件，嵌入式应用软件等	6513*	应用软件开发
03	031		物联网相关芯片设计业			
		0311	传感器芯片设计	指IC设计服务，即企业开展的集成电路功能研发、设计等服务，包括传感器电路设计等	6520*	集成电路设计
		0312	RFID芯片设计	指IC设计服务，即企业开展的集成电路功能研发、设计等服务，包括智能卡芯片及电子标签芯片等	6520*	集成电路设计
		0313	地理信息设备芯片设计	指IC设计服务，即企业开展的集成电路功能研发、设计等服务，包括专用电路、模拟电路、数字电路设计等	6520*	集成电路设计
		0314	M2M通信芯片设计	指IC设计服务，即企业开展的集成电路功能研发、设计等服务，包括MOS存储器、MOS微器件、逻辑电路，微波集成电路、混合集成电路等	6520*	集成电路设计
	032		数据服务业			

177

续表

大类	中类	小类	分类名称	说明	国民经济行业分类代码及名称（2017）
03	032	0321	数据处理和存储支持服务	指供方向需方提供的信息和数据的分析、整理、计算、编辑、存储等加工处理服务，以及应用软件、信息系统基础设施等租用服务；包括数据处理服务（IaaS）、软件运营服务（SaaS）、软件支持与运行平台服务（PaaS）等	6550* 信息处理和存储支持服务
		0322	数据处理和存储服务	指以互联网技术为基础的大数据处理、云存储、云计算、云加工等服务，包括大数据资源服务、数据库和云数据库服务、云计算服务、云存储服务、软件即服务（SaaS）、平台即服务（PaaS）、设施即服务（IaaS）等	6450* 互联网数据服务
		0323	数据搜索服务	指互联网中的特殊站点，专门用来帮助人们查找存储在其他站点上的信息，包括互联网综合搜索服务、互联网垂直搜索服务、互联网内容搜索服务、语义分析搜索服务和其他互联网搜索服务等	6421* 互联网搜索服务
	033		物联网平台服务业		

第十章 江西省物联网产业统计分类与标准研究

续表

大类	中类	小类	分类名称	说明	国民经济行业分类代码及名称（2017）	
03						
		0331	物联网生产服务平台运营	指专门为生产服务提供第三方服务平台的互联网活动，包括互联网智能制造服务平台、互联网协同制造平台、互联网生产监测感知平台等	6431*	互联网生产服务平台
		0332	物联网生活服务平台运营	指专门为居民生活服务提供第三方服务平台的互联网活动，包括互联网约车平台、互联网汽车租赁平台、互联网共享单车平台、互联网房屋租赁平台、互联网地图服务平台等	6532*	互联网生活服务平台
	033	0333	物联网科技创新平台运营	指专门为科技创新、创业等提供第三方服务平台的互联网活动，包括互联网协同办公平台、互联网创新创业平台、互联网技术推广平台、互联网技术交易平台、互联网知识产权平台等	6433*	互联网科技创新服务平台
		0334	物联网公共服务平台运营	指专门为公共服务提供第三方服务平台的互联网活动，包括物联网公共服务平台、物联网数据开放平台、物联网数据分析平台等	6434*	互联网公共服务平台
04			应用层产业			
	040		智能终端制造业			

179

续表

大类	中类	小类	分类名称	说明	国民经济行业分类代码及名称（2017）
04	040	0401	可穿戴智能设备制造	指由用户穿戴和控制，并且自然、持续地运行和交互的个人移动计算设备产品的制造，包括可穿戴运动监测设备制造	3961 可穿戴智能设备制造
		0402	智能车载制造	指包含具备汽车联网、自动驾驶、车内及车际通讯、智能交通基础设施通信等功能要素，导航、雷达、卫星定位、人工智能等技术，自动分析汽车行驶的安全及危险状态目的的车载终端产品及相关配套设备的制造	3962* 智能车载设备制造
		0403	智能无人飞行器制造	指按照国家有关安全规定标准，经允许生产并主要用于娱乐、科普等的智能无人飞行器的制造	3963 智能无人飞行器制造
		0404	机器人与智能化装备制造	指除工业和特殊作业以外的各种机器人，包括用于个人、家庭及商业服务类机器人，如家务机器人、餐饮用机器人、宾馆用机器人、销售用机器人、娱乐机器人、医疗机器人、助老助残机器人、清洁机器人等	3964 服务消费机器人制造

第十章 江西省物联网产业统计分类与标准研究

续表

大类	中类	小类	分类名称	说明	国民经济行业分类代码及名称（2017）	
04	040	0405	工业机器人制造	指用于工业自动化领域的工业机器人的制造，包括喷涂机器人、装配与拆卸机器人、打磨与切割机器人、洁净室机器人、工厂用物流机器人、智能工业机器人等。	3491*	工业机器人制造
		0406	其他智能终端制造	指其他未列明的智能消费设备的制造，包括智能家庭消费设备、虚拟现实设备、体育消费智能设备、文化场馆用智能设备和其他智能消费设备等。	3969	其他智能消费设备制造
	041		系统集成服务业			
		0411	系统集成服务	指基于需方业务需求进行的信息系统需求分析和系统设计，并通过结构化的综合布缆系统、计算机网络技术和软件技术，将各个分离的设备、功能和信息等集成到相互关联的、统一和协调的系统之中，以及为信息系统的正常运行提供支持的服务，包括硬件系统集成服务、人工智能系统集成服务、航空和卫星信息系统集成服务等。	6531*	信息系统集成服务

续表

大类	中类	小类	分类名称	说明	国民经济行业分类代码及名称（2017）	
04	041	0412	物联网技术服务	指提供各种物联网技术支持服务，包括物联网信息感知技术服务、物联网信息传感技术服务、物联网数据通讯技术服务、物联网信息处理技术服务、物联网信息安全技术服务和其他物联网技术服务	6532*	物联网技术服务
	042		应用服务业			
		0421	应用方案设计服务	指除工程设计、软件设计、集成电路设计、工业设计以外的各种专业设计服务，包括物装饰美术设计服务、舞台美术专业设计服务、美术图案设计服务、展台设计服务、模型设计服务等	7492*	专业设计服务
		0422	应用软件开发服务	指独立销售面向应用需求的软件和解决方案软件等，包括通用软件、工业软件、行业软件，嵌入式应用软件，包括产品制造过程管理和控制软件、经营管理和协作软件、逆向工程软件和再工程软件、生产控制类软件、智能决策控制软件等	6513*	应用软件开发
	043		信息服务业			

续表

大类	中类	小类	分类名称	说明	国民经济行业分类代码及名称（2017）	
04	043	0431	位置信息服务	指互联网地图翻译服务软件、地理信息系统软件、测绘软件、遥感软件、地图制图软件、导航与位置服务信息加工处理（包括导航电子地图制作、遥感影像处理等）、地理信息系统工程服务、导航及位置服务等	6571*	地理遥感信息服务
		0432	数据处理和存储支持服务	指供方向需方提供的信息和数据的分析、整理、计算、编辑、存储等加工处理服务，以及应用软件、信息系统基础设施资源租用服务；包括在线企业资源规划（ERP）、在线杀毒、服务器托管、虚拟主机等	6550*	信息处理和存储支持服务
		0433	物联网增值服务	指网上智能翻译服务、网上智能客服系统服务、网络图书馆服务等	6429*	互联网其他信息服务
05	050		相关服务业			
			安全服务业			
		0501	物联网安全服务	包括涉及物联网的网络安全监控，以及网络服务质量、可信度和安全等评估测评活动	6440*	互联网安全服务

续表

大类	中类	小类	分类名称	说明	国民经济行业分类代码及名称（2017）	
05	050	0502	物联网安全系统监控服务	指消防报警系统监控服务、治安报警系统监控服务、交通安全系统监控服务和其他安全系统监控服务	7272	安全系统监控服务
		0503	物联网安全软件开发服务	指其他未列明的物联网软件开发，如信息安全软件等	6519*	其他软件开发
		0504	物联网安全数据服务	指以物联网技术为基础的大数据处理、云存储、云计算、云加工等服务	6450*	互联网数据服务
	051		科技服务业			
		0511	物联网科研服务	指涉及物联网的工程和技术基础科学研究、电子、通信与自动控制技术研究、计算机科学技术研究等	7320*	工程和技术研究和试验发展
		0512	物联网技术推广服务	指将物联网新技术、新产品、新工艺直接推向市场而进行的相关技术活动，以及技术推广和转让活动	751*	技术推广服务
		0513	物联网技术中介服务	指物联网行业为科技活动提供社会化服务与管理、在政府、各类科技活动主体与市场之间提供居间服务的组织，主要开展信息交流、技术咨询、科技评估和科技鉴证等活动	7530	科技中介服务

第十章 江西省物联网产业统计分类与标准研究

续表

大类	中类	小类	分类名称	说明	国民经济行业分类代码及名称（2017）	
05	051	0514	物联网创业空间服务	指顺应新科技革命和产业变革新趋势、有效满足网络时代大众创业创新需求的新型创业服务平台，主要为创业者提供低成本的工作空间、网络空间、社交空间和资源共享空间，包括众创空间、孵化器、创业基地等	7540	创业空间服务
	052		咨询、调查与知识产权服务业			
		0521	物联网技术咨询服务	指在信息资源开发利用、工程建设、人员培训、管理体系建设、技术支撑等方面向需方提供管理或技术咨询服务；包括信息化规划、信息技术咨询服务、信息系统工程监理、测试评估、信息技术培训等	6560	信息技术咨询服务
		0522	物联网会计、审计及税务服务	指物联网相关的审计、会计、税务、资产评估及财务咨询等服务	7241	会计、审计及税务服务
		0523	物联网市场调查	指物联网相关的市场调查活动，包括市场分析、统计、社会及民意调查等	7242	市场调查

185

续表

大类	中类	小类	分类名称	说明	国民经济行业分类代码及名称（2017）	
05		0524	物联网知识产权服务	指物联网相关专利、商标、版权、软件、集成电路布图设计、技术秘密等各类知识产权的代理、转让、登记、运营、检索、分析、咨询、评估、认证等服务	7520*	知识产权服务
	053		租赁和商贸服务业			
		0531	物联网设备和软件批发	指电气设备、计算机、软件及辅助设备、通信设备及其他机械设备及电子产品等的批发和进出口活动	517*	机械设备、五金产品及电子产品批发
		0532	物联网设备和软件零售	指专门经营家用电器和计算机、软件及辅助设备、电子通信设备、电子元器件等的店铺零售活动	527*	家用电器及电子产品专门零售
		0533	物联网设备经营租赁	指计算机及辅助设备（打印机、扫描仪等）、通信设备租赁服务	7114	计算机及通信设备经营租赁
	054		施工维修服务业			
		0541	物联网运行维护服务	指基础环境运行维护、网络运行维护、软件运行维护、硬件运行维护、其他运行维护服务	6540	运行维护服务
		0542	物联网施工服务	指建筑物主体工程竣工后，建筑物内各种设备的安装活动，以及施工中的线路敷设和管道安装活动	4910* 4920* 4999*	电气安装 管道和设备安装 其他建筑安装

第十章 江西省物联网产业统计分类与标准研究

续表

大类	中类	小类	分类名称	说明	国民经济行业分类代码及名称（2017）	
05		0543	专业设备维修服务	指智能文化办公设备维修、智能开采设备维修、智能纺织设备维修、智能电子专用设备维修、智能医疗设备维修、智能环保设备维修、智能地质勘察设备维修、智能交通安全设备维修和其他智能专用设备维修	4330*	专用设备修理
	054	0544	电气设备维修服务	指太阳能设备维修、风力发电机组维修及其他电气机械及器材专业修理	4350*	电气设备修理
		0545	仪器仪表维修服务	指通用仪器仪表、专业仪器仪表和其他仪器仪表专业修理	4360	仪器仪表修理
		0546	通讯设备维修服务	指电话机、传真机等的修理服务	8122*	通信设备修理
		0547	计算机和辅助设备维修服务	指打印机、扫描仪及其他计算机外部设备维修服务	8121*	计算机及辅助设备修理
	055		人力资源服务业			
		0551	物联网相关公共就业服务	指物联网行业向劳动者提供公益性的就业服务	7261	公共就业服务
		0552	物联网相关职业中介服务	指物联网行业为求职者寻找、选择，介绍工作，为用人单位提供劳动力的服务	7262	职业中介服务

187

续表

大类	中类	小类	分类名称	说明	国民经济行业分类代码及名称（2017）	
05		0553	物联网相关创业指导服务	指除众创空间、孵化器等创业服务载体外的其他机构为物联网初创企业或创业者提供的创业辅导、创业培训、市场开拓、国际合作等一系列服务	7264	创业指导服务
	056		法律服务业			
		0561	物联网相关律师及法律服务	指物联网行业相关的律师、公证、仲裁、调解等活动	7231 7232 7239	律师及法律服务 公证服务 其他法律服务
	057		金融服务业			
		0571	基于物联网的供应链金融服务	指银行等机构利用物联网平台开展的借贷服务	662* 663*	货币银行服务 非货币银行服务
		0572	物联网产业资本投资服务	指经批准的证券投资机构的自营投资、直接投资物联网产业的活动和其他投资活动	6760	资本投资服务
		0573	物联网产业资本咨询服务	指物联网产业的投资咨询服务，财务咨询服务、资信评级服务，以及其他未列明的资本市场的服务	6790	其他资本市场服务
	058		相关组织			

续表

大类	中类	小类	分类名称	说明	国民经济行业分类代码及名称（2017）	
05	058	0581	物联网研发组织	指由物联网领域的成员、专家组成的社会团体的活动，包括物联网学会、技术创新战略联盟等	9521*	专业性团体
		0582	物联网行业组织	指由物联网行业，或物联网企业、或不同企业负责人组成的社会团体的活动，包括物联网行业协会、团体、联盟等	9522*	行业性团体
	059		检测认证服务业			
		0591	物联网相关检测服务	指依据相关标准或者技术规范，利用仪器设备、环境设施等技术条件，对物联网产品进行的技术判断	7452*	检测服务
		0592	物联网相关计量服务	指为了保障国家计量单位的统一和量值的准确可靠，维护国家、法人机构或其他社会组织的利益，计量技术机构或相关社会单位开展物联网相关的检定、校准、检验、检测、测试、鉴定、仲裁、技术咨询和技术培训等计量活动	7453*	计量服务

续表

大类	中类	小类	分类名称	说明	国民经济行业分类代码及名称（2017）	
05	059	0593	物联网标准化服务	指利用标准化的理念、原理和方法，为物联网行业提供标准化解决方案的产业，包括标准技术标准实验验证、标准信息服务、标准研制过程指导、标准实施宣贯等服务，基于标准化的组织战略咨询、管理流程再造、科技成果转移转化等服务，标准与相关产业融合发展而衍生的各类"标准化+"服务	7454*	标准化服务
		0594	物联网相关认证认可服务	指由认证机构证明产品、服务、管理体系符合物联网技术规范的强制性要求或者标准的合格评定活动；由认可机构对认证机构、检查机构、实验室及从事审评、审核等认证活动人员的能力和执业资格，予以承认的合格认定活动	7455*	认证认可服务

第十章
江西省物联网产业统计分类与标准研究

参考文献

[1] 王思博.物联网产业发展趋势和统计分类研究[J].现代电信科技,2017,47(3):27-32.

[2] 刘海燕.以统计监测促进战略性新兴产业可持续发展——以无锡物联网产业为例[J].江南论坛,2016,317(9):7-9.

[3] 薛洁.我国物联网产业统计指标体系基本框架研究[J].科技管理研究,2015,35(23):50-53,58.

[4] 薛洁,赵志飞.物联网产业的统计界定及其分类研究[J].统计研究,2012,29(4):16-19.

[5] 金诚,薛洁.我国物联网产业增加值测算研究——以浙江省为例[J].生产力研究,2018,307(2):11-14,22.

[6] 侯思华.我国物联网产业发展水平的综合评价及趋势研究[D].长沙:湖南大学,2015.

[7] 阳茜.福建省物联网产业竞争力评价[D].厦门:厦门大学,2014.

[8] 刘伟云.中国物联网产业竞争力研究[D].长春:吉林大学,2018.

[9] 张小洁,李鹏亮,段芸,等.北京市物联网产业统计分类研究[C]//北京市统计学会.北京市第十六次统计科学研讨会获奖论文集.2011:11.

[10] 罗伟.拱墅区"6+2"产业统计监测制度的理论探索[J].统计与管理,2017,238(5):13-14.

[11] 国家质量监督检验检疫总局,国家标准化管理委员会.国民经济行业分类(GB/T 4754-2017).2017.

[12] 国家质量监督检验检疫总局,国家标准化管理委员会.物联网术语(GB/T 33745-2017).2017.

[13] 重庆市市场监督管理局.物联网企业分类导则(DB50/T 1002-2020).2020.

第十一章
江西省大数据及云计算产业发展策略研究

"十四五"时期是我国工业经济向数字经济迈进的关键期，对大数据及云计算产业发展提出了新的要求。党中央、国务院高度重视大数据产业发展，推动实施国家大数据战略。习近平总书记就推动大数据和数字经济相关战略部署、发展大数据产业多次做出重要指示。《中华人民共和国国民经济和社会发展第十四个五年规划和2035年远景目标纲要》围绕"打造数字经济新优势"，做出了培育壮大大数据、云计算等新兴数字产业的明确部署。2022年伊始，江西省委、省政府围绕数字经济"一号发展工程"，前瞻部署实施数据市场培育、数字基建支撑等八大工程，推动数字经济做优做强做大。大数据及云计算作为数字经济领域使能技术和未来发展方向，对推动企业数字化转型、赋能千行百业具有重要作用。为抢抓数字经济发展战略机遇，全方位促进数字产业化、产业数字化，加快推动江西大数据及云计算产业高质量跨越式发展，本章重点探讨全球和我国大数据及云计算产业发展态势，指出未来趋势走向，结合国家战略规划和先进省市创新举措进行纵向、横向比较，深入剖析江西大数据及云计算产业链各环节发展情况和短板问题，前瞻性、创新性、针对性提出全省推进大数据及云计算产业创新发展的政策建议，以期为省委、省政府宏观战略部署提供信息支撑、决策参考。

第十一章
江西省大数据及云计算产业发展策略研究

一、我国大数据及云计算产业内涵与发展态势

（一）大数据及云计算产业内涵

1. 大数据及云计算概念界定

大数据（Big data），或称数据海、巨量资料，指一般的软件工具难以捕捉、管理和分析的大容量数据，一般以"太字节"为单位。"大数据"之大，并不仅仅在于数量之大，更大的意义在于，通过对数据的交换、整合和分析，发现新的知识，创造新的价值，带来"大知识""大科技""大利润""大发展"。

云计算（Cloud computing）早期，简单地说，就是简单的分布式计算，解决任务分发，并进行计算结果的合并。因而，云计算又称为网格计算，通过这项技术，可以在很短的时间内（几秒钟）完成对数以万计的数据的处理，从而展现出强大的网络服务。现阶段所说的云服务已经不单单是一种分布式计算，而是分布式计算、效用计算、负载均衡、并行计算、网络存储、热备份冗杂和虚拟化等计算机技术混合演进并跃升的结果。2012年，工业和信息化部所属中国信息通信研究院率先在《云计算白皮书（2012年）》做出了比较权威的阐述，即"云计算是一种通过网络统一组织和灵活调用各种ICT（信息和通信技术）信息资源，实现大规模计算的信息处理方式"。虽然技术和产品在不断迭代升级，但其本质属性仍未改变。

从技术上看，大数据与云计算的关系就像一枚硬币的正反面一样密不可分。大数据必然无法用单台的计算机进行处理，必须采用分布式架构。它的特色在于对海量数据进行分布式数据挖掘，但它必须依托云计算的分布式处理、分布式数据库和云存储、虚拟化技术。因此，两者关系紧密、互为支撑、互相掣肘。

2. 云计算及大数据分类

从数据生成类型上区分，大数据可分为交易数据、交互数据和传感数据；从数据来源上分，大数据可分为社交媒体数据、银行/购物网站数据、移动电话和平板电脑数据、各种传感器/物联网数据等；从数据格式可以分为文本日志数据、整型数据、图片数据、声音数据、视频数据等；还可从数据关系上区分为结构化数据（如交易流水账）和非结构化数据（如图、表、地图等）；从

数据所有者上可分为政府数据、公司数据、社会数据和个人数据。

按照云计算服务提供的不同资源所在的不同层次,云计算可被分为三类:IaaS(Infrastructure as a Service),基础设施即服务;PaaS(Platform as a Service),平台即服务;SaaS(Software as a Service),软件即服务。按照服务方式的不同,云计算又可分为面向机构内部提供服务的私有云、面向公众使用的公共云,以及二者相结合的混合云三类。

3. 大数据及云计算产业内涵与特征

大数据产业是以数据及数据所蕴含的信息价值为核心生产要素,通过数据技术、数据产品、数据服务等形式,使数据与信息价值在各行业经济活动中得到充分释放的赋能型产业。与传统数据产业相比,具有以下突出特征:一是容量巨大,数据的大小决定所考虑的数据的价值和潜在的信息;二是种类繁多,数据类型丰富;三是速度快,依托云计算等技术和设备获得数据的速度大幅提升;四是可变性强,一定程度上妨碍了处理和有效地管理数据的过程;五是真实性,海量数据保障了分析结果较高的质量;六是复杂性,数据量巨大,来源渠道广泛;七是价值性,广泛合理运用大数据,将以低成本创造高价值。

云计算产业是基于云计算模式提供IT资源服务、为架构云计算平台提供技术服务的信息技术服务业。云计算产业中的云企业主体应该有足够的前瞻性,开发适合在云架构下运行的软硬件,利用云计算技术从大数据中挖掘出用于决策的信息,创造灵活的计算环境。云计算产业不但包含技术上的创新,而且包含商业模式的创新和产品服务的创新。与传统的网络应用模式相比,其具有如下优势与特点:一是虚拟化,即突破了时间、空间的界限,是云计算最为显著的特点;二是动态可扩展,即具有高效的运算能力,在原有服务器基础上增加云计算功能能够使计算速度迅速提高,最终实现动态扩展虚拟化的层次达到对应用进行扩展的目的;三是按需部署,能够根据用户的需求快速配备计算能力及资源;四是灵活可靠性高,目前虚拟化要素统一放在云系统资源虚拟池当中进行管理,可见云计算的兼容性非常强,倘若服务器故障也不影响计算与应用的正常运行;五是性价比高,将资源放在虚拟资源池中统一管理在一定程度上优化了物理资源,用户不再需要昂贵、存储空间大的主机,可以选择相对廉价的PC组成云,一方面减少费用,另一方面计算性能不逊于大型主机。

第十一章
江西省大数据及云计算产业发展策略研究

（二）大数据及云计算产业发展态势

1. 大数据产业发展洞察

国家政策加持，产业发展逐步走向成熟。自 2015 年起，国家大数据规划政策密集出台，国务院 8 月颁布《促进大数据发展行动纲要》，大数据由此正式上升为国家发展战略。2016 年，工业和信息化部印发《大数据产业发展规划（2016—2020 年）》，推动大数据产业进一步发展。新一代信息技术、智慧城市、数字中国等发展战略也在逐步推动社会经济数字化转型，大数据的产业支撑进一步强化，应用范围加速拓展，产业规模实现相应快速增长。自 2013 年起，大数据企业快速增长，到 2015 年达到最高峰，随后趋于平稳。据中国信通院统计，2020 年我国活跃的大数据企业共有 3242 家，产业逐步走向成熟。

中小企业主导产业发展，地域分布以沿海发达地区为主。目前，我国大数据领域超 70% 企业以 10~100 人的中小规模居多。随着"新基建"成为拉动我国经济高质量发展的新一轮驱动力，中小企业将面临内外部市场环境和内生动力变化双重挑战。其次，在分布区域方面，大数据企业主要位于北京、上海、广东、浙江等沿海经济发达地区，这与当地经济繁荣、人才创新活跃、资金资源雄厚及营商环境优越等密切相关，并逐渐形成了领先优势。而以天津、石家庄、张家口、贵州等为代表的第二梯队地区依托良好的政策基础、地理位置、能源优势、日益增长的科研实力及交通优势，也逐步形成了大数据平台服务、应用开发和集成应用等创新企业集聚中心。

应用领域不断丰富，持续赋能千行百业。据统计，当前金融（30%）、医疗健康（14%）、政务（13%）是大数据行业应用的最主要类型。除此之外依次是互联网、教育、交通运输、电子商务、供应链与物流、农业、工业与制造业、体育文化、环境气象、能源行业。由此可见，大数据挖掘、分析、集成应用正由核心行业逐步延伸，加快推动新旧动能接续转换，赋能千行百业高质量跨越式发展。

2. 云计算产业发展洞察

我国云计算市场呈现爆发式增长态势。得益于 2020 年新冠疫情防控的重大战略成果,我国经济社会加快恢复,各行业上云数字化进程加速,用户对云计算的需求日益增强,云计算市场也迎来久违的暴发式增长局面。全国整体规模达到2091亿元,增速56.6%。其中公有云市场达1277亿元规模,相比2019年增长85.2%;私有云市场规模达814亿元,较2019年增长26.1%。

云原生持续落地,行业应用加速。云原生技术在提升资源利用率、弹性效率、交付效率,以及简化运维系统和便于现有系统的功能扩展等方面的价值认可较前一年全面提升,分别为14.59%、13.98%、28.83%、37.57%和23.02%。采用云原生架构的生产集群规模显著提升,但规模化应用带来的安全、性能和可靠性等问题仍需考虑。用户生产环境中中小集群规模(100节点内)同比下降明显,100节点以上规模占比全线上升,规模化应用持续。

云网融合需求强劲,边缘侧增长潜力巨大。随着我国各行业上云数字化进程加速,用户对云网融合的需求日益增强。同时,国家对5G、工业互联网等领域的大力支持,也有效带动了边缘计算的市场需求。据中国信通院调查数据显示,2020年超过半数的企业对本地数据中心与云资源池间的互联网需求强烈,而我国企业计划使用边缘计算和正在使用的比例达53.8%、4.9%。

安全能力提升备受关注,信任体系逐步兴起。随着企业上云进程的不断深化和云安全态势日益严峻,传统安全架构已无法满足企业需求,改造或升级安全架构以应对云环境威胁挑战成为企业的首要选择。据IDC统计,超65%的企业将会重新部署专门面向云计算环境的抗DDoS攻击解决方案和应用防火墙,超28%的企业将对已有安全解决方案进行升级以适应云计算环境的网络安全需求。随即,以信任机制为突破的安全体系开始兴起。国际上,Forrester、Gartner、NIST等纷纷定义零信任理念或架构,CSA提出软件定义边界(SDP)模型,打破边界安全理念中网络位置和信任间的默认关系,以适应云计算网络边界模糊状态下的安全需求。在国内,工业和信息化部发布的《关于促进网络安全产业发展的指导意见(征求意见稿)》,将"零信任安全"列入需要"着力突破的网络安全关键技术"。

第十一章
江西省大数据及云计算产业发展策略研究

（三）国内外产业典型成长模式

1. 国内产业成长模式

（1）围绕京津冀数据中心布局打造高质量发展新名片

京津冀地区作为数据中心企业最青睐的"产业发达、人口稠密"地区，特别是北京这一数字产业创新策源地之一，理应成为蓬勃的发展中心，但近年来受限于节能减排下的能耗管控，似乎遭遇了凛冽的"寒冬"。这背后的阻力就是一系列数据中心发展调控政策，并且限制条件逐年严苛，尤其是2021年4月，北京印发了《北京市数据中心统筹发展实施方案（2021—2023年）》，要求新建数据中心PUE值不得高于1.3，并且计划关闭、腾退一部分高能耗数据中心。当然，严格的政策控制引发了产业外溢，尤以北京市中心城区以外的郊区、环京的廊坊、张家口以及武清区等地最"炙手可热"。这"寒冬"与"热潮"的反向冲击，不仅催生于碳减排背景下，更映射出未来数据中心发展的大趋势。河北张家口顺应浪潮，抢抓新机遇，积极打造河北高质量发展的一张新"数据名片"。

一是顶层谋划，高位推动，全面开启"中国数坝"建设进程。近年来，张家口十分重视数字产业的发展，连续印发系列指导文件，全面开启"中国数坝"的建设进程，并且规划了存储核心（坝上四县）、计算核心（宣经桥）、网络核心（怀来）等三个发展核心。其中作为网络核心的怀来，充分发挥承接和连接作用，已经吸引了腾讯、阿里巴巴等众多产业巨头数据中心的入驻，并吸引了更多数据中心企业和互联网企业的目光。

二是持续发力，凭借资源环境优势，大力推倒数据中心"碳瓶颈"藩篱。对于数据中心产业来说，怀来除了拥有良好的地理位置，地处备受关注的重要环京区域外，在自然环境、能源供给等方面，也十分适合数据中心的发展。首先，怀来地区年平均气温5℃～17℃，大幅降低了数据中心的制冷需求，有利于数据中心低能耗、低PUE的实现。其次，怀来地区拥有100%的清洁能源供给能力。作为全国唯一由国务院批复的可再生能源示范区，张家口地区2020年新能源装机容量达到2000万千瓦，2030年将达到5000万千瓦，不仅可以满足自身清洁能源供电，还有充裕的对外输出能力。最终，凭借地处环首都经济圈、超低延时和大带宽的骨干网络支持、年均气温低,以及充足的清洁能源等固有优势,怀来已成为环京地区实际运营规模最大的云数据产业基地集群,并于2020年获评成为以数据中心为特色的国家新型工业化产业示范基地。

(2)粤港澳大湾区、长三角区域一体化发展培育产业优势

从区位角度而言,粤港澳大湾区、长三角等区域交通便利,计算力需求增长迅猛,正成为云数据中心行业发展的火车头。从发展需求看,在区域一体化进程中,云数据中心发展面临系列问题,一线城市和核心经济城区数据中心集聚,计算需求不断增长,自身承载面临巨大压力。对此,粤港澳大湾区、长三角区域充分发挥区域城市间协同作用,探索建立统一数据对接标准、搭建基础架构,在与不同应用场景的结合中实现其价值,形成完善的云数据中心产业带。

一是充分挖掘数据资源,积极培育产业优势。粤港澳大湾区、长三角数据资源极其丰富,围绕经济社会运行和规模庞大的人员、物资、资金、技术等产业要素流通,粤港澳大湾区及长三角区域集聚了海量数据流和信息流。中国电子信息十强企业中,华为、比亚迪、TCL等均位于粤港澳大湾区;中国电信公共云算力中心、腾讯华东云计算基地、阿里云华东智能算力中心等均位于长三角区域。依托大量数据资源、产业优势,粤港澳大湾区、长三角区域云数据中心一体化将迎来更大的发展。

二是改善基础设施条件,满足日益增长的应用需求。近年来,粤港澳大湾区不断完善信息化基础设施,扩容升级互联网骨干网和城域网,云数据中心产业已经形成以穗港深为核心、阶梯式辐射周边的产业布局,服务器上架率和数据储存量位居国内前茅。截至2019年底,广东已投产使用的数据中心数量约有16个,位于粤港澳大湾区范围内的占68%。规划在建机架数量约18万个,已投产使用的机架数量约12万个,在用的机架数量约7.2万个,累计服务器数量超过86.4万台,数据存量约为25.3万TB。长三角地区则加快5G基站协同布局建设,持续提升网络带宽和质量,率先迈入"千兆5G+千兆光纤宽带"双5G时代,丰富"5G+"垂直行业应用场景,打造全球5G创新应用城市群。通过改善云数据中心基础设施条件,不断满足日益增长的云数据应用需求,助力区域云数据中心布局建设。

第十一章
江西省大数据及云计算产业发展策略研究

（3）以黔、成渝等西部地区战略布局加速构建产业生态

自2016年国家批复贵州建设首个国家大数据综合试验区以来，贵州先行先试、探索创新，把综合试验区建设与大数据战略行动统筹推进，在推动全省经济增长、数据中心建设、大数据体制机制创新等方面取得了突出成绩。四川抢抓信息产业发展模式和格局发生深刻变革的新机遇，基于"硬件+软件+终端+内容+服务"的产业链垂直整合，推动信息产业组织方式深刻变革；加快大数据、云计算、移动互联网应用等面向服务的商业模式创新，开辟了新的产业增长点，加速构建大数据产业生态环境。

一是加强顶层设计，完善政策体系，创新体制机制。完善的政策体系和创新的体制机制可以为产业发展创造良好的发展环境。自2014年以来，贵州省市政府陆续出台了《关于加快大数据产业发展应用若干政策的意见》《贵州省大数据产业发展应用规划纲要（2014—2020年）》《关于加快大数据产业人才队伍建设的实施意见》《贵州省大数据发展应用促进条例》和《贵州省数字经济发展规划（2017—2020年）》等政策法规，为大数据中心建设发展提供了重要的制度保障。

2020年5月，四川大数据中心和重庆大数据应用发展管理局签署《深化川渝合作推动成渝地区双城经济圈大数据协同发展合作备忘录》，打通川渝大数据壁垒，促进两地大数据事业协同健康有序发展，将成渝地区建设成为西部数据高地、全国具有影响力的云数据发展中心，服务成渝地区双城经济圈建设。

二是拓展应用领域，明确发展重点，注重示范引领。大数据价值的体现应以应用为保障，贵州积极推动大数据在政务、教育、旅游、交通、公安等领域的应用，为大数据技术的产业化创造了良好的市场环境。如建立贵安新区干部管理云平台，用大数据精准管评干部实绩；贵阳清镇利用大数据构建"智慧课堂"；贵阳市旅发委起草三年《行动计划》推动"大数据+旅游"等。这些活动都取得了明显成效，为大数据的广泛应用起到了示范作用。在发展模式上，贵州大数据产业采用"以点带面"方式，注重发挥示范引领作用。贵州大数据以贵阳为中心进行大数据基地建设。贵阳作为贵州省大数据产业"火车头"，有效带动了贵州大数据中心建设和产业发展。重庆市和四川省通过打造链接成渝双城的数字经济平台，聚集中小企业服务集群和产业集群，做大做强大数据

产业，培育发展大数据产业集群；建立公共数据和市场数据联结，政府和社会沟通互动的大数据采集、融合、开放、利用机制；扶持培育一批发展层次高、带动作用强的本土数字经济独角兽企业，推动分享经济、流量经济等新经济、新模式发展，打破企业边界，促进技术、设备和服务的共享与融合发展。

2. 国外产业成长模式

国外大数据及云计算产业起步较早，取得世界领先水平的是美国、欧盟、日本等发达国家（地区）。在产业起步期，欧美发达国家即通过相关标准与制度的完善来引导和推动云计算、大数据的发展，充分挖掘市场需求。美国政府的云计算发展计划是在政府采购创造市场需求的基础上来带动云计算产业的进步；德国则通过制定制度及政策的手段来解决与克服云计算在发展与应用过程中存在的技术、法律及组织等问题；而日本采用的是通过云计算技术提高数据中心节能环保指标的方式来督促云计算产业的发展，并在海量数据实时处理的研究中不断开拓市场需求，搭建相应的业务平台。从中可以看出，发达国家政府应用成为云计算、数字化转型的先行者，通过政府示范带动云计算及关联产业的发展，降低政务成本同时提高政府工作的工作质量与透明度。因此，国外产业成长没有特别新颖的模式，遵循的仍是传统技术产业化的常规路径，依托成熟的软硬件技术和产品，由政府发挥示范带头作用，进而向市场普及开来，同时引领和带动全国各地产业快速发展。

二、江西大数据及云计算产业发展概况与优势分析

（一）江西产业成长概况

1. 产业规模和发展层次显著提升

江西在省委、省政府顶层谋划、高位推动下，按照"错位发展、特色发展、集群发展"原则，聚焦核心产业，围绕创新平台、要素、人才、技术、金融等供给，以"定制思维"打造新兴产业优质"生态链"，大力开展招商引资，建设华为上饶云计算中心，使上饶成为华为在江西唯一的数据节点城市；联合华为打造鲲鹏服务器及其配套产业基地，年产整机30万台；联合滴滴出行公司

第十一章
江西省大数据及云计算产业发展策略研究

打造江西最大的呼叫城……目前，以 vivo、钜石科技为代表的数字金融，以洋码头、巨网科技为代表的数字营销，以迈普医学、海普洛斯为代表的数字医疗，以滴滴客服中心、哈啰出行为代表的数字呼叫，以中科曙光云计算中心、卓朗云计算中心等"两云一超一湖"为代表的数据中心，共同构建和支撑起江西独具特色的"大数据+云计算"产业发展新格局。2020年，全省大数据产业主营业务收入超500亿元，大数据企业从2016年的几百家发展到2020年突破1300家。预计到2025年，大数据及云计算产业规模有望突破1000亿元。

2. 围绕产业链部署创新链，积极打造产业生态高地

近年来，为支撑大数据及云计算产业创新驱动发展，全省上下积极开展延链补链强链行动，围绕产业链部署创新链，力争建设成为产业生态高地。以市场为导向组建了上饶市中科院云计算中心大数据研究院、华东数字医学工程研究院等多个新型研发机构，为产业创新发展提供科技供给。同时壮大产业链，在引进和培育龙头企业的同时，大力发展了一批大数据卫星企业，积极承接发达地区数字经济企业的服务外包业务。在平台载体建设方面，围绕沿海发达地区互联网企业巨大的计算服务需求，全省大力推进大数据中心建设，重点打造了中科曙光云计算中心、卓朗云计算中心、创世纪超算中心、易华录赣抚数据湖等"两云一超一湖"四大数据中心及中国电信、中国移动、中国联通和华为（江西）云计算数据中心，奠定江西在全国的区域性大型数据中心地位，并成为吸引前端制造、后端应用企业落户江西的强大"数据磁"。

3. 裂变式加速发展为实体产业赋能增效

大数据及云计算产业本质是软硬件协同的赋能型产业，伴随着创新链、产业链、人才链、政策链、资金链深度融合，全省大数据及云计算产业在迎来裂变式发展的同时，也正在加速为实体经济赋能增效。2020年，上饶经开区通过加大对"两光一车"（光伏、光学、汽车）等产业数字化、网络化、智能化改造，使晶科能源成为全球光伏行业智能化水平最高的生产车间，获批国家智能制造试点示范项目；落户的汽车上下游配套企业达60家、光学产业上下游配套企业超过170家，产业发展的"颜值"不断提升。大数据产业是带动江西经济增长的核心动力，是红土地加快脱贫攻坚的重大机遇，更是践行以人民为中心发展思想的具体实践。

（二）江西产业成长的优势分析

1. 顶层谋划、高位推动

5G时代呼之欲来，新一轮科技革命和产业变革蓬勃发展。作为革命老区，发展不足仍是江西的主要矛盾。近年来，江西省委、省政府敏锐捕捉先机，明确智慧经济等为新经济主攻方向，先后出台《促进大数据发展实施方案》《江西省推进"企业上云"行动计划（2018—2020年）》《江西省大数据发展行动计划》《江西省推进大数据产业发展三年行动计划（2023—2025年）》等系列政策文件，推动企业、行业上云上平台，全力搭建通往大数据及云计算产业的台阶，促进互联网、大数据、云计算与实体经济深度融合，加快现代化经济体系建设。

2. 生态健全、聚力发展

"传统工业拼的是供应链，大数据产业拼的是生态链。"围绕产业生态，积极开展延链补链强链行动，积极引进国家级大院大所，与高校院所联合组建新型研发机构，旨在为产业提供科技支撑。同时围绕核心企业，加快发展一批配套企业，形成以龙头企业为核心的轮轴式产业发展格局。另外，在公共服务平台方面，加快推进大数据中心建设。以华为云数据中心、江西移动临空数据中心等为代表的一批超大型、大型数据中心相继建成，为前端设计、后端服务提供了有力支撑，带动上下游企业集聚江西，发展江西。

3. 战略优势凸显

江西区位优势、资源优势、产业优势、生态优势和国家战略叠加优势更加凸显，为推进高质量跨越式发展提供了新机遇。江西是唯一毗邻长三角、粤港澳大湾区两大国家区域战略核心区的中部欠发达省份，沪昆高铁、京港高铁穿省而过。西部大开发、苏区振兴、中部地区高质量发展等国家战略相继落地江西，政策、人力资源等优势将日益凸显，市场需求有望被挖掘，产业发展质量有待进一步提升。诸多优势集聚一身，将极大地吸引海内外有志之士和企业落户江西，谋求更大的发展。

第十一章
江西省大数据及云计算产业发展策略研究

（三）江西成长模式及选择

1. 成长模式演化

江西大数据及云计算产业在省市政府顶层谋划、高位推动的总体框架下形成。2019年，为贯彻落实国家数字经济发展战略纲要，助推全省高质量跨越式发展，江西省委、省政府联合印发《江西省实施数字经济发展战略的意见》，明确提出大数据及云计算产业生态培育工程，积极引进和培育一批大数据和云计算企业，打造技术先进、生态完备的产品体系，推动云计算和大数据服务产业快速发展。随后，《江西省数字经济发展三年行动计划2020—2022年》的出台，对大数据及云计算产业培育做出系统规划和部署，为江西发展技术产业指明了方向、增添了信心和动力。

时至今日，江西大数据及云计算产业经历了从无到有、从羸弱到健壮的成长过程。从发展历程看，江西产业的启动和发展有赖于省委、省政府的顶层谋划、强力推动。江西省委、省政府重点围绕创新平台、技术攻关、示范应用、企业培育等产业关键环节狠抓落实，极大地促进了大数据及云计算产业在江西的落地生根、破土成长。从成长模式看，当前江西大数据及云计算龙头企业缺乏，依托龙头企业带动的轮轴式成长路径困难重重。因此，全省重点抓产业园和示范基地建设，以期由点带面，逐步成长。上饶、抚州、宜春等地市抢抓新时代政策机遇，走在全省发展的前列，正努力构建区域性的大数据及云计算产业集聚区。同时依托产业园区发展大数据技术服务、流通交易、科研"双创"等公共平台，围绕政务服务、普惠民生、公共服务、产业创新等领域，打造一批典型大数据应用，推动大数据及云计算技术产业同实体经济深度融合，成效显著。

2. 成长模式选择

当前，依托大数据及云计算产业园和示范基地建设，江西产业成长规模逐步壮大，但全省各个园区高度分散，没有形成规模聚集，总体上来看，成长动力略显不足。因此，未来一段时期，江西大数据及云计算产业的发展，还需重点培育龙头企业，形成平台服务优势，进而带动产出一大批配套产品及优质供应商。构建以龙头企业驱动的轮轴式成长模式是江西大数据及云计算产业起步和成长的必然选择,随着产业规模的不断扩大就会出现产业园区、龙头企业带动和产业联盟三种模式并存的成长路径。故对于江西大数据及云计算产业发展来说,下一步需重点引进若干海内外重点龙头企业,加快培育壮大本土龙头企业,并适时建立省级大数据及云计算产业联盟,以联盟构建协同创新体系,加快推动全省大数据及云计算产业创新发展。

三、江西产业发展存在的短板问题及应对之策

(一)短板问题

1. 省级层面的统筹布局不足,各地重视程度不一

当前,省级层面虽已制定《促进大数据发展实施方案》《江西省推进"企业上云"行动计划(2018—2020年)》《江西省大数据发展行动计划》《关于工业大数据发展的指导意见》等系列政策文件,但针对大数据及云计算产业的行动方案和激励措施等尚未出台,南昌、抚州、上饶、宜春等地市虽极力推动本地区技术和产业发展,但缺乏省一级的统筹协调和战略布局,易造成各地重视程度不一,总体发展成效略显不足。

2. 平台型企业匮乏,龙头企业引领作用不强

经过多年的发展,江西引进和培育了一批大数据及云计算企业,2020年已突破1300家,为行业数字化转型、数字产业发展及数字化治理提供了一系列优质产品和解决方案,也有效带动了全省大数据及云计算产业快速发展。但同时,也应看到,江西在大数据和云计算产业链环节缺乏平台型企业,本土龙头企业偏少,规模不大,引领作用不强,更多的是从事数字营销、数字金融、数字呼叫及数字医疗为代表的应用端企业。这在未来数字化发展大背景大趋势下,不利于发挥良好的产业集聚效应,不利于快速提升产业规模和发展质量。

3. 创新供给不够,市场占有率不高

产业成长到一定阶段,必然需要科研院校的广泛参与,为产业发展提供技术支撑。目前,尽管江西部分企业在沿江发达地区设立了研发中心,但全省仍缺乏专业从事大数据及云计算的研究机构,而行业企业重营销轻研发,因此具

有自主知识产权的云主机、云存储、云终端及其他硬件或大数据等一批关键核心技术还有待突破，本土技术产品创新供给不足。并且，江西省内消费类、行业应用类的移动互联网应用软件整体技术壁垒不高、创新性不足，品牌知名度欠缺，导致技术产品市场占有率不高。

（二）对策建议

1. 加强顶层设计，研究制定专项产业扶持政策

大数据及云计算作为江西电子信息产业的生力军和赋能型产业，其引领和带动效应愈加凸显。建议借鉴贵州、宁夏等欠发达省份经验做法，做好江西大数据及云计算发展的顶层谋划，推动全省一盘棋发展，以大数据及云计算为核心，以智能终端为方向，强化软件和应用服务业纽带作用，形成一体化发展新格局，提升全省大数据及云计算产业发展水平及竞争力。

2. 重点突破核心技术，加快先进科技成果转化落地

一是围绕大数据及云计算关键核心技术，组织省内外科研力量联合攻关。依托南昌大学等核心力量，联合省外高校院所积极申报对接国家科技创新2030"大数据"重大专项，重点突破分布式存储、数据挖掘、数据安全、数据可视化等实用型关键技术，显著提升江西大数据应用化能力。

二是加强大数据人才培养引进，着力厚植人才资源新优势。加大人才引进力度。在大数据及云计算领域深入实施"双千人才引进计划""百千万人才工程"等省市人才计划。依托世界VR产业大会、江西国际移动物联网博览会等省内外知名载体平台，引进一批人才和团队到江西创新创业，加快大数据及云计算产业科技创新步伐。

三是加快推动先进科技成果在江西落地转化。编制全省企业技术产品需求目录，对接国家和外省重点研究单位，加快推动核心芯片、高性能安全可控服务器、海量存储等大数据产品和设备在江西落地转化，推进云操作系统、工业控制实时操作系统、智能终端操作系统及高端智能传感器、工业控制系统、人机交互等软硬件基础产品联合研发和应用。

3. 引进培育重点企业,建设完善公共服务平台

一是加强行业领军企业的引进落户。鼓励省内企业发挥软件领域优势,加强产业优化整合,通过联合、并购、重组等方式组建大型公司或进行海外并购,壮大形成大数据及云计算核心龙头企业。大力推进全省招商引资工作,千方百计引进国内外拥有核心关键技术、具有较强创新能力和国际竞争力的云计算、大数据企业落户江西。积极跟进新引进企业项目建设,做好配套服务,发挥项目带动示范作用,推进资源要素集聚整合,打造完善产业链,促进大数据及云计算产业集聚发展。

二是开展"瞪羚"企业培育计划,加大中小企业培育力度。选择一批以科技创新和模式创新为支撑,成长性良好或进入高成长期的企业,列入"瞪羚种子企业""瞪羚企业"计划名录,进行重点培育,集中数据、技术、资金、市场、人才等要素供给予以积极支持。推动"瞪羚企业"向"独角兽企业"升级。

三是着力打造完善的公共服务平台体系。建议统筹云计算数据中心规划建设,出台系列优惠政策,加快引进一批重大的数据中心项目落户产业园区,为本地和周边地区提供数据存储服务。扶持一批面向大数据及云计算知识产权、投融资、产权交易、人才服务、企业孵化和品牌推广等专业服务机构。支持第三方机构开展大数据及云计算服务可用性、可靠性、安全性和服务质量等方面评估、评测、检测认证服务。

4. 建设大数据交易汇聚中心,深化行业示范应用

一是建设大数据交易平台,开展规模化数据交易服务。数据交易驱动政企数据要素有序流通融合,支撑大数据政用、商用、民用,释放数据资源价值,是大数据产业发展的重要引擎。建议借鉴贵阳大数据交易所的经验做法,探索组建江西大数据交易市场,建立数据产权界定、定价、交易、监管等制度和机制,健全数据交易流通的市场化机制,发挥市场的平台放大效应,释放江西数据红利。

二是充分挖掘大数据赋能需求,深化行业示范应用。当前大数据行业中的应用主要表现在数据处理、企业管理效率优化等方面,下一步应重点推动大数据及云计算在更深层次与实体经济的融合,尤其是发展工业大数据。推进大数据及云计算在智能制造、有色金属、新能源汽车、生物医药等领域的应用。建

设工业智能制造云服务平台，提供研发设计、生产、经营等全流程云服务。引导制造业龙头企业开放数据和服务资源，提升产业竞争力。坚持示范引领、典型带动，落实项目化、实物化推进，分行业、分领域建设打造一批高水平的大数据与实体经济深度融合典型示范项目，形成可复制、可推广的融合技术、融合产品、融合模式和解决方案，带动技术更新、模式创新和产品供给革新。

参考文献

[1] 中国信息通信研究院.大数据白皮书（2022年）[R/OL].[2023–07–03].http://www.caict.ac.cn/kxyj/qwfb/bps/202301/P020230104388100740258.pdf.

[2] 中国信息通信研究院.大数据白皮书[R/OL].[2023–07–03].http://www.caict.ac.cn/kxyj/qwfb/bps/202112/P020211220495261830486.pdf.

[3] 中国信息通信研究院.大数据白皮书（2020年）[R/OL].[2023–01–03].http://www.caict.ac.cn/kxyj/qwfb/bps/202012/P020210208530851510348.pdf.

[4] 中国信息通信研究院.云计算白皮书（2022年）[R/OL].[2023–01–03].http://www.caict.ac.cn/english/research/whitepapers/202208/P020220819513475891365.pdf.

[5] 中国信息通信研究院.云计算白皮书（2021年）[R/OL].[2023–01–03].http://www.caict.ac.cn/kxyj/qwfb/bps/202201/t20220126_396162.htm.

[6] 杨贵平.江西省工业和信息化发展报告2021[M].南昌：江西人民出版社出版.2021.

第十二章
加快江西省信创新兴赛道破局的策略研究

习近平总书记在庆祝中国共产党成立100周年大会上的重要讲话中指出，新的征程上，我们必须增强忧患意识、始终居安思危，贯彻总体国家安全观，统筹发展和安全，统筹中华民族伟大复兴战略全局和世界百年未有之大变局，深刻认识我国社会主要矛盾变化带来的新特征新要求，深刻认识错综复杂的国际环境带来的新矛盾新挑战，敢于斗争，善于斗争，逢山开道、遇水架桥，勇于战胜一切风险挑战！[①] 信息安全是国家安全的重要组成部分，信创产业（信息技术应用创新产业）是信息安全的底层基座，也是反向推动集成电路、计算机软件加快发展的重要途径，正成为全球经济竞争的新赛道。

2022年3月，江西省委、省政府印发《关于深入推进数字经济做优做强"一号发展工程"的意见》，明确指出要布局信创等基础赛道，"一道一策"推动产业能级跃迁。2022年5月，省政府印发的《江西省"十四五"数字经济发展规划》提出，抢抓自主可控国产化机遇，加快引进具有自主创新能力的软件开发及终端制造项目。信创产业作为电子信息产业发展的重要方向、关键赛道、主阵地和转型升级的关键环节，构建以信创产业为主要内核的未来数字产业体系，在竞争激烈的大背景下抢占可持续发展的身位，对江西经济发展具有重要意义。为前瞻谋划信创产业布局，抢抓国产替代机遇，本章深入剖析信创产业政策及未来趋势，立足江西产业基础和条件，从顶层设计、科技创新、企业培育和生态构建等角度提出针对性建议，供相关部门决策参考。

---

① 习近平总书记在庆祝中国共产党成立100周年大会上的重要讲话。

第十二章
加快江西省信创新兴赛道破局的策略研究

一、信创产业迎来黄金机遇期

信创产业，即信息技术应用创新产业，旨在实现信息技术领域的自主可控，以破解当前的安全隐患和卡脖子风险，保障国家信息安全。其核心是建立自主可控的信息技术底层架构和标准，在芯片、传感器、基础软件、应用软件等领域实现国产替代。

（一）信创上升为国家战略，各地布局按下"加速键"

长期以来，我国对海外IT产品的依赖度较高，国外IT厂商在操作系统、数据库、芯片、服务器、智能终端等领域占据了中国市场的较大份额，高度渗透了政府、海关、金融等各行业环节（图12-1）。近年来，美国持续动用技术产品出口管制、长臂管辖等政策工具，企图遏制中国科技的发展。为摆脱上游核心技术受制于人的现状，我国将信创产业纳入国家战略，先后出台《新时期促进集成电路产业和软件产业高质量发展的若干政策》《六部门关于加快培育发展制造业优质企业的指导意见》《"十四五"信息化和工业化深度融合发

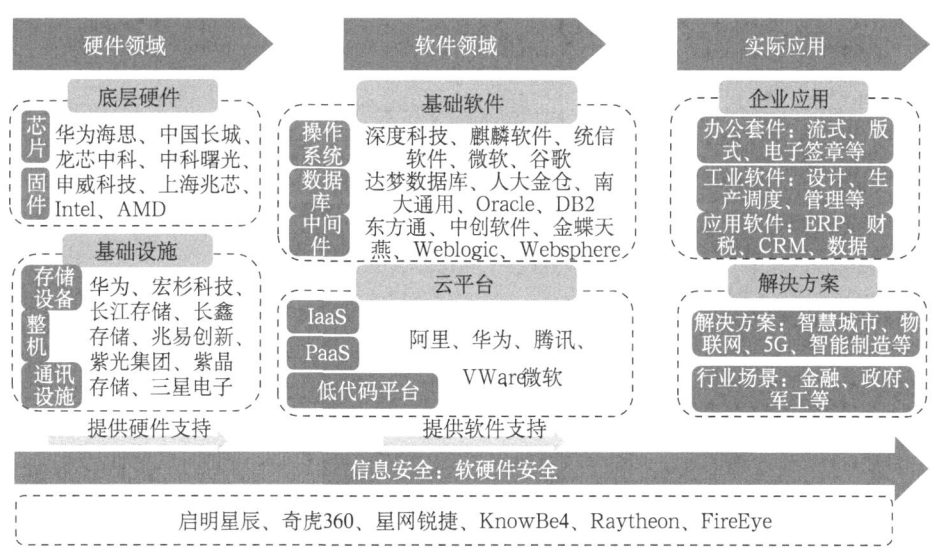

图 12-1

展规划》《关于调整重大技术装备进口税收政策有关目录的通知》《"十四五"国家信息化规划》等重大政策，为信创发展谋篇布局、掌舵领航。行业迎来黄金机遇期。

在国家宏观政策的引领下，地方政府也相继出台支持性政策，助力信创产业持续发展。截至2022年6月，广东、天津、湖南等地分别出台18条、12条和8条信创相关政策，这些地区也是信创产业发展水平靠前的城市（图12-2）。广州和天津出台了鲜有的信创专项政策，展现了其对信创产业的重视。深入分析各地方信创相关政策，发现信创发展重点各不相同，安徽、北京、湖南、天津重点发展信创软硬件的研发和应用，福建、广东、贵州、上海、云南重点关注信创政务，福建、广东、湖南、吉林、四川重点发展信息安全，福建、湖南、宁夏重点发展信创云建设。

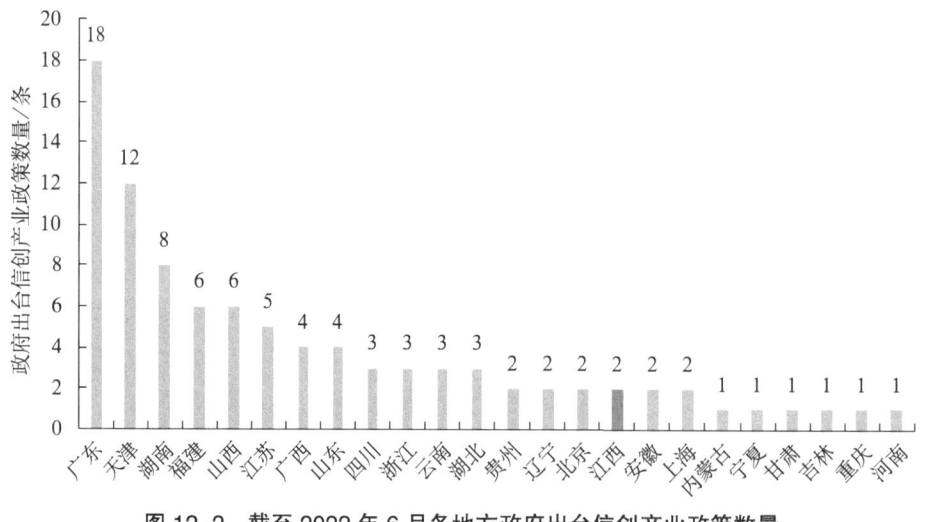

图12-2　截至2022年6月各地方政府出台信创产业政策数量

（二）信创生态体系加快形成，有望激发万亿级市场

2022年9月底，国家下发79号文，全面指导国资信创产业发展和进度，要求所有"央企＋国企＋地方"国企全面落实信创全替代。市场普遍认为，未来五年是"大信创"发展的关键时期。从信创产业整体市场来看，相关数据显示，

第十二章
加快江西省信创新兴赛道破局的策略研究

2021年信创产业整体市场规模6886.3亿元，近五年复合增速达到35.7%，预计2025年市场规模将达到23354.6亿元，信创产业高速增长态势明显，市场正在释放出前所未有的活力。

如图12-3所示，目前，中国信创产业已形成体系化、生态化发展态势，相关产品和服务逐步从"基本可用"向"好用易用"迈进。国产信创产品的大规模应用已初步具备基础，无论是CPU、操作系统、数据库、中间件，还是PC终端、服务器、存储、外设等都呈现出技术、产品、市场紧密衔接的产业生态。数据库从集中式向分布式拓展，流、图、信息检索等数据库自主化程度不断增强，中间件等产品分类不断细化，EDA设计工具等基础工具类、云计算等平台类、即时通信等应用类、地理信息等解决方案类产品相继进入创新应用，为信创产业发展源源不断注入"活水"，促使信创产业发展形成良好态势。

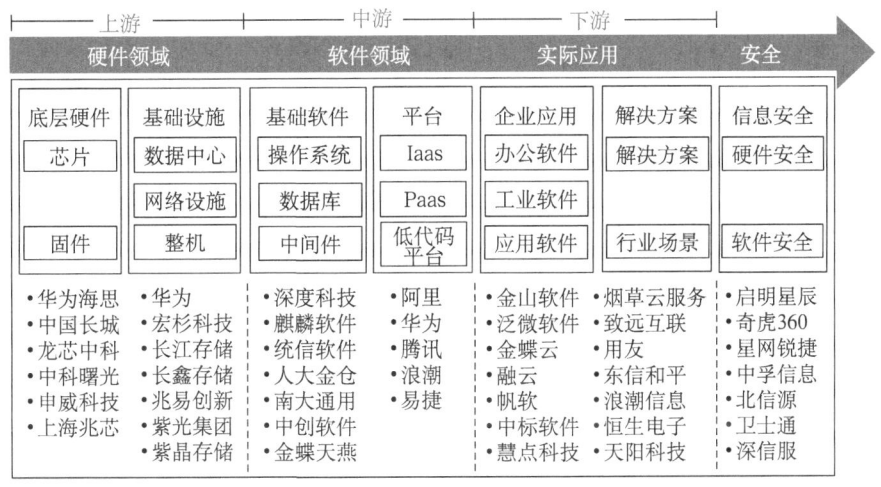

图12-3 我国信创产业链全景图

（三）供需合力推动产业落地，信创迎来行业爆发拐点

从供给侧来看，以华为、中国科学院、中国电子为代表的领军企业和研究机构，及以纳思达、金山办公等为代表的细分领域"国货之光"正在成长，能力不断提升。在技术突破方面，自主产品日益成熟，CPU、OS、数据库、应用

软件等环节齐头并进，不断攻克薄弱环节；华为"缺芯"问题有望得到改善；海光三号成功量产、海光四号实现工艺制程重大突破，验证已经具备长期自主研发和迭代能力。当前技术起点已处于较高且成熟的水平，开源社区也打破了技术垄断，国内厂商得以站在前人的肩膀上谋发展，每一个薄弱环节的攻克，都有助于整条产业链的推进。

从需求侧来看，信创产品获客户认可，从党政走向行业及更广阔的民用市场。如图12-4所示当前国内信创正沿着"2+8+N"方向加速普及。从推进进程来看，在政策导向下，党政信创启动最早。国内党政信创从2013年开始逐步进行公文系统替换计划，到2022年完成基本公文系统信创改造，2022年上半年信创行业化的特征逐渐显现，从金融、运营商、能源、电力等购买力比较强的行业，慢慢向购买力相对弱的行业去推广。进入下半年，贴息贷款政策明确要求优先采用国产自主品牌产品，教育、医疗领域的信创采购如火如荼。八大重点行业中，金融行业数字化程度较高，信创推进速度最快，电信紧随其后，之后是能源、交通、航空航天，教育、医疗也在逐步进行政策推进和试点。步入2023年，新一轮的系统国产化替代正在开启，也正在全面的加速。这一轮信创延伸到了电子政务和行业信创，市场规模更大。

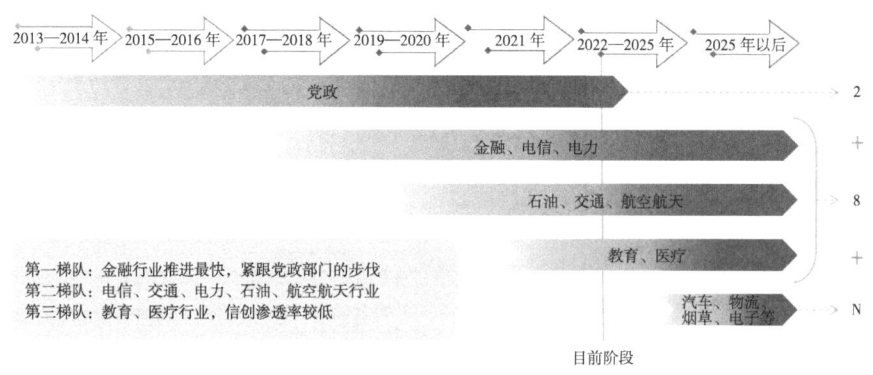

图12-4 信创"2+8+N"发展时间线

二、江西省信创产业发展现状

近年来，江西抢抓数字经济发展风口，在布局细分赛道、开发应用场景、

第十二章
加快江西省信创新兴赛道破局的策略研究

搭建创新平台、构建产业生态等方面持续发力,为信创产业发展奠定了良好的基础。

(一)基础优势

产业链布局不断完善。如图12-5所示,江西信创产业已基本形成覆盖硬件领域、软件领域、实际应用和信息安全的产业链布局。其中,下游发展较为成熟,中上游还有较大发展空间。在硬件领域,国产芯片和固件环节较为薄弱;整机环节引进了众多国内知名企业,如抚州浪潮计算机、赣州尚科、江西可控计算机等;中国电信江西公司助推江西数据中心和网络设施建设。在软件领域,麒麟软件操作系统走进江西计算机网信课堂,瀚高和人大金仓等国内知名数据库产品与服务提供商入驻赣州,金蝶(赣州)、中创(赣州)、金格科技等企业致力于基础中间件产品研发生产,江西创新软件、江西尚通科技、江西咕果等企业专注于云计算产品与服务,但在云桌面、云计算、云平台、云盘、云终端等产品研发力量上较为薄弱。在实际应用领域,浩网科技、厚德科技、江西金山办公、赣州福昕鲲鹏等产品丰富,飞尚科技是中国领先的物联网综合解决方案提供商。在信息安全领域,云上密码(江西)、江西海盾信联、江西安服、

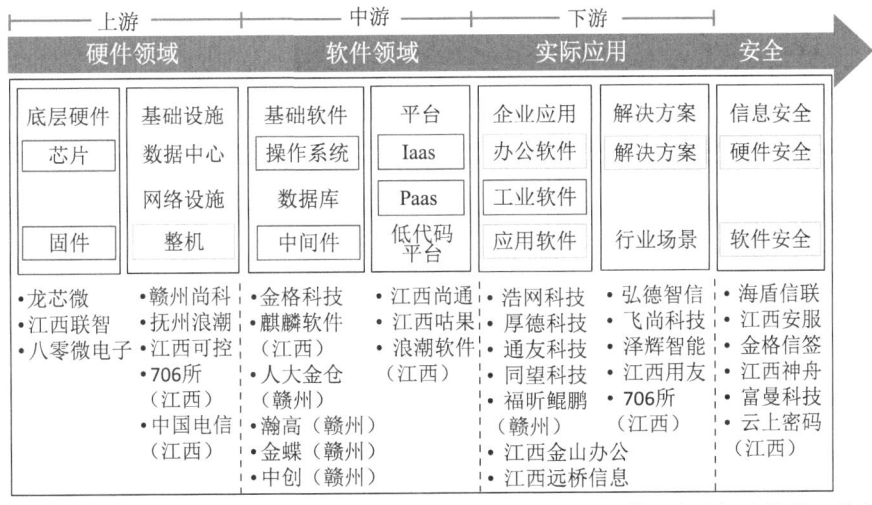

图12-5 江西信创产业全景图分布情况(实线框为待加强环节、虚线框为优势环节)

金格信签等企业在安全保密、商用密码、网络安全、普密产品等方面具有较强的市场竞争力。

地方发展各具特色。目前，赣州、南昌、新余、上饶、九江等地均有信创企业落地布局，产业发展各有侧重。赣州聚力打造"信创+网安"特色，坚持把信息技术应用创新和信息网络安全作为主攻方向，引进了航天科工706所、中电太极等一批央企落户，培育了科睿特、憶源等一批重点企业，航天科工进驻一年营收过亿、中电太极获全省10亿元信创订单，创全国单体最大纪录；南昌高新区重点打造"密码+信创应用"产业生态，聚集从事密码、信创相关的企业20余家，为信息安全产业发展保驾护航；新余新宜吉拉开"信创+智慧"产业发展序幕，将与航天二院、京东等生态企业合作，利用各自在智慧产业和信息技术应用创新领域的技术强项及丰富经验，在新宜吉合作示范区形成集信创产品生产、适配、研发、测试及销售于一体的全产业链模式，聚力打造全国第一个"信创+智慧"应用示范区。

科研基础不断加强。近年来，江西高度重视信创产业科技创新平台建设，已批建电子信息领域省重点实验室22家，省工程技术研究中心49家，国家级创新型县（市）1个，省级创新型县（市）19个，这些科技创新平台为推进江西信创产业发展起到了积极推进作用。同时，江西着力引进国家大院大所合作共建创新平台，推进了中国信通院鹰潭泰尔物联网研究中心、中国信通院江西研究院、北京大学南昌研究院、中国移动虚拟现实创新中心、中国联通虚拟现实基地落户江西。江西VR产业技术创新联盟和江西省技术转移联盟相继成立。2021年，全省新增2家国家级重点实验室、1家国家级技术创新中心和1家国家级科技企业孵化器。2022年，国家虚拟现实创新中心落户南昌。

产业生态日趋成熟。信创产业与传统信息技术产业相比，更加强调生态体系的打造。2021年，江西电子信息产业规模达到6688亿元，居全国第7位、中部第1位，为信创产业发展奠定良好基础。在教育方面，龙芯教育牵头建设江西首个信创人才培养基地；中师国培与江西长城达成战略合作，共建"信创+虚拟现实产业学院"；七〇六所航天国数助推江西首个教育信创标杆项目落地。在产业联盟建设方面，江西信息安全产业园开园暨江西省信息安全产业信创联盟成立大会于2022年3月在赣州举行。会上，江西航天国数、杭州安恒等15

家企业签约入驻赣州省级信息安全产业园,启动了江西首届"红盾杯"信创安全大赛。联盟平台有效推动上下游、省内外企业交流合作、抱团发展,已吸引行业知名企业91家,注册落地企业51家,并有19家荣获中国信息协会"2020—2021年信创优秀解决方案"奖项。

(二)宏观形势

1. 迎来发展新机遇

目前,我国正全面推动经济高质量发展,江西省也进入转换增长动力、转变发展方式的窗口期、关键期。一方面,得益于省委、省政府高度重视,江西信创产业发展迎来新机遇。《江西省"十四五"信息安全产业发展规划》提出,结合江西各市、县(区)产业基础、区位条件和市场环境,因地制宜优化完善区域产业布局,到2025年,全省信息安全产业形成"5+N"的空间布局。另一方面,数字企业队伍的不断壮大,为江西信创产业发展带来强劲动力。金山办公将夯实江西信创基底,在云服务、党政办公特色服务、办公软件正版化替代等方面,助力江西办公应用生态建设。中国电子将优化江西信创生态,带动江西网信产业生态圈建设,打造国产化自主安全电脑及信息安全产业链,服务江西数字经济转型和社会发展。远桥科技具有丰富的信创软硬件开发集成服务能力,为江西提供优质信创产品和本地服务。

2. 面临新风险挑战

信创行业在内外部因素和政策大力驱动下,未来前景乐观。目前,信创产业仍处于起步阶段,竞争格局未定,江西要想在新赛道上跑出好成绩还面临一系列风险挑战。

第一,技术创新挑战。目前在国产替代行业当中,整个信创产业链的顶层关键技术还并未突破,尤其是底层基础框架的核心技术,需要持续高科技研发投入。2021年,江西研发投入502.2亿元,研发经费投入强度为1.7%,列全国第18位,居中部第五。研发投入不足将导致科技创新水平不高,核心技术掌握能力偏弱,制约信创产业发展壮大。

第二,头部企业挑战。目前,国内信创产业已经形成以华为、中国电子、中国电科、浪潮为巨头的市场格局。头部企业为产业发展源源不断输送动力。江西电子信息产业头部企业偏少，缺乏行业核心技术、竞争力偏弱。在中国电子信息行业联合会等机构发布的2021年度软件和信息技术服务竞争力百强榜单中，江西仅中至数据一家企业入选；在江西本地主板上市企业中，信息化领域仅有泰豪科技一家企业上榜。

第三，数字人才挑战。在急速发展的信创产业，行业用户随业务发展而快速增长的数字化需求，促使数字化人才需求旺盛，特别是以产业为依托的核心技术人员紧缺。然而，江西政产学研合作不够紧密，数字技能人才培育体系有待完善。人才引进、培养、评价、激励和保障等方面投入不足，很难满足数字创新人才不断扩大的需求。

三、江西谋划布局信创产业的策略建议

随着信创产业迎来黄金发展期，各地竞争态势必将日趋激烈，可从以下几个方面加快推动江西信创产业发展。

（一）强化信创产业顶层设计，稳步推动产业发展

发挥电子信息产业优势，精准发力、靶向施策，为信创产业发展注入"强心针"。一是绘制信创产业生态图谱，在研究绘制电子信息产业生态圈与涉及重点产业链的产业图谱基础上，持续跟踪各环节国产化现状，着力绘制信创产业图谱，为招商引智提供坚实基础。二是明确战略定位，梳理江西信创产业资源，了解当地优势和机会，明确主攻方向和工作重点，细化"五图""七清单"，实施图谱化作业、清单式推进，加快推进产业基础高级化、产业链现代化。三是持续加强政策扶持力度，研究制定江西《关于加快信创产业发展的若干政策意见》，从技术支持、规模牵引、产业链协同、人才培养等方面着手，加大政策和资金的扶持力度，营造产业发展沃土，促进信创产业在江西快速发展，带动传统电子信息产业转型升级。例如，广州支持信创企业上市、挂牌，制定税收优惠政策，支持具有自主知识产权的软件产品按规定进入政府采购市场。

第十二章
加快江西省信创新兴赛道破局的策略研究

（二）紧扣科技创新关键点，打通产业难点堵点

立足国家与社会需求，促进"产学研"协同创新，为信创产业发展注入创新之魂。一是聚焦关键核心技术，通过实施科技重大专项、建设高层次创新平台等载体，构建政产学研用深度融合的技术创新体系，加快科技成果转化。例如，河北实施关键核心技术攻关工程和新一代电子信息技术创新专项行动，每年组织实施10项重大科技攻关项目。二是建设信创企业技术创新平台，依托信息安全产业科技创新联合体，围绕新一代信息技术、物联网、大数据等战略性信创产业和高技术产业领域，建成一批国家和省、市级工程中心。积极推进信创产业领域新型研发机构和工程实验室建设，实现漏洞库、风险库、案例库等资源共享，缩短科研成果从"实验室"到"生产车间"再到"用户"的产业化进程。三是打造省级适配认证中心，面向科技企业、行业用户、政府、产业集聚区、高校和科研机构，提供统一、标准、专业的服务，解决产业链环节中芯片、操作系统、数据库、应用软件在适配方案中的共性问题，做好支撑保障。例如，安徽建立了信创适配验证中心，推动信创产业资源加速整合、国家级战略项目快速落地。

（三）着力培育壮大市场主体，激发经济发展活力

以企业需求为导向，精准构建优质企业梯度培育体系，夯实信创产业发展"骨架"。一是做大做强龙头企业，围绕大数据安全、商用密码、解决方案等江西特色优势领域，引导龙头企业采取兼并重组、股份合作、资产转让等方式，组建大型企业集团，打造本土信创品牌。另外，精准分析龙头企业的需求，对于龙头企业上游的领军企业要重点突破，对于龙头企业的配套企业要制定单独招商扶持政策。二是加大产业招商力度，科学谋划建设1~2个信创专业园区，聚焦底层硬件和基础软件领域着力强链补链，积极对接华为海思、龙芯中科、金蝶天燕等信创产业重点企业，支持一批重点企业在省内落户，增强生产和配套能力。三是完善培育机制，建立"科技型中小微企业—高新技术企业—标杆型高新技术企业"的梯次培育机制，加大"独角兽（种子、潜在）""瞪羚（潜在）"企业的培育力度。建立健全"微成长、小升高、高壮大"的企业培育发

展体系，每年推动一批小微企业上规升级，深耕细分领域。

（四）加快培育应用生态圈，拥抱信创蓝海市场

强化应用牵引，构建开放生态，奋力打造信创产业"江西样板"。一是深化党政信创应用，在政府采购中鼓励优先采购信创企业所开发生产的产品，并对社会其他采购主体形成重要的导向作用。例如，山西出台的《山西省政务云管理办法》表示，政务云服务提供方和政务云使用部门优先使用自主可控的软硬件产品。二是在省内积极开展"大信创"试点，按照"试点先行、示范引路、渐次推进"的工作思路，加快信创技术在工业、金融、医疗、物流、文创等重点行业应用，提升本土信创产品配套率与采购率。在应用试错过程中，用户、解决方案企业、整机企业、基础软硬件企业要紧密协作，在政府支持下建立应用适配中心并提高应用适配效率。例如，金华在2020年上半年率先进行的应用中，统信操作系统迭代了七个大版本。三是加强宣传引导，积极举办信创产业论坛、推介会、行业峰会等大型活动，提供项目路演、产业对接等服务。以"请进来""走出去"等多种方式，落地一批信创及相关项目。

参考文献

[1] 刘献登，程贤萍.巧念"三字经"助推信创产业发展[J].当代江西，2020（11）：55-57.

[2] 石菲.信创产业如何跨越人才瓶颈[J].中国信息化，2021（9）：26-28.

[3] 王梦然.江苏信创产业加速拥抱市场蓝海[N].新华日报，2021-7-13（003）.

[4] 王桓.强化应用牵引，构建开放生态推动信创产业高质量发展[J].中国信息化，2021（6）：18-19.

[5] 倪光南.坚持信创科技自立自强建设网络强国和数字中国[J].信息安全研究，2021，7（1）：2-3.

[6] 王朝虹，陈本燕，杨君，范耘郡，朱琳.关于成都信创产业创新发展的思考与建议[J].决策咨询，2021（4）：77-79.

[7] 中国信创产业研究报告2021年[C].艾瑞咨询系列研究报告（2021年第7期），2021：341-433.

[8] 李勇.凝心聚力推动天津信创产业高质量发展[J].求知，2021（5）：34-36.

[9] 夏来保,孟祥芳.重点地区建"谷"经验及对天津建设"中国信创谷"的启示[J].决策咨询,2022(4):81-83.

[10] 欧国成,文汉乔,罗才华."双循环"背景下信创产业集群培育路径研究[J].内江科技,2022,43(7):127-129.

[11] 崔雯,徐滢,王纪晨.借鉴国内外先进经验 推进天津信创产业创新生态体系建设[J].天津经济,2022(7):10-11,35.

[12] 周琳,魏劲松.山西省信创产业创新发展策略研究[J].科技资讯,2022,20(1):123-125.

第十三章
江西省"元宇宙"产业发展战略研究

国家《"十四五"数字经济发展规划》提出要"加快推动数字产业化，增强关键技术创新能力，提升核心产业竞争力，加快培育新业态、新模式"。元宇宙作为一个横跨基础设施、人机互动、去中心化、空间计算、创作者经济等多个层面的未来赛道，将引领带动社会各层面的技术创新，有望催生一批新场景、新业态、新模式。近年来，江西数字化发展取得长足进步，为前瞻布局元宇宙产业奠定了坚实基础。江西要在准确把握元宇宙内涵特征的基础上，客观全面看待全球"热潮"，深入思考，冷静应对。充分发挥江西科技、产业、资源、市场等比较优势，探索布局元宇宙，加速抢占先机，助推全省经济社会数字化转型升级，为高质量发展积蓄新动能、塑造新优势。

习近平总书记在《求是》杂志发表的重要文章《不断做强做优做大我国数字经济》强调，面向未来，我们要站在统筹中华民族伟大复兴战略全局和世界百年未有之大变局的高度，统筹国内国际两个大局、发展安全两件大事，充分发挥海量数据和丰富应用场景优势，促进数字技术和实体经济深度融合，赋能传统产业转型升级，催生新产业新业态新模式，不断做强做优做大我国数字经济。[①]《江西省"十四五"数字经济发展规划》提出，要紧跟新一代信息技术发展步伐，积极布局 VR、元宇宙及数字孪生、信息安全和数据服务、物联网、智能网联汽车、无人机等新兴领域，前瞻布局量子信息、卫星互联网、区块链、人工智能等前沿领域，力争实现"弯道超车""换车超车"，为全省数字经济发展注入新动力。元宇宙作为区块链、交互技术、电子游戏相关技术、人工智

---

① 习近平总书记在《求是》杂志发表重要文章《不断做强做优做大我国数字经济》。

第十三章
江西省"元宇宙"产业发展战略研究

能、网络及计算技术和物联网等数字技术集大成者,将有力促进实体经济与数字经济加速深度融合,推动江西数字经济发展迈上新台阶。

一、元宇宙技术产业发展面临机遇及挑战

2021年被称为"元宇宙元年"。堪比大航海时代的大迁徙,人类社会全面走进数字世界,开辟鸿蒙、创世而生。一定程度上说,元宇宙是互联网的新发展形态,是"心"的绽放、"梦"的具象、"我思故我在"的全息展现。

(一)"元宇宙"风口还是"疯口"

元宇宙作为未来虚拟世界和现实社会交互的重要平台,是数字经济新的表现形态,潜力巨大。受头部企业的推动和全球新冠疫情的催化,火遍全球的元宇宙概念在科技界与资本市场上吸睛无数,已经成为资本竞逐的"新风口"。2021年3月,原生元宇宙概念股Roblox上市首日市值突破400亿美元;2021年10月,Facebook改名为Meta全力押注元宇宙产业;2022年1月,微软以687亿美元收购动视暴雪,创造了全球游戏史上收购金额的新纪录。大厂布局、资本追捧,元宇宙概念已然成为市场最炙手可热的新名词。

值得警惕的是,各界对元宇宙的探索仍处于混沌初开的阶段,各种打着元宇宙旗号的炒作、泡沫、骗局不请自来,催生出层出不穷的怪象。一是概念不清晰,虽然元宇宙内容涉猎面甚广,但也不应该变成"包治百病"的神药,诸如"普拉达元宇宙""路易威登元宇宙"等企业"硬蹭"元宇宙概念痕迹明显。二是基础不牢固,在追逐元宇宙的道路上倘若没有技术革新和产品升级,那一切都将是新瓶装旧酒的骗局,打着"企业元宇宙"的幌子却只是开发可视化平台。

(二)虚实融合引发全球新变革

正当元宇宙的拥护者与质疑者难解难分之时,元宇宙沿着"以虚促实"和"以虚强实"发展路径悄然脱虚向实,在疫情防控期间成为虚实融合世界的赋能者,促成全球新变革、引领新趋势。

政务数字化转型催生城市元宇宙。政务元宇宙是数字政府发展的新阶段，标志着城市建设由数字政府"一网统管、一网通办"时代正式迈向元宇宙数字孪生城市模型方向。韩国首尔以政务元宇宙为突破口，通过"虚拟空间+数字人"的形式，增强政务服务的体验感、沉浸感，提升智慧城市服务质量。

虚实共生诉求助长产业元宇宙。目前，产业元宇宙已经渗透至各行各业，推动生产范式、优化范式的重大革新。工业元宇宙从产品全生命周期切入，由"虚"向"实"指导和推进工业流程优化和效率提升；医疗元宇宙依靠VR、AR、MR等技术在医学成像、手术辅助、医学教育等方面彰显价值；教育元宇宙极大拓展教与学时空边界，在情境化教学、个性化学习和教学研训场景等方面具有重要应用潜力。

非接触式消费需求赋能消费元宇宙。文旅业主动求变，迪士尼搭乘元宇宙浪潮，计划将Disney+的内容与元宇宙媒体和迪士尼乐园进行有机结合，为游客提供更加丰富的旅游体验。数字藏品"异军突起"，2021年国外数字藏品/NFT交易总额超过了400亿元美金。虚拟人迅速"出圈"，柳夜熙、A-soul、AYAYI等偶像型数字人成为各大直播电商平台重推的新流量，助推元宇宙在消费领域价值跃迁。

（三）尝鲜"元宇宙"未成先卷

在"造词学"泛滥的21世纪，对于元宇宙这一新词汇、新概念，绝大多数人还没有对其形成客观正确的底层认知。然而，各地政府、各大巨头、各路资本等"头号玩家"已然高举元宇宙大旗，在基础设施、底层平台、场景应用等领域紧锣密鼓地开始争相布局元宇宙，卷出行业内新高度。

各地高调布局抢滩元宇宙产业。全国超过26个省份及有关部门出台了明确支持元宇宙产业及相关产业的发展计划、措施和行动计划，致力于开拓元宇宙产业新版图，如上海和厦门等地出台元宇宙产业发展专项规划。

行业巨头开足马力全面押注元宇宙。腾讯因其在社交、游戏和影业直播等领域的多年布局，积攒了切入元宇宙的良好基础，依靠投资的策略方式迅速在元宇宙布局中抢占市场份额；字节跳动90亿元大手笔收购Pico，打通设备-

内容–平台的生态闭环;百度开发元宇宙平台"希壤",可实现10万人同时在线同屏互动。

多方力量协同推进共筑元宇宙生态圈。产业联盟协会相继成立,中国移动元宇宙产业委员会等产业联盟和行业协会,充分聚合当地资源,推动元宇宙产业有序发展。产业生态逐渐完善,国内互联网企业通过并购等方式不断完善产业链体系,形成了以龙头企业为核心、版图不断扩展的生态。资金保障持续加强,上海拟发起设立百亿级元宇宙产业基金,支持创新企业上市,强化产业创新策源力。

二、江西抢滩元宇宙基础、形势及布局思路

作为信息形态与载体的全新升级,元宇宙正以"新物种"的姿态进入经济社会各领域。面对新风口新形势,江西需坚持虚实交互、以虚促实的价值导向,充分发挥VR、基础设施、产业创新、应用场景等方面比较优势,有助于推动元宇宙更好赋能江西经济、社会和治理全面数字化转型。

(一)基础优势

1. 前瞻谋划起步早

VR技术产品是通往元宇宙的关键接口,有力支撑人类的感知系统、行为系统与虚拟世界之间的交互。早在2016年,江西在谋划战略性新兴产业发展布局时,把目光投向了VR,在国内率先提出打造全球首个城市级VR产业基地目标,推动世界VR产业大会在南昌永久落户。截至2022年底,世界VR产业大会已连续举办四届,共签约项目435个,投资总额达到2650.11亿元。全国VR50强企业中已有18家落户江西,形成了覆盖硬件制造、软件开发、内容创作等VR全产业链,整体规模从2018年的42亿元猛增到604亿元,增长了13.4倍,吸引多个重量级VR新型研发机构落地江西,揭开江西VR产业发展的新篇章,也为元宇宙前瞻布局提供基础支撑。

2. 基础设施支撑强

"新基建"是撬动元宇宙的重要支点。近年来,江西移动通信网络快速发展,截至2022年5月底,累计建成5G基站4.9万个,开通5G基站6.1万个,实现了县县通5G网络,乡镇级行政区5G网络覆盖率达到99.38%。固定宽带迈入全光网时代,"光纤铜退"成效愈加明显,南昌、九江、上饶三地成功入选全国首批29个"千兆城市"名单。同时,南昌国家级互联网骨干直联点获工业和信息化部批复,并于2022年5月完成建设和联调,标志着江西互联网正式接入通信"高速公路"。算力是支撑元宇宙运行的"神经大脑"。江西数据中心建设初具规模,形成了以南昌为核心,九江、上饶、赣州、宜春为补充的"一核四副"数据中心空间布局,共计建成49个数据中心,建成运营44个,可折算标准机架6.6万个。全省算力总规模约1600PFlops,排全国第11位,中部地区第1位。其中,基础算力、智能算力、超算算力全省占比分别为83%、16%、1%。此外,绿色化发展是江西算力设施的突出亮点,全省数据中心PUE平均值为1.71,国家税务总局江西税务局数据处理中心入选《2021年度国家绿色数据中心名单》。

3. 创新突出成效优

元宇宙是未来产业,创新能力决定产业活力。依托一批省级创新平台和研究中心,江西数字关键核心技术加快突破,产业创新成果不断涌现。物联网方面,工业和信息化部公布的2021年度物联网示范项目,江西朝阳聚声泰(信丰)科技有限公司"智能声纹传感器研发与产业化"等2家企业项目评定为关键技术公关示范,三川智慧科技股份有限公司"基于5G技术的智能水表与智慧水务平台融合应用及推广"等4家企业项目评定为融合应用创新示范。虚拟现实方面,近眼显示领域"液晶透镜变焦显示技术"填补了国内空白;三维传感领域"基于(单目散斑)结构光三维重建技术的嵌入式系统产品"直接对标美国微软的Kinect产品;感知交互领域"眼动追踪技术"达到国内先进水平。区块链方面,金格科技研发了可信链平台,建设基于签章应用的区块链系统。

4. 产业融合基础好

依托全省深入实施数字经济"一号工程",各地各部门切实以数字产业化和产业数字化为主线,着力增强数字技术与各领域融合的广度和深度,在制造

第十三章
江西省"元宇宙"产业发展战略研究

业、农业、服务业等领域孕育了一系列数字化应用场景，为元宇宙的布局发展提供了良好的孵化平台。制造业方面，相继建成有色、化工、建材等一批行业级、企业级工业互联网平台，其中江铜"铜冶炼智能工厂"成功入选国家工业互联网平台领航案例。2021年新增"5G+工业互联网"示范区3个、示范工厂20个、示范应用场景15个，9个项目入围5G绽放杯应用征集大赛优秀奖。农业方面，积极开展农业物联网推广应用，全省农业物联网示范基地和示范企业突破200家，其中国家农业农村信息化示范基地4家。江西省邓家埠水稻原种场通过建设"两网一中心"，实现对水稻田和大棚的环境监测及对农业生产的远程调度。服务业方面，数字金融创新稳步推进，"赣服通"金融服务专区（移动端）上线运行；智慧物流平台建成落地，省级物流公共信息平台（江西万佶物流承建）成为全国十大信息平台之一，江西鲜配冷链物流入围全国冷链物流百强榜单。"一部手机游江西"项目加快迭代升级，建成智慧旅游大数据中心和智慧监管平台一期，实现全省205家4A级以上景区视频和客流数据精准对接。

（二）宏观形势

1. 迎来发展新机遇

2021年12月，国务院印发的《"十四五"数字经济发展规划》提出，要创新发展"云生活"服务，深化人工智能、虚拟现实等技术的融合。北京、上海、浙江、重庆等地区积极谋划布局，抢占元宇宙新赛道和发展先机。2022年2月，江西省委、省政府在全省深化发展和改革双"一号工程"推进大会上，提出把元宇宙作为主攻赛道之一，并在南昌建设元宇宙试验区，率先打响元宇宙全国"第一枪"。同时，江西科技厅将2022年定位为VR产业发展质量突破年，聚集省内现有科创平台、龙头企业等创新力量，探索成立元宇宙联盟，打造国内一流的元宇宙研发平台。5月25日，省政府印发的《江西省"十四五"数字经济发展规划》提出，要紧跟新一代信息技术发展步伐，积极布局VR、元宇宙及数字孪生新兴赛道。得益于省委、省政府高度重视、高位推动及系列政策举措支持，江西元宇宙有望迎来战略发展机遇期。

2. 面临新风险挑战

元宇宙的虚拟世界既平行于现实世界运行，又提供类似现实世界的孪生镜像和沉浸式体验。当前，元宇宙产业仍处于早期阶段，其在江西落地产业化将面临一系列风险挑战。

第一，伦理与法律挑战。元宇宙概念构建的是一种高自由度、高包容度的数字"乌托邦"世界，元宇宙是否能够被社会所接受，接受之后是否会产生一系列伦理与道德问题，例如人机相处、虚拟婚姻家庭、虚假身份和信息等。另外，元宇宙带来的虚实共存世界的法律、伦理、经济问题尚不明确，针对虚拟数字世界中社交、商贸、金融等方面的相关法律法规尚不完善。

第二，信息安全风险。数据是元宇宙最为核心的要素之一。先进数字技术在促进互联网向元宇宙发展的同时，也造成传统防护、识别、预警等信息安全手段的整体颠覆，带来个人信息窃取、信息系统泄密等日益严峻的网络空间安全问题。截至2022年底，《江西数字经济促进条例》《江西省数据条例》等相关法律法规尚未出台，恐不能适应元宇宙沉浸式、低延迟、随地、多元化（从消费级到企业级，从产品形态到服务形态）的标志性场景建设，将给元宇宙城市带来不可估量的安全风险。

第三，数字生态建设挑战。元宇宙是知识密集型、技术密集型、人才密集型、专利密集型产业，对当地的电子信息、人工智能、大数据等产业的发展条件要求很高，因为大量的基础层技术是与这些产业共享的。江西高层次数字人才、本地领军型、创新型新一代信息技术企业相对匮乏，大数据、云计算等新技术平台普遍依赖省外，无法高质量满足众多行业、企业数字化发展需求。

（三）布局思路

百舸争流，奋楫者先；千帆竞发，勇进者胜。近年来，江西数字化发展取得长足进步，为前瞻布局元宇宙产业奠定了坚实基础。江西要在准确把握元宇宙内涵特征的基础上，客观全面看待全球"热潮"，深入思考，冷静应对。充分发挥江西科技、产业、资源、市场等比较优势，以人为本，以虚实交互为核心，以虚促实、以虚强实为总体战略，聚焦江西现代经济社会主战场，着力夯实底层数字基础设施体系,高起点、高标准建设"元宇宙先导试验区"和"元宇宙生态产业园",加快突破一批虚实融合关键核心技术,围绕"人、物、场"三大核心元素,推动元宇宙相关技术、数字内容与政府治理、民生服务、产业发展等深度融合,优化完善虚实融合产业链条,培育壮大元宇宙产业集群,推进数字空间治理能力水平不断提升,聚力打造元宇宙数字经济新优势,推动江西加快迈向虚实融合生长的"第三类社会生活空间",助力数字江西高水平建设、高质量发展。

三、江西谋划布局元宇宙产业的策略建议

元宇宙作为新兴产业、互联网新形态,其发展格局尚未形成、国内外代差较小、产业创新空间巨大。依托近年来数字化领域的基础优势,江西谋篇布局元宇宙,挺进新蓝海,有望成为全球元宇宙产业的一片热土。面对新机遇、新挑战,秉持客观理性态度,加快培育打造产业集聚区,持续优化完善创新生态,深化虚实交互,以虚促实,以虚强实,不断探索发展新模式新路径,推动全省建设成为中西部地区元宇宙产业创新发展的先行区、示范区和引领区,对江西领跑产业发展新赛道、重塑竞争新优势具有重要意义。

(一)客观理性拥抱"元宇宙"

虚实融合已成为互联网未来发展的大趋势。但目前元宇宙产业还处于发展初期,仍具有新兴产业的不成熟、不稳定等特征,无论政府、行业、企业还是资本,都应客观理性看待元宇宙的发展及作用。

一是秉持客观理性态度。元宇宙概念的持续走红,有其背后科技发展和社会生活因素的支撑,但更应深刻思考、冷静挖掘其概念背后的技术原理,如虚拟现实、区块链等,既充分包容技术创新的曲折与缓慢,又应明确反对借技术创新对元宇宙概念的炒作行为。二是开展前瞻性智库研究。发挥省内外院士专家智力资源优势,做好前瞻性咨询项目研究,深入探讨元宇宙技术发展态势,剖析元宇宙产业发展重大战略问题,预测未来前景及风险挑战,为编制发展规

划、出台政策文件、确定元宇宙产业发展思路目标、布局重点、实施路径和推进举措等提供有力支撑。三是加强监管治理。强化市场监管，依托舆情防控的工作体系，构建全省动态跟踪网络，设立线上线下观测点，即时观测并报送行业信息。针对难以甄别与确认的信息，应建立部门协同机制，共管共治，杜绝虚拟空间出现法外之地，实现有效治理、预前治理。夯实元宇宙数字空间平台主体责任，严厉打击违法违规活动，防范金融领域过度投机、恶意炒作等现象。

（二）培育打造元宇宙产业集聚区

1. 做好前瞻谋划布局，高标准打造"元宇宙"试验区

试验区是新产业新业态新模式的"训练场""赛马场"。规划建设元宇宙产业先导区、试验区，打造元宇宙软件和技术层、感知显示层、场景及应用层的区域特色化园区，需做好前瞻谋划，高起点建设，高位推进和精准落地。

一是前瞻部署重点技术产品研发。依托国家重点专项、省重点研发计划等，前瞻部署元宇宙相关领域，积极抢占前沿技术发展的制高点，为实现产业技术更新换代和跨越式发展奠定基础。鼓励企业、高校及科研院所采用"赛马机制"和"揭榜挂帅"方式，对 NFT、VR/AR、脑机接口、智能芯片、智能算法等元宇宙关键技术进行协同攻关。支持满足元宇宙要求的沉浸显示、实时交互、海量连接、巨量通信、边缘计算、传感技术、图像引擎、区块链等重点技术的攻关。持续推进深化感知交互的新型终端研制和系统化的虚拟内容建设，积极探索元宇宙相关技术产品在公共服务、商务办公、社交娱乐、工业制造、安全生产等领域的应用。

二是高起点、高标准建设元宇宙试验区。以元宇宙赋能实体经济为目标，聚焦南昌九龙湖区域，用足用好用活利好政策，发挥省城 VR、电子信息等产业基础和优势，大胆创新体制机制，着力培育壮大发展数字文创、智慧会展、动漫游戏与电子竞技等新兴产业，打造一批先行先试创新应用场景，推动元宇宙虚实融合技术应用，高起点、高标准打造元宇宙试验区、产业园。支持建设元宇宙公共技术平台和公共服务平台，支持建设覆盖元宇宙端管云用的集成测评软硬件环境，提供产品性能、功能及安全性端到端全链测评服务。重点面向

城市文化景区、城市文化街区、现代城市景观空间、城市商业商圈、城市主题乐园等城市空间场景，打造新型城市文旅元宇宙示范点，通过新技术深度结合场景应用赋能包括沉浸式文化娱乐、数字内容制作、数字商业营销等产业生态，推动文旅产业高质量发展。

2. 推动地标性场景赋能，培育新模式新服务新业态

作为未来互联网发展的终极形态，现阶段的元宇宙底层技术、算力条件、网络环境与构建真实元宇宙尚不完全匹配，需持续深化虚拟与现实世界交互融合，积极拓展"元宇宙+"等多元化行业应用场景，提高经济社会运行效率及质量，在当下更具有现实意义。

一是推动地标性场景建设。鼓励和支持企业探索元宇宙新技术、新应用和新业态，加快推进元宇宙相关技术与政府治理、民生服务、产业发展的深度融合。重点支持有条件的地区开放建设元宇宙政务服务应用场景，支持各地热门商圈、繁华地带等开放建设"元宇宙+商贸"应用场景，支持南昌汉代海昏侯国遗址公园、滕王阁、吉安井冈山、赣州瑞金、景德镇古窑民俗博览区等全国著名景区开放建设"元宇宙+文旅"等应用场景，支持南昌航空、赣州稀金、鹰潭智慧、中国（南昌）中医药、上饶大数据、南昌VR科创城、吉安光电、九江—抚州数字经济、景德镇—萍乡陶瓷新材料、新余—宜春锂电新能源等开放建设"元宇宙+工业制造"应用场景。

二是围绕"人、物、场"赋能融合元宇宙。"人、物、场"是元宇宙世界的核心元素，也是虚实融合的重要抓手。围绕"人"的元素，推动数字虚拟人的采集、制作流程逐步简单化、一体化、自动化，加强供需对接，促进数字虚拟人在数字营销、在线培训、电商直播、影音娱乐、服务咨询等多场景的应用，培育新模式新业态。围绕元素"物"的虚实交互，推动"实物数字化"向"数字资产化"转变。依托AI+MR技术，对历史文物、古建筑、电商产品等进行1∶1高精度还原，实现线上、线下直观效果、真实体现的一致。积极推动"数字拍卖"NFT运营平台落地，筹建"NFT数字藏品产业基地"，布局一批特色行业应用。围绕元素"场"，借鉴广州悦汇城购物中心、成都国际金融中心等经验做法，在热门商场、旅游景点引入AR广告、AR导航等各式新颖的营销玩法，重新定义空间价值，为线下商业、文旅促活拉新，提升服务质量和效率，创造更大的流量价值。

（三）优化完善"元宇宙"产业创新生态

1. 加快高层次人才集聚步伐，不断增强创新驱动力

人才是第一资源，创新是第一动力。谋划布局元宇宙未来产业，需着力打造国内有影响力、有竞争力的元宇宙人才中心，持续激发人才创新活力，不断增强人才驱动力。

一是全力支持元宇宙人才汇聚。依托省"双千计划"、省高层次和急需紧缺海外人才引进计划等人才政策措施，引进一批元宇宙领域拥有国际领先的核心技术或自主知识产权的相关人才团队，并对其成果转化项目优先给予有关产业基金投资支持。鼓励知名高校、龙头企业、培训机构等在江西联合创办"元宇宙现代产业学院""元宇宙产教融合基地"，探索"上课即实训""毕业即就业"的"企业专班"人才培养模式，加快培育技术型、应用型、融合型人才。

二是深化人才发展体制机制改革。努力破除新时代人才评价的"藩篱""枷锁"，探索推进元宇宙领域人才社会化评价，对具有评审资格条件的龙头企业或专精特新企业，赋予职称评审、职业资格和技能等级评定等自主评审权。研究制定全省高层次人才绩效奖励计划，对在江西元宇宙领域重点平台工作的顶尖人才和科技领军人才，给予相应的荣誉称号和绩效奖励。探索适应元宇宙新业态、新模式发展的劳动用工、劳动报酬、劳动保护、社会保险、职称评价等创新举措，推进有条件的地区开展试点示范。

2. 实施数字内容驱动，全面激发创作者开发活力

数字内容作为数字技术和文化产业相结合的领域，一直是前沿科技重要的落地场景和"实验田"。未来数字内容有望加速现实与虚拟世界的融合，助力虚实共生、共荣，为此，谋划布局发展元宇宙产业需持续增强以数字内容为核心的创新驱动力。

一是推动原创数字内容研发。加强 IP 培育与保护，做优做强动画动漫、影视影音、网络文学、潮流周边、游戏电竞等原创品牌，加强数字产品、数字内容创意知识产权保护。培育创作者群体，推动创作主体集聚，支持发展专业用户生产内容（PUGC）、职业生产内容（OGC）、多频道网络（MCN）等生产新模式。

二是推动数字资产交易流通。探索建立江西数据交易市场，开设数字资产交易板块，培育健全数字资产要素市场，推动数字内容产业规范发展。逐步完善数字资产、数字艺术品、数字影视版权等合规交易机制，加强风险监管，积极争取数字人民币试点应用。探索建立多方参与、互联互通的数字内容联盟链体系。支持原创内容平台、交易平台及艺术家参与全球数字艺术品创制交易及国际标准制定。

3. 发挥财税金融引导作用，大力培育创新型市场主体

金融是实体经济的血脉，资金是企业运行的"血脉"，没有"血脉"的中小企业寸步难行。培育元宇宙领域创新型企业集群，需充分发挥财税金融的激励和引导作用。

一是加大财税支持力度。统筹用好工业、软件等产业支持政策，加强对元宇宙科技创新、系统研发、应用推广、产业发展的财税支持力度。加大对国内外元宇宙领军企业的招引力度，谋划一批重大产业招商项目。围绕硬件、平台、智能芯片、NFT、VR/AR等重点领域加大招商引资力度，支持有影响力的元宇宙企业或机构来江西设立总部、研发中心、创新平台、孵化基地等。

二是构建多元化投融资体系。支持股权投资机构在江西设立元宇宙产业投资基金。鼓励金融机构开发科技投融资产品，提升元宇宙领域科技"种子、天使、风险、担保"基金规模。推动金融机构对技术先进、带动性强、产业化前景良好的元宇宙项目给予信贷支持。支持元宇宙企业通过融资租赁、知识产权质押贷款、股权质押贷款等多种方式获得融资，推动元宇宙企业利用多元化资本市场发展壮大。

参考文献

[1] 苟尤钊，季雪庭，叶盈如等.元宇宙技术体系构建与展望[J].电子科技大学学报，2023，52（1）：74-84.

[2] 杨东，梁伟亮.重塑数据流量入口：元宇宙的发展逻辑与规制路径[J].武汉大学学报（哲学社会科学版），2023，76（1）：55-66.

[3] 周鑫,王海英,柯平等.国内外元宇宙研究综述[J].现代情报,2022,42(12):147-159.

[4] 龚才春.中国元宇宙白皮书.[R/OL].[2023-01-03].https://www.xdyanbao.com/doc/79328h73ve?bd_vid=7286353120524062936.

[5] 臧志彭,解学芳.中国特色元宇宙体系建设:理论构建与路径选择[J].南京社会科学,2022,420(10):137-147,158.

[6] 曾毅,包傲日格乐.从虚拟现实到"元宇宙":伦理风险与虚实共治[J].哲学动态,2022(9):43-48,127.

[7] 郑世林,陈志辉,王祥树.从互联网到元宇宙:产业发展机遇、挑战与政策建议[J].产业经济评论,2022,53(6):105-118.

[8] 白太辉.整合与赋能:元宇宙促进数字经济发展的路径探索——从元宇宙与数字经济之间的关系说起[J].新疆社会科学,2022,240(5):54-60.

[9] 王卫池,陈相雨.虚拟空间的元宇宙转向:现实基础、演化逻辑与风险审视[J].传媒观察,2022,463(7):28-34.

第十四章
培育具有世界影响力的数字产业赛道的策略研究

国家《"十四五"数字经济发展规划》提出要"加快推动数字产业化,增强关键技术创新能力,提升核心产业竞争力,加快培育新业态新模式"。2022年初,江西省委、省政府高位推进数字经济"一号发展工程",重点实施"产业赛道赶超工程","一道一策"推动产业能级跃迁。顺应数字化发展趋势,打造具有全球影响力的世界级数字产业集群,有利于提升产业数字化、智能化水平,扩大数字经济规模,推动经济社会高质量发展。为进一步支撑江西数字产业朝更高水平迈进,本章围绕数字产业赛道中八大领域(电子材料、电子元器件、半导体照明、智能终端、软件和信息技术服务、VR、物联网、数字文创)现状与形势,广泛调研国内外技术与市场发展态势及趋势,针对数字产业结构不协调、创新层级不高、应用场景建设泛化等难点,认真分析研究做优做强江西数字产业赛道现存"堵点""卡点"及其成因,从"优存量、做增量、抓变量"等三方面提出了针对性建议。

一、近年来江西数字产业赛道发展现状

2022年初,江西省委、省政府顶格推进数字经济"一号发展工程",聚焦基础赛道、新兴赛道、融合赛道三大主攻方向,重点实施产业赛道赶超行动,以"一道一策"的定制化思维推动产业能级跃迁,助力数字产业各展所长、各蓄所能,交出了可圈可点的"成绩单"。

（一）数字基础赛道量质双升

电子信息产业是江西数字产业中的"领头羊"，也是竞逐数字基础赛道的重要资本。电子材料（元器件）、半导体照明、移动智能终端、软件及信息服务等传统电子信息制造及服务业在多年潜心耕耘下，扬优成势，规模和效益不断提升，有效夯实了数字产业发展底座。电子材料（元器件）产业规模逐步壮大，2020年完成营业收入超2300亿元；半导体照明产业已形成完整产业链，产业集群发展生态不断优化；移动智能终端产业市场占有率持续攀升，联创电子在全球高清广角镜头市场占有率超过70%，菱光科技的接触式影像传感器产品占全球市场的40%；软件及信息技术服务产业龙头价值凸显，先锋软件、贪玩信息、巨网科技北方联创等7家企业营业收入超过10亿元。

（二）数字新兴赛道先行先试

为抢占数字新兴赛道先发优势，江西省"弄潮儿"坚持立足本地资源禀赋、产业结构积极布局、精准发力，培育壮大特色数字产业新动能。自2018年以来，省会南昌深耕虚拟现实新兴赛道，产业规模实现3年间14倍增的"华丽蝶变"，虚拟现实创新中心先后诞生百余项科研成果，世界VR产业大会签约总额屡创新高，元宇宙试验区再次提振"VR之城"发展势能。数字化推动产业跨界融合并催生新业态，有助于提升产业链竞争力。智慧之城鹰潭抢抓"03专项"试点示范重大机遇，持续推动物联网产业集聚发展，全力建设"智联鹰潭"2.0版，目前已实现城市移动物联网络、平台、应用、产业在国内的"四个领先"，智能水表、物联网净水器等多个百万量级应运而生，"铜产业+物联网"战略更是推动传统产业实现"脱胎换骨"式提升。

（三）数字融合赛道集聚成势

数字文创产业是数字技术与文化创意产业融合发展的"新蓝海"。上饶瞄准数字文创产业发展的广阔前景，"双招双引"多措并举，集聚网易、贪玩游戏、阿里灵犀互娱、江西师大数字产业学院、华东数字医学工程研究院等一批领航企业和创新平台，通过产业集群发展跑出数字融合赛道"加速度"。2021

year，上饶高铁经济试验区仅数字文创产业营收已突破百亿元，成为撬动经济增长的新引擎。

二、数字产业赛道发展存在的问题与不足

（一）产业创新水平不高，核心竞争力偏弱

一是创新平台导入不够。除国家硅基 LED 工程技术研究中心外，对比江西省稀土、中医药、食品、轨道交通等领域，数字产业赛道导入的国家级创新平台不多。相较重庆、安徽等省份处于劣势地位。二是企业自主研发力度不足。调研发现，基础赛道领域除硅衬底技术外，自主研发核心技术相对较少，仅泰豪科技、三川智慧、红板科技、合力泰科技、沃格光电、思创数码、德福科技、博硕科技等龙头企业设有国家企业技术中心，其他重点企业研发投入较少，创新发展质量堪忧。三是缺乏高成长性市场主体。企业决定了产业的生命力，江西数字产业赛道中全国电子信息百强企业少、主板上市企业少、独角兽企业少。"三少"的短板与江西电子信息产业规模的快速上升趋势不相匹配，影响产业核心竞争力和数字经济发展。

（二）产业赛道偏基础制造，新兴融合领域不多

2020 年，数字基础赛道（电子材料、电子元器件、半导体照明、智能终端、软件和信息技术服务等）实现主营业务收入突破 4800 亿元，而新兴赛道（VR、物联网等）和融合赛道（数字文创等）总体规模则不到基础赛道一半。此外，据工业和信息化部统计，2021 年 1—11 月江西软件业务实现收入 159.2 亿元，规模仅相当于福建、湖南、贵州的 6.96%、15.69%、40.73%。软件和信息技术作为数字技术赋能的关键组分，是新兴及融合领域的数字底座，江西总体"重硬轻软"的传统理念可能成为数字产业赛道角逐的"短板""弱项"。

（三）应用场景建设泛化，大数据价值有待挖掘

当前，全省一批公共管理、民生、社会治理领域的数字化应用场景正在加

快建设中，经调研发现大都以政府部门为主导，未能充分挖掘市场需求，推动形成有效市场和有为政府更好结合的新局面。同时，受政府及公共数据开放程度、大数据龙头企业培育滞后等因素制约，部分领域应用场景也未能有效带动相关企业发展、催生行之有效的商业模式、孕育新兴融合产业落地。

三、对策建议

（一）优化研发机构布局，为产业插上创新翅膀

创新是引领发展的第一动力，区域经济高质量发展主要体现在创新驱动下的产业高效协调发展。推动科技创新引领能力提升，一是加快重量级创新平台导入。推动复合半导体江西实验室、数字经济江西实验室等高端科研平台建设，支持在VR、元宇宙、软件工程等领域建设重点实验室、工程实验室、工程技术研究中心、企业技术中心等创新载体，争取国家级项目落户江西。二是打造"科创飞地"为企业插上创新翅膀。近年来，"研发孵化在外地、产业化在本地"的"科创飞地"新模式，在打造区域协作升级版中发挥了巨大作用，为先富带后富提供了高能级创新平台。借鉴无锡深港协同创新中心、黄石（武汉）离岸科创园有益经验，鼓励和支持各地市走出管辖区谋合作，企业研发落脚"飞地"发展，迈出各地市向长三角城市群、粤港澳大湾区城市群、长江中游城市群同城化发展的探索性一步，借助打造"科创飞地"，实现"借梯登高"。

（二）培育科技型中小企业，推动专精特新化发展

扶持壮大科技型中小企业是提升江西数字产业规模能级、助推高质量发展的重要抓手，而上下联动、部门协同推进专精特新发展是其中的关键核心，需在梯度培育、协同创新等方面并行发力。一是强化梯度培育，加大"专精特新"中小企业支持力度。参考广东创新举措，着力构建大数据分析体系，精准判断"专精特新"中小企业在远、中、近期挂牌上市的成熟度及市场定位和要求等，制作企业画像和企业标签，按照"潜在拟挂牌上市企业""重点拟挂牌上市企业""优先支持拟挂牌上市企业"等不同成熟度层次，实施靶向培育，提供"点

对点"定制化服务。二是着力推动产业链上下游、大中小企业协同发展。借鉴山东、河北有益经验，围绕"专精特新"中小企业分布集中的重点产业链，采取政府指导、平台承办、双向互动形式，常态化组织产业链"链主"与上下游"专精特新"中小企业供需见面、路演推介等系列活动，推动大中小企业融通创新。鼓励和支持大型企业创新裂变、分拆孵化科技含量高的"专精特新"企业，打造细分领域"小巨人"企业。

（三）构建空间承载新格局，加快产业扩增步伐

数字经济时代，积极承接先发地区数字产业梯度转移是加快实现产业倍增和转型升级的重要途径。针对当前江西数字产业赛道"重硬偏基础"现状及形势，建议前瞻谋划江西承接产业转移集聚的顶层架构。借鉴江苏"南北挂钩"结对帮扶、安徽皖北"6+2+N"产业承接平台有益经验，抢抓赣州、吉安分别与深圳、东莞长期对口合作契机，研究制定全省承接产业转移集聚的行动方案，谋划"2+4+N"承接产业转移空间布局。以赣州、吉安为"2"先导，依托国家级、省级高新区建立省级（际）合作共建园区，承接电子材料（元器件）、半导体照明、智能终端等基础赛道产业转移集聚。南昌、九江、上饶、宜春等"4"地市发挥产业基础特色优势，主动接收粤港澳大湾区、长三角地区等项目资源辐射，推动半导体照明、智能终端、软件及信息服务转型升级，培育壮大VR、物联网、数字文创等新兴融合产业。其他"N"地市依据自身产业园区特色优势，努力承接省内外其他数字产业转移集聚，推动全省构建形成分工合理、特色鲜明、优势互补的空间承载新格局。

（四）狠抓数据"变量"，深挖应用场景潜力

应用场景是新技术、新模式、新业态落地成长的土壤。要发挥场景创新应用的先导作用，一是完善供需对接机制，以世界谋江西发展。借鉴上海、天津"应用场景建设计划"有益经验，依托江西世界VR产业大会等国际平台，面向全球征集具有突出创新引领型需求和应用推广价值的数字化应用场景解决方案，鼓励社会各界对数据资源进行深度分析、挖掘和开发利用，充分释放数据

的商用、民用、政用价值,推动有效市场和有为政府更好结合,以场景引企业、企业带产业、产业建生态。二是发挥数据要素价值,推动应用场景一体化建设。产业发展要以企业为主体,盘活做大市场,但强调有效市场的同时,有为政府的作用不可替代。杭州在开放政府掌握的数据方面走在前面,成都政府开放上百个特色的智慧城市应用场景为企业提供创新空间,广州政府建设人工智能公共算力中心,开放每秒十亿亿次的算力服务中小企业,天津政府财政出资购买华为的产业开发云服务,向在津500万家中小企业免费开放使用,40%的企业营收增长20%以上。建议聚焦"小切口、大场景",突出便民惠企、高频刚需和创新服务等多跨界应用场景,以南昌市为试点,加快城市数据公司及平台建设,支撑数据需求方,推动数据、应用、算力等资源要素有序归集、共享开放,激发本地企业的创新活力,吸引更多企业来江西发展,打造优势特色示范应用,支撑多元数字化场景建设。

参考文献

[1] 中国信息通信研究院. 中国区域与城市数字经济发展报告(2020年)[R/OL]. [2023-01-03].http://www.100ec.cn/detail—6581931.html.

[2] 何文鑫. 中国数字产业竞争力分析[J]. 现代商业, 2022, 661(36): 31-33.

[3] 吕璐. 世界主要数字产业集群案例分析及启示[J]. 中国统计, 2022, 489(9): 19-21.

[4] 王莉莉, 杨娟, 吴智兰. 安徽打造数字产业集群的谋与策[J]. 决策, 2021, 379(12): 32-35.

[5] 杨大鹏. 数字产业化的模式与路径研究: 以浙江为例[J]. 中共杭州市委党校学报, 2019, 121(5): 76-82.

[6] 徐映梅, 张雯婷. 中国数字经济产业关联网络结构分析[J]. 统计与信息论坛, 2021, 36(8): 30-42.

[7] 毛丰付, 胡承晨, 魏亚飞. 数字产业发展与城市经济韧性[J]. 财经科学, 2022, 413(8): 60-75.

[8] 安徽省经济信息中心. 着力培育具有全球影响力的数字产业集群. 经济蓝页, 2021.

附录
指标体系说明

附录
指标体系说明

一、指标体系

2021—2022 年 JXDEI 指数由数字基础支撑力、数字创新应用能力、数字经济产业发展能力、数字化治理能力和数字经济发展活力共 5 个一级指标、11 个二级指标和 27 个三级指标组成（附图 1）。

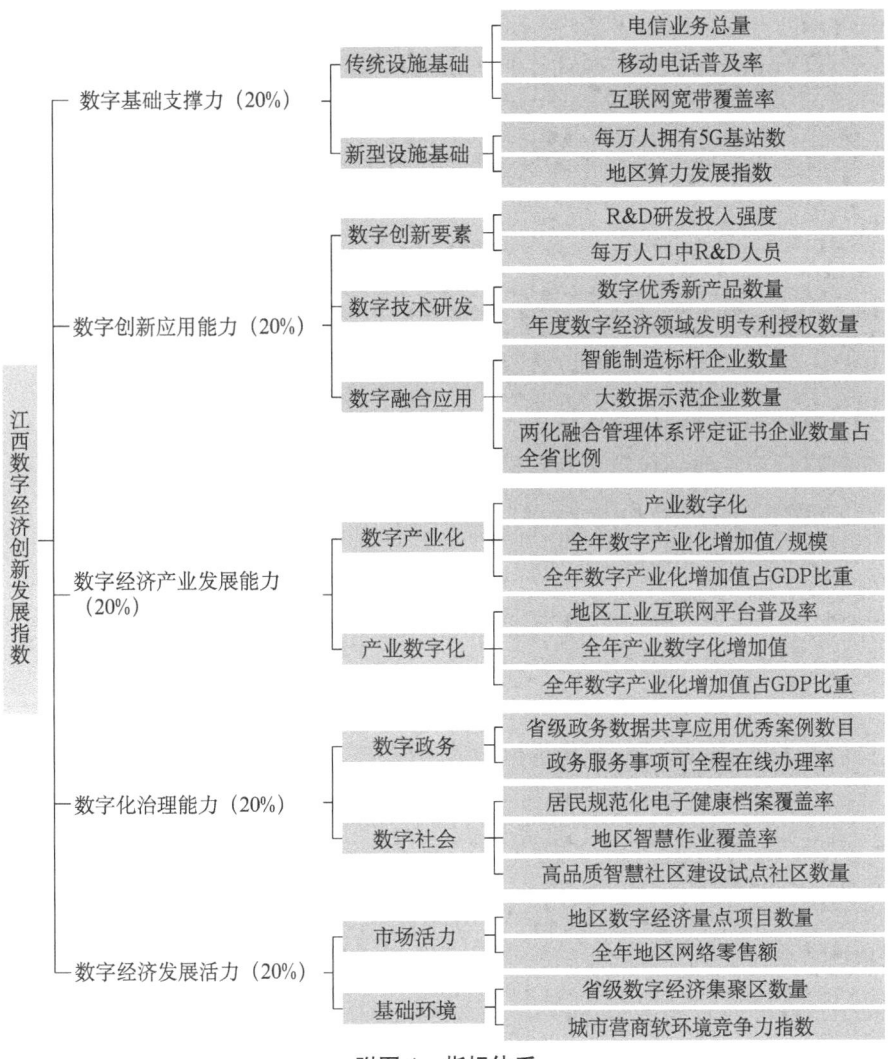

附图 1　指标体系

每个指标基本采用等权原则进行赋权,指标体系的评价数据采集主要来自省统计年鉴、省发展改革委、省工业和信息化厅、省市场监督管理局、省教育厅等有关部门,用来对全省各个设区市的数字经济创新发展水平进行评价,以切实反映全省数字经济的创新发展水平。

二、计算方法

(一)合成方法

江西数字经济创新发展指数考察的是各地区数字经济创新发展的综合水平,计算合成方法为:

$$f_x = \sum_{x=1}^{5} g_x \times h_x 。 \quad (1)$$

其中,f_x 表示的是目标地区的数字经济发展指数,此次评价包括十一个设区市;g_x 是指标体系中的一级指标权重,此次评价中所有一级指标的权重相等;h_x 是指考察目标对象的一级指标的评价得分,其中:

h_1= 数字基础支撑力得分;

h_2= 数字创新应用能力得分;

h_3= 数字经济产业发展能力得分;

h_4= 数字化治理能力得分;

h_5= 数字经济发展活力得分;

以此类推,二级和三级指标得分的合成方法与一级指标相同。

(二)数据无量纲处理方法

三级评价指标存在多种单位,无法对原始值进行简单加总,并且部分指标原始值差异较大,采用阈值法模型对三级指标数据作无量纲处理,具体计算公式为:

附录
指标体系说明

$$X_i = \frac{x_i - x_{\min}}{x_{\max} - x_{\min}}。 \tag{2}$$

其中，X_i 代表第 i 个指标无量纲化处理后所得值，x_i 代表该指标的原始值，$X_{\max}$ 和 $X_{\min}$ 分布代表该指标各地区的最大原始值和最小原始值。

三、数据来源

附表1 江西数字经济创新发展指数（JXDEI 指数）

一级指标	二级指标	三级指标	单位	权重	数据来源
数字基础支撑力（20%）	传统设施基础	电信业务总量	亿元	4	江西省通信管理局
		移动电话普及率	部/万人	3	
		互联网宽带覆盖率	%	3	
	新型设施基础	每万人拥有5G基站数	个/万人	5	
		地区算力发展指数	—	5	江西省发展改革委
数字创新应用能力（20%）	数字创新要素	R&D研发投入强度	%	3	江西省统计年鉴
		每万人口中R&D人员数	人/万人	3	
	数字技术研发	数字优秀新产品数量	个	3	江西省工业和信息化厅
		年度数字经济领域发明专利授权数量	个	4	专利数据库
	数字融合应用	智能制造标杆企业数量	个	2	江西省工业和信息化厅
		大数据示范企业数量	个	2	
		两化融合管理体系评定证书企业数量占全省比重	%	3	

续表

一级指标	二级指标	三级指标	单位	权重	数据来源
数字经济产业发展能力（20%）	数字产业化	省级数字经济重点企业数量	个	3	江西省发展改革委
		全年数字产业化增加值/规模	亿元	4	
		全年数字产业化增加值占GDP比重	%	3	
	产业数字化	地区工业互联网平台普及率	%	4	江西省工业和信息化厅
		全年产业数字化增加值	亿元	3	江西省发展改革委
		全年数字产业化增加值占GDP比重	%	3	
数字化治理能力（20%）	数字政务	省级政务数据共享应用优秀案例数目	个	5	
		政务服务事项可全程在线办理率	%	5	公开数据
	数字社会	居民规范化电子健康档案覆盖率	%	4	江西省医疗保障局
		地区智慧作业覆盖率	%	3	江西省教育厅
		高品质智慧社区建设试点社区数量	个	3	江西省人民政府
数字经济发展活力（20%）	市场活力	地区数字经济重点项目数量	个	5	江西省发展改革委
		全年地区网络零售额	亿元	5	江西省市场监督管理局
	基础环境	省级数字经济集聚区数量	个	5	江西省发展改革委
		城市营商软环境竞争力指数	—	5	公开数据

四、指标解释

1.电信业务总量。电信业务总量是指以货币形式表示的电信企业为社会提供的各类电信服务的总数量（亿元）。

电信业务总量 = ∑（各类电信业务量 × 不变单价）+ 出租代维及其他业务收入

2. 移动电话普及率（部/人）。平均每万人拥有移动电话的部数。表明移动电话普及程度的指标，是衡量一个地区居民生活水平的重要标志之一。

移动电话普及率 = 移动电话话机用户合计数 ÷ 人口总数（万人）× 100%

3. 互联网宽带覆盖率（%）。平均每万人互联网宽带用户数。表明互联网宽带普及程度的指标，是衡量一个地区居民信息化水平的重要标志之一。

无线宽带网络覆盖率 = 无线宽带网络接入用书总数 ÷ 人口总数（万人）× 100%

4. 每万人拥有 5G 基站数（个/万人）。每一万人平均拥有的 5G 基站数量，衡量地区信息基础设施建设成效的重要标准之一。

每万人拥有 5G 基站数 = 5G 基站总数 ÷ 人口总数 × 10 000

5. 地区算力发展指数。衡量地区算力发展程度的测算值，具体参考《江西省算力白皮书（2021 年）》。

6. R&D 研发投入强度（%）。是衡量一个地区自主创新投入规模及水平的重要指标。

R&D 研发投入强度 = 全社会研发经费 ÷ 生产总值 × 100%

7. 每万人口中 R&D 人员数（人/万人）。指每万人口中从事科学研究与试验发展人员全时当量数。是衡量一个地区创新能力的重要指标，也是衡量科技人力资源层次与质量的重要指标。

每万人口中 R&D 人员数 = R&D 人员全时当量数 ÷ 人口总数 × 10 000

8. 数字优秀新产品数量（个）。地区拥有省级认定的数字经济领域相关的优秀新产品的个数。

9. 年度数字经济领域发明专利授权数量（个）。地区拥有授权的数字经济领域相关发明专利的项数。

10. 智能制造标杆企业数量（个）。地区拥有省级智能制造标杆企业的个数。

11. 大数据示范企业数量（个）。地区拥有省级大数据示范企业的个数。

12. 两化融合管理体系评定证书企业数量占全省比重（%）。是衡量两化融合发展水平的重要指标。

两化融合管理体系评定证书企业数量占全省比重 = 地区拥有省级两化融合管理体系评定证书企业数量 ÷ 全省获评定企业总数 × 100%

13. 省级数字经济重点企业数量。地区拥有省级数字经济重点企业的数量。

14. 全年数字产业化增加值/规模（亿元）。全省在考核年度内以货币表现的数字产业化的增加值/规模，是衡量数字产业化发展水平的重要指标。

15. 全年数字产业化增加值占 GDP 比重（%）。是衡量数字产业化发展水平的重要指标。

全年数字产业化增加值占 GDP 比重 = 全省全年数字产业化增加值 ÷ 全年地区 GDP × 100%

16. 地区工业互联网平台普及率（%）。代表着地区企业应用和推广工业互联网平台的能力水平，是数字化转型的重要标志。

地区工业互联网平台普及率 = 应用工业互联网平台的企业数量 ÷ 调查企业总数 × 100%

17. 全年产业数字化增加值（亿元）。全省在考核年度内以货币表现的产业数字化增加的增加值。

18. 全年产业数字化增加值占 GDP 比重（%）。是衡量产业数字化发展水平的重要指标。

全年产业数字化增加值占 GDP 比重 = 全省全年产业数字化增加值 ÷ 全年地区 GDP × 100%

19. 省级政务数据共享应用优秀案例数目（个）。地区拥有省级政务数据共享应用优秀案例的个数，代表着政务数字化、智能化发展水平。

20. 政务服务事项可全程在线办理率（%）。代表地区政务服务能力水平。

政务服务事项可全程在线办理率 = 可全程在线办理的政务服务事项 ÷ 公开的政务服务总事项 × 100%

21. 居民规范化电子健康档案覆盖率（%）。能够直观有效的反映出全省居民规范化电子健康档案人口的占比。

居民规范化电子健康档案覆盖率 = 居民规范化电子健康档案覆盖人数 ÷ 地区常住居民数 × 100%。

22. 地区智慧作业覆盖率（%）。反映各地推动智慧作业平台应用，积极破解学生学业负担重等教育难点问题等方面工作成效。

地区智慧作业覆盖率＝智慧作业应用学校总数 ÷ 地区学校总数 ×100%。

23. 高品质智慧社区建设试点社区数量（个）。地区拥有高品质智慧社区建设试点社区的数量。

24. 地区数字经济重点项目数量（个）。地区获批省级数字经济重点项目的数量。

25. 全年地区网络零售额（亿元）。地区通过公共网络交易平台（主要从事实物商品交易的网上平台，包括自建网站和第三方平台）实现的商品和服务零售额，代表网络生产和消费水平。

26. 省级数字经济集聚区数量（个）。地区拥有省级数字经济集聚区的个数，代表地区数字经济政策环境水平。

27. 城市营商软环境竞争力指数。营商软环境竞争力指标体系包括六个指标：社会安全指数、市场化指数、开放度指数、产权保护指数、大学指数、经商便利度指数，具体参见《中国城市竞争力第19次报告》。

五、指标得分及排名

附表 2　江西省数字经济创新发展综合评价结果（2021—2022 年）

地区	综合评价		数字基础支撑力		数字创新应用能力		数字经济产业发展能力		数字化治理能力		数字经济发展活力	
	得分/分	排名/位	得分/分	排名/位	得分/分	排名/位	得分/分	排名/位	得分/分	排名/位	得分/分	排名/位
南昌	86.63	1	98.73	1	85.53	1	96.00	1	55.11	6	97.78	1
景德镇	21.75	8	23.27	8	22.22	8	17.46	9	28.98	9	16.78	7
萍乡	21.40	9	23.49	7	15.68	11	3.08	11	48.80	7	15.94	8
九江	47.94	3	45.43	3	27.83	6	54.89	3	79.32	2	32.24	4
新余	17.49	11	27.05	5	15.79	10	13.18	10	19.38	11	12.03	9
鹰潭	28.08	7	15.40	11	34.38	4	20.46	8	58.80	4	11.39	10
赣州	66.48	2	61.49	2	32.56	5	61.03	2	84.43	1	92.79	2
吉安	33.51	6	26.13	6	41.86	3	45.25	5	21.82	10	32.47	3
宜春	41.00	4	32.73	4	47.41	2	36.92	6	70.68	3	17.27	6
抚州	20.35	10	19.58	10	20.41	9	22.29	7	29.15	8	10.34	11
上饶	35.14	5	20.80	9	24.20	7	51.52	4	56.01	5	23.18	5